MARK YARNELL

VALERIE BATES · DEREK HALL · SHELBY HALL

CONSOLIDE SU NEGOCIO
Y CREZCA EN EL
NETWORK MARKETING

DEL MISMO
AUTOR DEL LIBRO
"SU PRIMER AÑO
EN EL NETWORK
MARKETING"

TALLER DEL ÉXITO

Publicado por:

Taller del Éxito, Inc
1669 N.W. 144 Terrace, Suite 210
Sunrise, Florida 33323
Estados Unidos
Tel: (954) 846-9494
www.tallerdelexito.com

Editorial dedicada a la difusión de libros y audiolibros de desarrollo personal, crecimiento personal, liderazgo y motivación.

ISBN 10: 1-607383-83-7
ISBN 13: 978-1-60738-383-3

Printed in the United States of America
Impreso en Estados Unidos

18   19   20   21   22   R|UH   07   06   05   04   03

Contenido

Parte II
Su caja de herramientas
—Los primeros 90 días

Parte III
Sus herramientas de mercadeo
—Después de los primeros 90 días

Este libro está dedicado a procurar un mejor futuro para nuestros amados hijos y nietos: Amy, Eric, Christine, Kennedy, y a futuras generaciones.

—Mark y Valerie

Les dedicamos este libro a nuestros cuatro hijos: Bradley, Trevor, Allison y Amanda, y a sus esposos y esposas, así como a nuestros 18 nietos. El papel que ustedes desempeñan en nuestra vida le da sentido a todos y cada uno de nuestros días.

—Shelby y Dereck

Agradecimientos

Les agradecemos a todas aquellas personas a las cuales admiramos por su labor como pioneras y expertas en los negocios, y a quienes mencionaremos a lo largo de esta lectura: al Dr. Taylor Hartman, a Robert K. Greenleaf, Larry Spears, Alfred Alder, Warren Buffet, Sam Walton, Harland Sanders, Larry H. Miller, Dave Thomas y Henry Ford. Además les agradecemos a los profesionales del mercadeo en red —y también nuestros amigos personales—, Jerry Campisi, Albert Muir, A. J. Monte, Marshall Douglas y al Juez Vernon Douglas. Un agradecimiento especial para Vincent Hall, patriarca de una generación de ciudadanos americanos, quien, siendo un minero en Yorkshire, Inglaterra, a la edad de 34 años tuvo la visión de procurar una vida mejor y emigró junto con su esposa y sus cuatro hijos a América en busca de oportunidades que solo este gran país brinda.

—Derek y Shelby Hall

Nuestros más sentidos agradecimientos son para aquellos profesionales del mercadeo en red cuyo liderazgo continúa inspirando a muchos para ir en pos de un camino de libertad, realización personal y vivencias propias, las cuales contaremos a lo largo de esta lectura. Gracias Margie Aliprandi, John Terhuni, Debbie Campasi, Donnie y Dianne Walker, Danelle Rich, Laura Kall, Donna Imson y Amber y Dean De Grasse. Estamos muy agradecidos con nuestra talentosa hija, Christine Perkio, por sus muchos años de incomparable respaldo en lo concerniente a nuestros deseos de escribir y de conformar una red de mercadeo.

—Valerie Bates y Mark Yarnell

Introducción

Mark Yarnell

Gracias al mundo del mercadeo en red he tenido una vida agradable. Sin embargo, comenzar no fue fácil; al igual que mis contemporáneos *baby boomers*, vivía cegado aceptando un estilo de vida que iba de acuerdo con una mentira muy grande hasta cuando cumplí 36 años de edad: me había dejado convencer de que debía escoger entre tener cantidad de cosas o calidad de vida. En esencia, se trataba de lo siguiente: por una parte, debía sacrificar el precioso tiempo que pasaba con mis seres amados para formarme a nivel laboral y estar capacitado para devengar una muy buena entrada económica; por la otra, tendría que hacer una carrera que no demandara tanto de mi tiempo, pero cuyos ingresos no serían mayores, con tal de tener libertad para compartir con mi familia y seres queridos. Intenté las dos opciones, pero ninguna me trajo verdadera satisfacción.

Comencé a triunfar a nivel financiero cuando me encontraba entre mis 20 y 30 años de edad trabajando 60 horas por semana; durante aquella época vivía anhelando tener más tiempo para disfrutarlo con mi familia. Después, cuando decidí darle un giro a mi carrera en la industria automobiliaria para dedicarme a mi ministerio eclesiástico, me hallé con bastante tiempo libre, pero limitado en mis ingresos. Si el mercadeo en red nunca hubiera surgido, estoy seguro, como la mayoría de mis amigos, de que hubiera terminado creyendo en esa mentira. Pero, durante los pasados 25 años he tenido la posibilidad de disfrutar de las dos cosas a la vez: tanto de mi bienestar financiero como de libertad en cuanto al uso de mi tiempo —todo gracias al mercadeo en red.

Por cosas de la vida, un gran amigo mío y miembro de la misma iglesia a la cual yo pertenecía se me acercó en abril de 1986 a ofrecerme una oportunidad en el mundo del mercadeo en red justo en el momento en que mi banquero estaba tratando de quedarse con mi carro. Sin tener un título universitario que me respaldara, y con muy poco tiempo para resolver mi crisis financiera, resolví darle una oportunidad a la invitación de mi amigo. Recuerdo que fue un riesgo muy serio porque había pedido prestado un capital cuyo único propósito era pagar mis cuentas y lo último que necesitaba en ese momento era incurrir en más deudas para invertir en mi propio negocio. Sin embargo, tomé el riesgo, y como dice el dicho, el resto es historia. En cuestión de un año estaba ganando 10 veces más de lo que jamás había devengado en ninguno de mis empleos anteriores —y conté con el tiempo libre necesario para trasladarme a Aspen, Colorado, donde podía esquiar y darle contentamiento a mi corazón.

El mercadeo en red fue el vehículo mediante el cual logré alcanzar libertad tanto en mis finanzas como en el uso de mi tiempo. El primer año fue un torbellino de satisfacción personal durante el cual centré mi vida en los deportes extremos y en rodearme de juguetes caros. Sin embargo, comencé a sentirme inútil al finalizar ese año. Había en mí un gran vacío que parecía no llenarse con posesiones materiales y sentía que estaba malgastando mi tiempo libre. Fue entonces cuando decidí regresar a trabajar.

Como mi trabajo consistía en construir una red de mercadeo decidí contactar a la oficina principal y averiguar en dónde estaba concentrado el menor número de distribuidores y resultó ser en Jacksonville, Florida. Acto seguido, me trasladé allá y estuve reclutando gente durante todo el año.

Me instalé en muchos lugares durante varios años y tanto mis ingresos como mi tiempo libre continuaron en aumento. En retrospectiva, es muy probable que estuviera buscando curarme del aburrimiento trasladándome de un lugar a otro hasta encontrar el sitio perfecto —y nunca lo hallé. Pero a lo largo del camino comencé a escribir artículos para revistas sobre el mercadeo en red y en 1996 una editorial de mayor prestigio me propuso escribir un libro sobre nuestra industria.

En aquel tiempo, jamás imaginé que ese libro —al cual titulé *Your First Year in Network Marketing*— se convertiría en un *best seller* internacional. Sin embargo, así fue y, como resultado, me convertí en alguien muy reconocido en muchos países. Muy pocos autores tienen la bendición de publicar un libro que triunfe en tan pocos meses, y aquellos de nosotros que hemos disfrutado de esta dicha pronto nos damos cuenta de un hecho muy interesante: que después de todo, ideas como la de la tecnología terminan siendo obsoletas. Me siento muy orgulloso y agradecido por mis muchos lectores, pero tengo que decir que escribí ese libro antes de que ninguno de ellos hubiera construido un sitio web, ni enviado un mensaje de texto, ni recibido un correo electrónico. Lo escribí antes de que se diera el auge de la tecnología, en aquellos buenos tiempos, previos al 9/11, cuando el mercadeo en red era todavía un bicho raro.

Por esa razón mis amigos coautores y yo hemos escrito este libro basado en el mercadeo en red en un milenio radicalmente diferente. Con miles de compañías de las cuales elegir, y con millones de gentes envueltas en crisis financieras, jamás ha habido una época en la que la claridad y la diligencia hayan sido tan necesarias. Existen innumerables preguntas que necesitan respuestas y nosotros queremos responderlas en las siguientes páginas.

Comencemos con algunos interrogantes muy retadores: ¿cuáles son sus opciones financieras? Si no es a través de una red de mercadeo, ¿cómo intenta usted generar los ingresos para vivir bien y retirarse cómodamente? ¿Qué está planeando hacer con respecto a las deudas que enfrenta en este momento de su vida? ¿Está satisfecho con la cantidad de impuestos que paga? ¿Cómo se siente respecto al hecho de que mucho de ese dinero está siendo usado para pagar enormes bonos a líderes corporativos en el sector financiero porque el gobierno ha decidido que algunas compañías son "demasiado grandes para fracasar"? ¿Qué ocurriría si los precios de la gasolina se elevaran a $10 dólares por galón? ¿Podría usted sobrevivir durante un par de años sin trabajar en caso de accidente o enfermedad?

Continuemos con preguntas más específicas y críticas respecto al tema que nos concierne: si usted descubriera que este sector es mucho más seguro que Wall Street, la finca raíz o un área específica de la industria, ¿tendría alguna idea sobre cómo seleccionar una compañía de mercadeo en red legítima? ¿Conoce la diferencia entre un esquema de pirámide y una compañía de venta directa legal? ¿Sabe cuánto capital necesita una empresa para expandirse a nivel internacional? ¿Está usted más seguro vinculándose a una empresa pública basada en redes de mercadeo que a una privada? ¿Conoce las ventajas tributarias de tener un negocio en casa —y si no lo sabe, quién le enseñaría? ¿Comprende qué tan importante para su éxito es su auspiciador en línea ascendente, es decir, la persona que está un nivel por encima del suyo en el negocio? ¿Qué haría usted si este auspiciador fuera un novato en el campo? ¿Sabe cómo encontrar prospectos una vez que haya terminado de ofrecerles el negocio a sus familiares y amigos? ¿Haría reuniones en su casa o preferiría rentar un lugar de reuniones? ¿Está capacitado para abrir su negocio de mercadeo en red online? ¿Es en verdad posible predecir si una organización de mercadeo en red está próxima a fracasar o es estable?

Esta tercera tanda de preguntas tiene que ver con la clase de individuos involucrados en este campo en particular, y con las habilidades que ellos requieren para ser exitosos: ¿cuál es la mejor estrategia para reclutar novatos? ¿Sabe usted cómo y por qué tantas mujeres generan millones de dólares en esta industria? ¿Cuál es la mejor estrategia para sobreponerse a la inercia y a los temores que invaden a tantos dueños de negocios independientes? ¿Qué hábitos vitales y fundamentales llevan a las redes de mercadeo a triunfar? ¿Cuáles son las habilidades y competencias primordiales para lograr construir un negocio? ¿Cómo lidiar con gente y con circunstancias que retrasan su progreso? ¿Cuál es la mejor manera de liderar, motivar y servirle a su equipo de trabajo? ¿Cómo vencer el temor al rechazo? ¿Es la red de mercadeo tan solo un asunto de dinero o va más allá del aspecto financiero?

Este libro responde todos y cada uno de estos interrogantes y provee respuestas prácticas y comprobadas porque son extractadas de la experiencia. Además, ofrece una serie de herramientas que le ayudan al lector a progresar.

Es adecuado decir que es bastante probable que ninguno de nosotros, los cuatro autores de esta obra, estaremos en este mundo en el 2050 y que nuestra obra nos sobrevivirá. Y como es imposible mirar a través de una bola de cristal y predecir el futuro del capitalismo, ofrecemos una visión optimista de la realidad actual y opinamos con absoluta certeza que jamás ha existido una época mejor para hacer parte del mundo del mercadeo en red. No sabemos por cuanto tiempo puesto que es una cuestión individual; lo que sí sabemos es que en la actualidad es posible obtener a través de esta industria el bienestar financiero y el tiempo libre que toda persona anhela.

Este libro ofrece una estrategia basada en cifras, tanto para usted como para sus seres amados. No sabemos lo que ocurrirá en los años venideros, pero ahora más que nunca antes las redes de mercadeo ofrecen una oportunidad legítima de bienestar financiero. Usted tiene en sus manos en este momento el mapa que lo guiará hacia un éxito indiscutible.

Deje de creer en la gran mentira y dese cuenta de que sí existe la posibilidad de tener calidad de vida y cantidad de cosas. No hay necesidad de elegir entre la una y la otra porque puede obtener las dos. He escuchado toda clase de excusas durante 25 años. Algunos de mis amigos más cercanos me han ridiculizado por haberme dedicado a construir lo que ellos denominan "una de esas pirámides tontas para hacer negocios".

Sin embargo, mucha gente ha desperdiciado su vida luchando en contra del tráfico día tras día durante los pasados 25 años mientras que yo he estado en mi propio hogar. La mayoría de la gente que he conocido a lo largo de mi vida jamás ha tenido pasaporte; yo ya he tenido dos y me ha tocado agregarles páginas a ambos porque han estado tan llenos de sellos del Departamento de Inmigración de los incontables países a los que he ido a lo largo y ancho de todos los continentes.

No fue un título universitario lo que me dio la oportunidad de enseñar en un programa de una universidad enfocado en el mercadeo en red; tampoco fueron ningunas clases en alguna Facultad de Periodismo las que me habilitaron para escribir un *best seller* internacional; ni fueron ningunas especulaciones sobre el comportamiento del mercado de Wall Street las que me proporcionaron la fortuna necesaria para vivir durante todo un año en Gstaad, Suiza. Tampoco fue debido a conexiones políticas que tuve la oportunidad de sentarme junto con mi esposa Valerie cerca de Bill y Hillary Clinton durante una ópera en Ucrania. Mis padres nunca fueron adinerados y por tanto no fue que ellos me dieran la oportunidad de ir en un yate hacia las Islas Vírgenes acompañado de mis buenos amigos.

Todos nosotros, los cuatro autores, podríamos escribir un capítulo entero acerca de los beneficios que yacen implícitos en la carrera del mercadeo en red —sin mencionar la importancia de las amistades vitalicias que hemos desarrollado durante el proceso. Para nosotros, no hay mayor ejemplo que el de la familia de Tennessee, Donnie y Dianne Walker, sus hijos y sus nietos. Hace años estuvimos juntos durante un corto tiempo en una misma compañía; luego fuimos en distintas direcciones. Sin embargo, nos mantenemos en contacto con regularidad y compartimos los mismos valores, motivo por el cual siempre buscamos la manera de pasar tiempo de calidad juntos. No podríamos calcular cuánto valoramos su amistad. En nuestro campo, las amistades tienen mucho más valor que el dinero. Los Walkers son formidables seres humanos y grandes profesionales en el campo del mercadeo en red. Fue gracias a nuestro trabajo en común que ellos impactaron nuestra existencia.

Todas esas maravillosas experiencias han ocurrido en nuestras vidas a través del mercadeo en red. Usted tiene en sus manos un libro basado en sabiduría acumulada durante décadas como resultado de practicar esta maravillosa profesión. Lo que haga con toda esta información es cuestión suya, pero permítame hacerle una humilde observación: a pesar de lo maravillosa que ha sido mi vida, estoy seguro de que habría logrado dos veces más de lo que he hecho y en la mitad del tiempo, si primero hubiera tenido la oportunidad de conocer, leer y estudiar este material. No habría tenido necesidad de aprender a través del ensayo y error. Yo no tuve esta hoja de ruta, pero usted, sí. Léala, aplíquela… ¡y nos vemos en todas las playas del mundo!

Parte I

¿Por qué el mercadeo en red?

En esta sección lo prepararemos para entender y responder a cabalidad esas preguntas y respuestas filosóficas tan necesarias para triunfar en nuestra profesión. Mucha gente tiene imágenes estereotipadas falsas sobre lo que es el mercadeo en red que deben ser corregidas y por eso quienes lean este libro con el fin de evaluar nuestra industria deben estar preparados para cambiar su forma de pensar. De hecho, muchos profesionales de este negocio se beneficiarán repasando estos fundamentos esenciales para triunfar a largo plazo. Además, algunos veteranos en el negocio muy probablemente no conocen estos conceptos filosóficos explicados de la manera en que vamos a hacerlo y por lo tanto también le sacarán partido a esta lectura.

Hay verdades como estas: nadie tiene porqué alejarse de sus familiares y amigos al trabajar en este negocio y los *boomers* no tienen motivos reales para sentir temor a retirarse. Nadie tiene porqué volver a sentirse intimidado por limitaciones financieras, ni debería afrontar retos eligiendo una compañía de mercadeo en red seria. La nuestra es una profesión de igualdad de oportunidades para todos y, a pesar de los problemas económicos globales que afectan a muchos, el nuestro es un campo que se sostiene en los buenos y en los malos tiempos.

La razón por la cual mucha gente maravillosa resulta en problemas financieros en todo sector del capitalismo incluyendo el nuestro es el hecho de que la sabiduría tácita no es transferible. La sabiduría tácita es este tipo de conocimiento adquirido a través de trasegar en un campo específico y adquirir la experiencia que nos da dominio sobre lo que sabemos hacer. Por eso no importa cuánto sepamos sobre finca raíz, educación o seguros, etc., el hecho es que no hay ninguna razón válida por la cual esperemos que nuestras consideraciones filosóficas derivadas de esas profesiones nos beneficien en un campo tan diferente como el mercadeo en red. En esta Parte I cambiaremos su manera de pensar —que es el factor crítico tan ignorado por muchos otros libros.

Capítulo 1

De qué manera lo hará millonario una industria en ascenso

Mark Yarnell

Conseguir una fortuna a través del mercadeo en red comienza con la decisión radical de reflejar en el trabajo el estilo y los valores fundamentales de la personalidad de cada participante. En pocas palabras, algunas personas se sienten muy cómodas frente a empresas que implican alto riesgo, mientras que otras prefieren moverse dentro de circunstancias más estables. Elija la empresa equivocada, y estará en problemas desde el primer día. Y no solo es cuestión de dinero, sino que tiene mucho más que ver con el hecho de encontrar balance y armonía en los valores fundamentales que usted tiene, así como en su ética de trabajo.

Por ejemplo, John Terhune es un profesional consumado en diversos negocios y en el sector legal. Lo conocí a través de un amigo mutuo que sintió que él y yo teníamos mucho en común. Aunque pertenecemos a diferentes organizaciones los dos hemos disfrutado de su amistad y aprendido mucho de él. Si alguien tiene la personalidad, la credibilidad, así como las competencias necesarias para prosperar en el campo del mercadeo en red a nivel internacional es este experto abogado vinculado a *American South*. Durante su tercer año en la Escuela de Leyes, John ganó el premio, siendo estudiante, como mejor abogado defensor de la nación en un concurso patrocinado por la Asociación Americana de Abogados Litigantes.

Durante sus ocho años como fiscal en la Florida, John ganó el 98% de sus casos y sirvió como Jefe de la División de Delitos. Creo que es acertado decir que un hombre de su temple tiene la capacidad para cumplir con semejante responsabilidad.

De hecho, si alguien tiene la facultad para tener éxito en cualquier empresa dedicada al mercadeo en red —ya sea nueva o bien establecida—, ese es John Terhune. Cuando él comenzó en esta industria se enroló en una compañía establecida hacía 30 años y de inmediato comenzó a surgir a través del escalafón de cualificaciones hasta que, en un tiempo récord, alcanzó un nivel de liderazgo impresionante en extremo. Sin embargo, a diferencia de muchos otros que hicieron hasta lo imposible para llegar al primer rango lo más pronto posible, John logró ascender de una manera consistente, año tras año, en cuestión de media década —hecho que lo calificó para viajar por todo el mundo en calidad de líder y experto conferencista.

John nos contó que, si bien los viajes y el reconocimiento eran algo maravilloso, jamás eran comparables con la satisfacción que le producían sus ingresos personales, que eran justo lo que él había anhelado. También nos contó que en su anterior trabajo se sentía como un pionero joven atrapado en un mundo de colonos de edad avanzada. Se dio cuenta de que, mientras que sus colegas, que estaban por debajo de su nivel de logro, estaban devengando millones de dólares, él estaba ganando muy poco en esta empresa a la cual estaba representando; todo esto sin mencionar todo el dinero que gastaba durante sus viajes de representación. Después de cinco años, apenas había logrado un punto de equilibrio y en cambio otros de su mismo nivel ya habían logrado construir una fortuna. Ante sus ojos, esa realidad no tenía sentido.

Un día, mientras asistía a una sesión corporativa, John decidió preguntarles a varios de los veteranos de la organización por qué —y cómo— estaban ellos haciendo tanto dinero, mucho más que él, a pesar de que todos estaban más o menos a un mismo nivel de liderazgo. Sin vacilación, uno de los "chicos buenos" le ofreció una explicación en una corta frase que puso todo su mundo en perspectiva; el hombre miró a John y le dijo: "Cuestión de tiempo". Esa verdad significó un cambio de juego para John puesto que le hizo comprender que, de hecho, él era un pionero atrapado en un mundo de colonos. Aquellos que hacía 30 años habían abierto el camino en la empresa para la cual él trabajaba estarían siempre a años luz por delante de él en el aspecto financiero, y ellos así lo admitieron.

Imagínese cómo se habrían sentido los exploradores Lewis y Clark en circunstancias similares. ¿Qué habría ocurrido si ellos hubieran subido hasta la cima de lo que hoy es Colorado y se hubieran encontrado cara a cara con un valle lleno de posibilidades para hacer ricos a 50.000 hombres, mujeres y niños? Imagínese ahora que, después de haber llegado, estos dos pioneros se hubieran encontrado a un grupo de líderes ya establecidos allí y ellos se hubieran dado cuenta de que se quedaron en el valle durante años, mientras que otros cuantos sí alcanzaron la Costa Oeste. ¿Cree usted que después de ese descubrimiento estos grandes líderes habrían avanzado hacia el Oeste y fingido ser pioneros? ¡Por supuesto que no!

Tampoco lo hizo John. Tan pronto como él se dio cuenta de que alguien más ya había recorrido el que apenas sería el comienzo de su camino, se fue a buscar una empresa que le brindara mayores desafíos.

Hoy en día, John es pionero en un proyecto floreciente. Ya está ganando una pequeña fortuna por sus esfuerzos; y lo que es más importante, ya está disfrutando del riesgo, la incertidumbre y la fortuna que para los emprendedores son aspectos tan vitales y placenteros. Su recompensa financiera será asombrosa cuando su empresa madure.

Pero, como ya he dicho en la Introducción, el dinero no es la única manera de medir el éxito. Para John, uno de sus mejores logros ha sido la posibilidad de entrenar a otros pioneros. La mayoría de nosotros adquiere más serenidad y satisfacción personal a lo largo del viaje que al llegar a la meta. Es por eso que es tan importante vincularse a una empresa que coincida con su tipo de personalidad. De hecho, quienes escogen empresas incompatibles consigo mismos, por lo general fracasan, casi nunca prosperan y se sienten insatisfechos. Incluso si reciben reconocimiento dentro del nivel al cual pertenecen, no encuentran satisfacción personal en ello. John es un buen ejemplo de esto: a pesar de que eligió una empresa estable durante sus inicios, esta simplemente no le ofrecía la oportunidad de expresar su espíritu pionero, así que se armó de valor y buscó un camino diferente.

A medida que vamos aprendiendo acerca de la sicología humana observamos un rasgo del carácter muy interesante y que se ha hecho evidente en quienes tienden a trabajar en el mercadeo en red. Es el hecho de que el pionero se nutre de aventura y riesgo; no se siente contento trabajando durante largo tiempo en una compañía estable. En cambio, quien tiene un perfil de colono se siente, por lo general, muy incómodo en medio de la aventura y de riesgos mayores. Sin embargo, algunos colonos quieren sentirse como pioneros arriesgados así como algunos pioneros anhelan la estabilidad de la que disfrutan los colonos. Por desgracia, rara vez es una buena idea elegir una profesión que esté basada en ilusiones.

Es común que un colono se sienta seducido por la idea de unirse a una empresa advenediza con un reclutador competente, ya que, como hemos señalado, a la mayor parte de las personas con aversión al riesgo le gustaría ser más aventurera. Igualmente, muchos pioneros han sido persuadidos por algún miembro de su familia o por alguna amistad para que trabajen en una compañía estable, a largo plazo. Ellos ven los enormes cheques que estas personas que están involucradas con este tipo de empresas han obtenido desde los primeros días de su vinculación y por eso tienden a creer que ellos mismos también podrían alcanzar esos beneficios sin tener que enfrentar riesgos. Además concluyen que, si bien es cierto, ya han perdido cierto tiempo intentando ser exitosos por su cuenta y no lo han logrado, todavía tienen la oportunidad de disfrutar de la riqueza obtenida en una empresa estable.

No estamos haciendo juicios sobre ninguna clase de empresas, ya sean nuevas o corporaciones de una larga trayectoria, puesto que las dos son oportunidades fabulosas. De hecho, cada empresa estable fue en algún momento principiante y tuvo que arriesgarse y significar un riesgo para sus empleados. Lo que nosotros queremos es que usted entienda desde el principio que la empresa que usted elija debe reflejar lo que usted espera lograr. ¿Por qué ir tras enormes posibles cheques de una empresa novata —sobre todo cuando sabemos que la mayoría de ellas fracasa— si usted le tiene aversión a los riesgos o a las pérdidas? Por otra parte, ¿por qué unirse a una empresa estable con líderes de todos los continentes y conformarse con una recompensa mucho menor que la que reciben quienes se unieron a ella hace 10 años, si usted no ha de tener la posibilidad de enfrentar los riesgos que quiere porque le encantaría emprender nuevas aventuras con el fin de conseguir una gran fortuna?

¿De qué manera se dejan seducir los pioneros para trabajar en compañía de colonos? Es sencillo: porque se desconectan de las necesidades de sus clientes potenciales y se concentran única y exclusivamente en sus propias necesidades. Algunas serpientes vestidas de traje gravitan hacia compañías estables, mientras que otras se unen a empresas advenedizas. Un ejemplo bien conocido hace poco en los periódicos pone este hecho de la naturaleza humana en perspectiva: cuando el esquema Ponzi, propiedad del reconocido corredor de bolsa, Bernie Madoff, fue expuesto en público, un gran número de millonarios y profesionales exitosos quedó al descubierto como víctima de la pérdida de muchos millones. Un gran porcentaje de ellos estaba compuesto por celebridades que disfrutaban de muy buenas conexiones y de una enorme fortuna. Casi todos ellos fueron entrevistados y durante las entrevistas expresaron la misma consternación; una y otra vez afirmaban: "Madoff era tan creíble. Las ganancias iban mucho más allá de otras estrategias de inversión, al punto que yo estaba dispuesto a apostar mis bienes". Algunos perdieron todo el capital que habían guardado para su jubilación invirtiendo en la empresa de este anciano de amable apariencia a quienes ellos llamaban "tío Bernie". Todas estas personas eran arriesgadas. Muchas apostaron su dinero aun a pesar del hecho de que las ganancias que recibirían sonaban altamente irreales.

Los mismos problemas existen en el negocio del mercadeo en red. Recuerde que cualquiera puede ingresar a cualquiera de estas empresas en cualquier momento, y que además, el capital para ingresar y comenzar a trabajar es mínimo. Muy pocas empresas esperan que la gente invierta más de unos cuantos cientos de dólares para iniciar un negocio. Sin embargo, a pesar del gran potencial para triunfar, y de los mínimos riesgos que existen, la gente utiliza numerosas y curiosas excusas para no hacer parte de nuestro mundo del mercadeo en red. Algunos colonos pretenden que tienen que hablar con sus parejas para obtener su opinión en cuanto a la inversión de esta pequeña cantidad de dinero que se requiere para comenzar; otros insisten en "probar" los productos —incluso cuando existe una enorme cantidad de evidencia científica que demuestra que estos funcionan.

En cambio, ya sea que se trate de inversiones o de oportunidades de venta directa, la gente con corazón de pionero opina que arriesgar un capital de inversión es una opción interesante, siempre y cuando la ganancia valga la pena el riesgo. En esencia, es simple cuestión de estilos de personalidad. Estadísticamente hablando, las empresas de mercadeo en red no fracasan con mayor frecuencia que las empresas en otras industrias, pero creer que sí representan un mayor riesgo suele ser una posición bastante común entre quienes están buscando una excusa para no vincularse a ellas. Vimos una calcomanía en un Cadillac convertible en Vancouver que dice: "El trabajo es para la gente que tiene miedo de unirse a una empresa de mercadeo en red". Muchos usuarios de redes detestan el estilo de trabajo estructurado; ¡otros, le tememos!

En cualquier caso, la capacidad para analizar muy de cerca e identificar una buena oportunidad de negocio y aprovecharla haciendo lo necesario para triunfar, es definitiva. Una vez que usted ha creído en el negocio, comience a seleccionar la empresa adecuada (ya sea de larga trayectoria o recién establecida) que mejor se ajuste a su perfil. Así que, autoevalúe su estilo de personalidad en lo que se refiere a arriesgar y haga las preguntas correctas acerca de las empresas que le interesan para que pueda determinar si son o no una buena opción para su perspectiva de vida.

Hasta ahora, solo unos pocos entrenadores o autores han abordado el tema de las implicaciones negativas que genera el hecho de elegir la empresa equivocada porque temen herir a los dueños de negocios independientes y a los distribuidores que han hecho una mala elección con respecto a la compañía a la cual se vincularon. ¿Por qué mover el bote si el objetivo es vender libros? Bueno, esto es lo que suele suceder: demasiadas personas que se equivocan en el tipo de empresa que escogieron fallan y luego se pasan el resto de su vida denigrando de esta profesión que es en efecto tan lucrativa —cuando en realidad son ellas las únicas culpables de no haber hecho desde el comienzo las preguntas adecuadas. Estamos cansados de escuchar a mucha gente denigrar de esta gran profesión y de este modelo de distribución a causa de sus malas decisiones. Por cada pionero como John Terhune, que sabe comprender de qué se trata este negocio y se une a trabajar en la empresa que mejor coincide con sus talentos, decenas de empresarios principiantes se dan por vencidos muy pronto y deciden hablar en contra de esta enorme industria. Y es bastante sorprendente ver cuántos pioneros de espíritu prefieren aferrarse a una empresa muerta debido a que el cadáver todavía parece respirar.

En todo campo de acción existen un Bernie Madoff y un Warren Buffet, ambos planificadores financieros y expertos en inversión. Hasta que los reguladores de esta clase de negocio comenzaron a hacer las preguntas correctas, tanto Bernie como Warren eran considerados miembros respetables de la misma industria. Digamos que uno de ellos está ahora en mejor situación que el otro. Por eso nosotros le enseñaremos cómo hacer las preguntas correctas para que usted aprenda a navegar con seguridad lejos de los esquemas de pirámide y se dirija hacia empresas legítimas. Los reguladores tienen pautas que usted debe saber. Sin embargo, hay algo que es aún más importante —dado que hay empresas honestas y deshonestas en ambas categorías—. Se trata de su capacidad para hacer coincidir sus talentos y competencias con la organización que se ajusta a ellos.

Vivimos en un mundo de constantes cambios provocados por el internet y otras dinámicas. El cambio de paradigma en la forma en que nos comunicamos afectará para siempre la forma en que gastamos nuestro bien ganado dinero y nuestro tiempo. El internet se ha convertido en un tesoro virtual para los consumidores que prefieren comprar sus productos de forma conveniente y en la intimidad de su propio hogar puesto que ya no tienen que luchar contra el tráfico ni las multitudes para visitar la tienda más cercana; comprar a través de internet es un proceso casi automático cuando se necesita encontrar un producto inusual.

Este cambio en los hábitos de compra también está impulsando el crecimiento del mercado en red en todo el mundo. Muchos expertos predicen que nuestro modelo de distribución gozará de un crecimiento sin precedentes y de enorme aceptación dentro de los próximos 5 a 10 años. Los vendedores irán apreciando cada vez más el valor de la venta persona a persona en comparación con los enormes costos causados tanto por las tasas de distribución al por menor como por los millones de dólares gastados en la publicidad y el lanzamientos de productos.

Después de que le enseñemos cómo evaluar las empresas que más le convienen, pasaremos a hablar de negocios. Usted merece saber con exactitud cómo es que la gente común logra ingresos residuales extraordinarios.

Somos cuatro aventureros que han ganado cheques sustanciales, dirigido corporaciones de billones de dólares internacionales, trabajado en los niveles superiores de la planificación estratégica de negocios, sido mentores y entrenado a muchos empresarios de alto nivel y presidido numerosas organizaciones benéficas. Estamos preparados para enseñarle cómo convertirse en un empresario próspero y cómo construir un negocio exitoso —a pesar de todas las minas terrestres y del estiércol de vaca que se va a encontrar en el camino.

Los cuatro elegimos el riesgoso mundo del mercadeo en red como la mejor oportunidad para lograr nuestras metas. No es solo cuestión de lo que escribimos; es lo que estudiamos y practicamos durante 24/7. Somos participantes activos en esta maravillosa profesión y hemos tenido un éxito sin precedentes mediante la aplicación de lo que usted está a punto de aprender.

Este libro ha llegado a sus manos en el momento preciso y adecuado. Aprenda estos principios que detallamos a lo largo de esta lectura y será capaz de sacar provecho de la convergencia de múltiples megatendencias que impulsarán su negocio hacia el éxito. Lo que comenzó en 2011 y continuará durante 19 años es alarmante. Cada día 10.000 *babyboomers* cumplen 65 años y menos del 15% de esta población que envejece está preparado para su jubilación desde el punto de vista financiero. En pocas palabras, muchos de ellos trabajaron duro, sacrificaron mucho y le apostaron a un sistema que fue construido basado en burbujas y no en acero. La mayoría se enfrentará en pocos años a un final de caos económico a menos que logre encontrar una forma viable de compensar su pérdida de ingresos de una manera oportuna.

Al mismo tiempo, una cantidad todavía mayor de gente joven y emprendedora está emergiendo de entre la niebla de una adolescencia híperextendida y está buscando un estilo de vida en el que exista un balance saludable entre trabajo y vida personal, desarrollando a la vez una carrera exitosa. Millones de personas necesitan dinero —y lo necesitan de inmediato.

Nosotros tenemos la solución y se requiere de muy poco capital, no hace falta tener experiencia, ni es necesario un título universitario. El mercadeo en red les ofrece una buena fortuna a todos aquellos que sepan cómo seleccionar una buena compañía en el momento indicado y que se decidan a enfocarse por un par de años a emplear toda su energía y tiempo en una sola dirección y sin distracciones sin sentido. Necesitamos delimitar —e incluso eliminar— el mito de las multitareas que tanto afecta a muchos. Si usted sabe lo que está haciendo y se ha vinculado a la empresa correcta en cualquier momento entre el 2011 y el 2031, el paso del tiempo le demostrará que esa fue una sabia decisión, de una magnitud sin precedentes para su vida.

Las decisiones que usted tome durante el próximo par de décadas afectarán drásticamente a sus seres queridos y a las generaciones venideras. Esos de nosotros que entendemos la totalidad de lo que significa el mercadeo en red estamos sorprendidos por el modo en que las estrellas se han alineado de manera uniforme para respaldar a nuestra profesión y a este modelo de venta para mercadear con gran éxito nuestros productos.

Nunca ha habido —ni tal vez nunca vuelva a existir—, un momento más ideal para triunfar a nivel internacional como empresario del mercadeo en red. Es un hecho que nunca han existido tan pocas opciones fiables para la rápida acumulación de capital. Los bienes raíces, Wall Street, los fondos de inversión y la industria de los vehículos han disminuido en popularidad debido a que muchos grandes líderes se han ido transformando en sociópatas, en retorcidas serpientes vestidas de traje.

Si lo que describimos en este libro tiene sentido para usted, entonces manos a la obra. Le enseñaremos paso a paso lo que hay que hacer; el resto depende de usted. Y recuerde, todo comienza con el proceso de selección. Usted necesita vincularse a una organización que coincida con quien usted *es* —y *no* con quien quisiera ser. Tenga en cuenta que tanto los pioneros que se vinculan a empresas maduras y estables como los colonos que trabajen con compañías principiantes y aventuras arriesgadas se están aproximando hacia su propia decepción y fracaso.

Capítulo 2

Los *boomers* y el mercadeo en red

Plan B para disfrutar de un excelente retiro

Mark Yarnell

Obviamente, ninguno de nosotros ha sido bendecido con la capacidad de mirar en una bola de cristal para predecir el futuro. Pero es muy fácil afirmar con certeza que nosotros, los nacidos entre 1946 y 1964 —los más de 70 millones de *boomers*—, estamos afrontando durante estos últimos años una economía bastante volátil. Los miembros de nuestra generación estamos tratando con desespero de enfrentarnos al dragón de la jubilación, un monstruo de dos cabezas que nos está obligando a hacerles frente a dos problemas bastante desalentadores: el aburrimiento y la incertidumbre financiera.

Todos fuimos expuestos a escuchar y danzar esta misma canción cuando éramos niños. Es una canción que se repite tan a menudo que todos la conservamos en la memoria. De hecho, si solo nos limitáramos a escribir las dos primeras palabras, de inmediato usted recordaría el resto de la letra y también la melodía. A medida que envejecemos, muchos de nosotros comenzamos, sin saberlo, a ver nuestros años dorados a través del filtro de esa sencilla rima infantil. Creíamos que si remábamos nuestro barco "suavemente por la corriente", el premio sería una vida en la cual nuestros últimos años estarían llenos de maravillosas recompensas, como los nietos, el golf y la pesca. Nos prometimos a nosotros mismos un capítulo final repleto de serenidad y satisfacción —una visión que, para muchos, se ha convertido en poco más que una quimera. He aquí el porqué.

Después de remar nuestro metafórico kayak a través de 40 años de aguas turbulentas, llegamos a la costa, cerca de esa hermosa edad madura, al bosque llamado retiro, solo para encontrarnos cara a cara con un dragón de dos cabezas llamado "Inactivincertidumbre Rex". El solo nombre dice mucho. Como ya se dijo antes, este monstruo se compone de dos cabezas: mucho tiempo de inactividad y agotamiento constante acompañados de improductividad financiera. Lo que nadie nos enseñó, ya que estábamos navegando a través aquellos años de carrera, fue que los mayores desafíos nos esperaban al final de la jornada. Al doblar la curva final en la corriente y llegar a aguas tranquilas, Inactivincertidumbre Rex se despierta en su guarida. Él sí se preparó para enfrentarnos en esa épica batalla final: la jubilación. Nadie ha logrado derribar a este dragón a lo largo de la Historia de la Humanidad, aunque algunos de nosotros por lo menos hemos sabido enfrentarlo mejor.

No podemos pretender sacar una vara de matar moscas como arma certera para aniquilar a un dragón. Lo que sí es posible es procurar beneficiarnos lo mejor posible de él con la ayuda de un plan y una estrategia adecuados. Nosotros cuatro somos de los pocos que han logrado burlar a ese dragón y le enseñaremos paso a paso cómo lo hicimos. Tenga en cuenta que a nuestra edad no se trata de luchar o huir. Ya hemos acumulado la sabiduría suficiente con respecto al tema del retiro como para aprender a volar como águilas, y lo lograremos, pero solo si utilizamos nuestra cabeza. Luchar es el camino más sensato, —y el mercadeo en red es el mejor vehículo para recorrerlo.

Poco a poco hemos ido descubriendo una manera de pensar equívoca que lleva a muchos *boomers* directo a la guarida del dragón: las personas productivas saben cómo sentirse satisfechas realizando actividades improductivas; sin embargo, la mayoría no se siente así. A lo largo de los años hemos conocido a un sinnúmero de jubilados que intenta matar al dragón con toda clase de armas, desde palos de golf hasta cañas de pescar. Pero, desafortunadamente, todas estas herramientas de ocio rara vez les generan satisfacción a quienes en verdad les gusta ser productivos.

Por ejemplo, observe lo que ocurre con el gusto por el golf: habiendo sido esta una actividad que solía ser una recompensa ocasional a muchas horas de productividad, el golf continúa siendo para los jubilados un deporte bastante satisfactorio... por un tiempo. Lo mismo puede decirse de la pesca, del tenis, del parapente y de una multitud de otras aficiones y diversiones. Pero, por desgracia, pronto dejan de ser novedosas cuando nos involucramos en ellas con regularidad.

Esto se debe a que no existe una manera objetiva de medir qué tan realizado se siente de verdad un novato del mundo de la jubilación que se dedica a entretenerse —hecho que representa un gran problema para quien ha estado acostumbrado a ser evaluado por los dos aspectos más frecuentes con los que se evalúa el nivel de éxito entre los adultos: el dinero o el respeto que haya ganado. Sin importar qué tan óptimo haya sido el mejor de sus puntajes, a muchos golfistas retirados, ni siquiera lográndolos con un Big Bertha, les produce toda la satisfacción personal que desean. Lo mismo ocurre con los costosos equipos de pescar de tres piezas, marca Winston, que oscilan en los $800 dólares; y con los parapentes de $5.000; o con un poderoso y bien equipado barco de esquí. Todos estos artefactos creados para la diversión no siempre son útiles para matar al dragón de la jubilación. Muchos se defienden con ellos para darle la pelea durante corto de tiempo, pero a la larga nadie le ha ganado y todos sus combatientes mueren en el intento.

Algunos intentan la cura geográfica. Son como el borracho que decide trasladarse a otra ciudad y hacer nuevos amigos con el fin de dejar de beber. Muchos jubilados, en otro tiempo productivos, creen que unirse a un club de campo más caro o que navegar para ir de pesca a zonas remotas de Alaska de alguna manera marcarán una diferencia. Todo ese tipo de estrategias lo que hacen es proporcionar soluciones temporales a problemas permanentes. Cambiar de ubicación no terminará con el alcoholismo, como tampoco el hecho de trasladarse a un nuevo país, ni comprar un barco más grande. Nada de eso va a derrotar el aburrimiento. Nosotros, los *boomers*, necesitamos ser desafiados. Al igual que para superar el alcoholismo, la mejor manera de combatir el aburrimiento es a través de un cambio de comportamiento, no de lugar geográfico. El golf y la pesca son las mismas actividades en lugares remotos que a un par de millas de su casa; de la misma forma en que existen infinidad de bares y borrachos en toda comunidad como los hay en su ciudad natal.

El primer requisito para cualquier persona que se toma en serio el hecho de superar al dragón de la jubilación es hacer un ajuste cognitivo sencillo. Después de cuatro décadas de descenso por una peligrosa y emocionante carrera a lo largo de aguas bravas, tiene todo el sentido del mundo acercarse a la orilla, parar, pisar tierra firme y tomar un respiro. Un poco de golf o un tiempo de pesca son sin duda razonables y merecidos. Pero, antes de que el dragón de las dos cabezas se despierte y comience a lanzarle llamaradas de aburrimiento y problemas financieros, es necesario volver a evaluar sus ideas primordiales acerca de lo que anhela para sus supuestos "años dorados". A menos que esté listo para rendirse y enfrentar la derrota, usted tendrá que seguir dándole prioridad a algún tipo de esfuerzo y no a una vida llena de ocio. El mercadeo en red le ofrece el reto perfecto.

Muchos de nosotros, al llegar a la edad de la jubilación, tenemos la sabiduría y la capacidad de ser bastante productivos por trabajar de forma más inteligente y menos esforzada. Hemos acumulado sabiduría; todo lo que necesitamos es oportunidades para ponerla a producir. He oído que muchos lo expresan de otra manera: "Muchas de las personas mayores de 55 años son como Ferraris en busca de gasolina". Los *boomers* queremos ser desafiados *y* productivos a la vez. Tenemos tres opciones: intentar matar al dragón involucrándonos valientemente en la batalla. Rendirnos y morir. O subir a un nuevo kayak y volver a lanzarnos al agua.

Nosotros cuatro elegimos la tercera opción y vamos a intentar persuadirlo a usted para que haga lo mismo. ¿Por qué? Para empezar, nadie —en especial a nuestra edad— logra matar a un dragón de cuatro toneladas que le lanza llamaradas. Así que la primera opción es irracional y la segunda es absurda. ¿Quién quiere entregarse y morir antes de tiempo? En pocas palabras, los que seleccionan cualquiera de estas dos opciones pronto se habrán ido. La tercera opción prolonga la vida de manera considerable y maximiza el sentimiento de satisfacción personal. La única manera de sacarle el mejor partido a ese dragón es tomando un nuevo barco y lanzándose de nuevo al agua. Y es mejor evitar el aburrimiento mientras lo hace. Tenga esto en mente independientemente de si usted es un *boomer* o una persona más joven tratando de involucrar a un prospecto que sí lo es.

El segundo problema es la cabeza del dragón a la que más le tememos: la incertidumbre financiera. Jugar según las reglas del juego no nos funcionó a la mayoría de los *boomers* debido a numerosas circunstancias que estuvieron fuera de nuestra influencia. Muchas cosas cambiaron drásticamente en los últimos años, y no solo en América del Norte. La economía global está cambiando, y a la velocidad de la luz. Las "inversiones seguras" que pensamos que nos proporcionarían estilos de vida de jubilación decorosos se han reducido en forma enérgica. Muchos de mis amigos que se preocuparon por minimizan riesgos lo han perdido todo —y en la mayoría de los casos no fue debido a inversiones irracionales. Uno de mis parientes puso más de la mitad de su capital de retiro en Enron, justo después de que esa compañía apareció en la portada de la revista *Forbes* en el sexto año consecutivo y se promocionó como una de "las empresas más confiables de Estados Unidos". No había nada de riesgo ni de irracional en invertir en la Bolsa de Valores. Sin embargo, él perdió, y su pérdida fue cuantiosa. Y uno de mis amigos muy conservadores invirtió años de acumulación de sus ahorros en propiedades de finca raíz y cuando llegó la crisis inmobiliaria, a pesar de sus años de experiencia, Arthur perdió hasta el último centavo de su capital en 24 meses y ahora se enfrenta a un sombrío final después de haber planeado pasar sus últimos años con relativa comodidad.

Las serpientes de poca monta de Wall Street y corredores de bolsa no éticos atrajeron y embaucaron a muchos *baby boomers* para que hicieran inversiones de alto riesgo que fueron alimentadas por ambición y especulación irracional. Un amigo perdió su casa después de decirme que estaba haciendo mucho dinero a diario en inversiones en línea. Nunca supe toda la verdad porque, después de que su esposa lo abandonó, él se trasladó a Puerto Rico y ninguno de nosotros ha sabido nada de su vida en más de un año. Sé que debe sentirse un poco avergonzado y solo espero que todavía esté vivo y bien.

Aunque es imposible predecir el futuro a largo plazo, sí es factible hacer una hipótesis acertada a corto plazo: si no toman una acción inmediata, los *boomers* están en problemas. El último grupo de ellos cumplirá 65 años en 2029. En promedio, van a vivir otros 20 años, lo que los pone al final del umbral de su jubilación en 2049.

Hay una ventana de oportunidad en el mundo del mercadeo en red entre hoy y 2049 y está abierta más ampliamente que en cualquier otro momento de la Historia. ¿Por qué? Debido a que casi toda la generación del *baby boom* necesita capital de jubilación a toda prisa —y todas sus opciones han sido eliminadas por una pequeña minoría de serpientes sociópatas vestida de traje y corbata. Se ha vuelto casi imposible sobrestimar la codicia de muchos en el sector financiero.

También están los políticos estatales, federales y locales que aceptan sobornos legales de grupos de presión, así como los abogados que utilizan la jurisprudencia para adquirir enormes provechos financieros y los honorarios más injustos de entre los más vulnerables, —dejando a la mayoría de los ciudadanos de clase media con apenas la escasa alegría que logran obtener de Facebook, Twitter y los videojuegos. Al igual que los zombis de *La noche de los muertos vivientes*, los adictos inalámbricos se alinean en las calles, centros comerciales, aeropuertos y sobreviven de pequeñas gotas de alimentación del WiFi, embebidos en minucias irrelevantes. Son imbéciles que tratan de realizar varias tareas a 60 millas matando así semana tras semana a miles de conductores y peatones inocentes.

El punto de todo esto es bastante simple: el mercadeo en red es el único juego existente para las próximas cuatro décadas porque es la forma más rápida de acumular riqueza libre de riesgo y con enormes incrementos, lo suficientes como para permitirles a los *boomers* retirarse y disfrutar de comodidades. No lo van a lograr a través de inversiones de bienes raíces sin tener un capital significativo; ni con fondos de inversión, oro ni plata. Ni tampoco, excepto con la ayuda de un puñado de magos matemáticos, comercializando en línea o fuera de línea en cualquier tipo de mercado o moneda.

Los *boomers* están condenados —a menos que estén dispuestos a explorar nuevas oportunidades. Y aquí está la buena noticia: que sí están dispuestos.

Hemos descubierto un hecho maravilloso en los últimos años. En la economía actual, los *baby boomers* están prefiriendo pasar por alto sus estereotipadas suposiciones acerca del mercadeo en red cuando se les presenta de una forma profesional y ética. Muchos han decidido intentarlo y se están dando la oportunidad de unirse a este negocio si comprueban que lo que usted les dice es cierto.

La mayoría de los *boomers* son de pensamiento ágil. Ellos han vivido muchos años y han aprendido muy buenas lecciones. Por eso están bien equipados con detectores de embaucadores como resultado directo de sus numerosos encuentros con vendedores inescrupulosos. Un buen número de *boomers* ha incursionado en más de una riesgosa aventura con el mercadeo en red y ha fracasado. Huelen una mala propuesta a una milla de distancia porque ellos o alguno de sus seres queridos han terminado en algún momento con un garaje lleno de basura. Peor aún, algunos que bebieron ese trago amargo también utilizaron su credibilidad para atraer a sus amigos y familiares en ofertas de tontos y como resultado también esas pobres almas terminaron con garajes llenos de esa misma basura. Muchas personas son cerradas frente al tema, por buenas razones, pero otras muchas también están dispuestas a escuchar, si lo que usted está proponiendo tiene sentido.

Queremos que se arme con una estrategia legítima —una que no sea muy complicada. El primer paso es asegurarse de que los productos que esté ofreciendo han sido científicamente validados. Además, usted debe hacer el esfuerzo de consumirlos. Luego, asegúrese de que su enfoque inicial cree suficiente interés y conciencia para ganar así la atención de su prospecto.

Por último, encárguese de transmitir la verdad acerca de la estabilidad y la larga trayectoria de la empresa a la cual usted representa. Nunca exagere sobre la seguridad de una empresa principiante ni sobre el potencial de ingresos de un empresa madura. Haga énfasis en los activos de la empresa en lugar de ofrecer recompensas que sean inalcanzables o riesgosas.

La razón por la que muchos *boomers* han sido resistentes a nuestra industria es porque les han mentido sobre la posibilidad de riesgo, el potencial de ingresos, o sobre ambos. La gente de mi edad puede oler una rata a una milla de distancia, así que no pierda su tiempo tratando de hacer parecer como muy buena oportunidad algo que en realidad no lo es.

Vamos a examinar los pasos específicos en la prospección y el reclutamiento de un *boomer* ya que este grupo demográfico comprende el sector de mercado más grande de las personas que deben tomar medidas inmediatas. Y si quiere prospectar gente más joven, también le funcionará. Busque a alguien con un celular, un monopatín o un arete en la nariz, ¡y zas! Todo el mundo de menos de 40 años es un buen objetivo. Pero recuerde, son los *boomers* los que están a solo unos pocos años de distancia de "Ciudad Tranquilidad", donde muchos estarán jugando al bingo para ganarse un horno tostador, tomando avena goteándoles por la barbilla o jugando golf junto a una botella de whisky de malta de $80 dólares. Y ellos saben lo que les espera.

Hay dos áreas específicas de interés por cubrir al acercarse a un *boomer*: grandes cantidades de dinero y tiempo libre. No estoy hablando de mencionar cambios tontos, como $3.000 dólares al mes. Estoy hablando de tres a cinco unidades de principio menos interés —lo cual significa un ingreso mensual ligado directamente a productos de consumo y no a instrumentos financieros.

La mayoría de los *boomers* no tiene una gran cantidad de capital líquido; e incluso si lo tuviera, el único lugar seguro para ellos está debajo de su colchón. Y lo más probable es que ellos no quieran arriesgar lo poco que les queda. Si una unidad de principio menos interés cuesta $10.000 dólares, eso significa que de tres a cinco unidades implican de $30.000 a $50.000 dólares al mes. ¿Quién no quiere sacar provecho financiero de *eso*? El truco, sin embargo, es explicar desde el primer momento en términos de unidades de principio menos interés. Una buena pregunta es la siguiente: "Tío Bob, ¿te gustaría crear de tres a cinco unidades de principio menos interés en menos de dos años sin ninguna clase de riesgo?" Yo le garantizo que el tío Bob le hará muchas preguntas —porque no tiene idea de lo que usted le acaba de pedir.

Ahora bien, si usted le pregunta al tío Bob que si le gustaría saber sobre el más novedoso modelo de negocio en casa, él le dirá que no. ¿Por qué? Porque a pesar de que algunos *boomers* están desinformados, ellos insisten en creer que saben todo sobre el mercadeo en red. Y para ellos, las frases "negocio en casa" o "ingresos residuales" son sinónimos de mercadeo en red.

Así que no provoque una reacción estereotipada con una terminología no apta para el momento de inicio. No es que usted quiera ser engañoso o falso; pero si utiliza frases que les den a los *boomers* alguna razón para dejar de escucharlo, usted fallará debido a su enfoque. Sin embargo, si utiliza sinónimos que significan lo mismo, es posible que consiga ayudarle a su prospecto a evitar una jubilación patética.

Una vez que su prospecto sienta curiosidad, es el momento para guiarlo a un sitio web introductorio o a un mensaje pregrabado que esté específicamente diseñado para captar su interés sin necesidad de entrar en grandes detalles. Utilice una herramienta de exposición corta y genérica ofrecida por su propia empresa o como la que he publicado en www.15yearsleft.com. Si les da a sus prospectos una página web corporativa como primer contacto y luego les propone que hagan su propia presentación, lo más probable es que los pierda. Lo mejor es dirigirlos hacia una breve descripción de la economía global o del mercadeo en red y pedirles que lo vuelvan a contactar si están interesados en aprender más sobre el tema. Recuerde estos términos: *unidades de principio menos interés* ligada a un *vehículo de financiación propia*. Con esto, queremos decir *tecnología patentada*.

Si su empresa ha patentado productos, los clientes tendrán que reordenar a través de sus distribuidores. Tener la posibilidad de comprar un producto similar en cualquier tienda de alimentos saludables o en almacenes de cadena no genera lealtad por parte del cliente como tampoco sus órdenes de compra— las cuales son esenciales para que usted aumente sus ingresos.

La mayoría de los *boomers* entiende los absurdos inherentes derivados y otros trucos de inversión que desempeña el sector financiero. Su meta es explicarles qué tan *conveniente* es conectar los ingresos de jubilación con productos de consumo y no a los sistemas especulativos de riesgo. Depende de usted enseñarles acerca de esa opción.

Incluso el programador Richard Brodie, creador de Microsoft Word, llama al mercadeo en red el "modelo de negocio del futuro" en su último *best seller, Virus of the Mind*. Si usted logra presentarles a unos cuantos *boomers* a diario el negocio del mercadeo en red de la manera adecuada, ganará sumas de dinero bastante considerables en menos de dos años. Por supuesto, eso es suponiendo que se ha unido a una empresa que cuenta con productos patentados, competente gestión y un plan de compensación mundial sin límites.

Cada grupo de edad está repleto de personas que están desilusionadas y endeudadas, pero los *boomers* que enfrentan al dragón de la jubilación ya no disfrutan del lujo de tener varias décadas productivas en su futuro. Los miembros de nuestra generación necesitamos tomar medidas, —y debemos hacerlo antes de caer víctimas del agotamiento financiero y el aburrimiento. Tenemos que actuar con rapidez, y la mayoría lo sabemos.

El hecho más preocupante de todos es que gran parte de las personas en edad de jubilación se ha quedado sin opciones. El mercadeo en red es el último bastión de la libre empresa para aquellos de nosotros que nos hemos encontrado cara a cara con el dragón de la jubilación. Así que por todos los medios, hable con grupos de gente de todas las edades acerca de su oportunidad, pero tenga en cuenta que son los *boomers* quienes necesitan nuestra industria más que cualquier otro grupo demográfico. Puedo asegurarle que ninguno de nosotros quiere morir jugando *Grand Theft Auto* ni Bingo.

Capítulo 3

La decisión más importante en el mercadeo en red

La elección de la empresa adecuada

Derek Hall

No se me ocurre otro momento durante mi carrera durante el cual haya tenido que sacar a relucir todas y cada una de mis habilidades con mayor ahínco como cuando estaba decidiendo si debía aceptar o no cierta oferta de trabajo. Supongo que usted también habrá tenido que aceptar en alguna ocasión un empleo basándose más que nada en el paquete financiero y en el título del cargo que le ofrecían. Yo lo hice sin siquiera tomarme la molestia de asegurarme de indagar sobre aquella empresa ni en su estabilidad financiera. ¿Qué locura es *esa*? Después de todo, ¿qué bueno viene siendo un buen trabajo o un título rimbombante si esa compañía no es sostenible durante un buen periodo de tiempo? Aquellos de ustedes que ya han experimentado esa misma situación de la que estoy hablando saben que no es algo que les gustaría repetir. Si es que hay alguna clase de consolación en ello, sería la de haber aprendido una lección para nunca olvidar.

Elegir una empresa de mercadeo en red no es diferente a la elección de un nuevo trabajo. Por lo tanto, el objetivo de este capítulo es el de citar algunas formas de control fáciles y equilibradas como parte del proceso que usted debe completar antes de entregarle su corazón y su alma a un nueva empresa.

¿Quién dirige el espectáculo?

El primer paso en este proceso es averiguar sobre los propietarios y demás líderes que dirigen el negocio. En el mundo actual, de tanto acceso a información, es bastante fácil ingresar uno o más nombres en un motor de búsqueda y ver qué aparece. Y como una vez que ha estado en internet, ninguna de esa información desaparece nunca *por completo*, no es raro que lo que usted busca termine siendo bastante atrasado e irrelevante para sus necesidades actuales; sin embargo, de entre todo ese material desechable por lo general encontrará algunos datos valiosos, por mínimos que sean, que le ayudarán a tomar una decisión.

Usted no está buscando antecedentes necesariamente desfavorables sobre los propietarios, —aunque estos también suelen servir de información; debería estar más interesado en qué clase de empresas han participado ellos antes y si tuvieron éxito. Otro dato que desea es averiguar qué cargos han desempeñado en estos lugares ya que eso podría indicar si ellos son verdaderos líderes calificados, capaces de dirigir el negocio actual con éxito.

Aparte de eso, busque indicios de problemas jurídicos pasados o actuales para asegurarse de que no existan posibilidades riesgosas que lleguen a afectar la estabilidad financiera de esa compañía a la que usted planea vincularse. A veces desearía que los Estados Unidos optaran por algunos de los matices del sistema legal británico; en el Reino Unido, si usted es demandado por alguien y prevalece en el caso, el demandante es responsable, no solo por los daños y perjuicios a la parte demandada, sino también por los suyos propios. Como todos sabemos, el sistema legal de los EE.UU. nos permite demandar a otra persona o entidad por *cualquier cosa*, y nosotros somos responsables de nuestros propios gastos de defensa bien sea que ganemos o perdamos el caso. La única manera en que podemos recuperar esos costos es gastando más dinero en honorarios legales para llevar a cabo una contrademanda. Menciono esto porque las demandas son endémicas en el mundo de los negocios en los Estados Unidos. No podemos ni debemos asumir que una demanda contra una persona equivale a su inhabilidad para dirigir un negocio.

Utilice con prudencia la información disponible que logre reunir; resista la tentación de sacar conclusiones. Aprenda de la mejor forma a tomar decisiones equilibradas. Pregúntese: "¿Los informes negativos que he obtenido le restan capacidad a la compañía para crecer y prosperar en los próximos 50 años?" y "¿Dañan mi reunión persona a persona con los propietarios o principales distribuidores?"

También asegúrese de comprobar las referencias de la gente vinculada a la empresa que está investigando. Aunque es raro que un empleado dé como referencia los datos de un antiguo empleador que pudiera dar una referencia negativa acerca de él, si usted formula las preguntas correctas, es posible deducir lo que necesita saber en pocos minutos. Las preguntas relacionadas con la terminación del contrato laboral, la naturaleza de la función y cargo que ocupaba la persona de su interés son por completo apropiadas. Todos los días surgen nuevas empresas, y mientras los empleados que trabajen para ellas sepan brindarles a sus empleadores una solución a un problema o proporcionarles un servicio que satisfaga una necesidad o un vacío, estas prosperarán. Por desgracia, no todas las empresas consiguen cubrir una necesidad sostenible y algunas se desvanecen o deciden cerrar sus puertas después de solo uno o dos años de funcionamiento. Las empresas de mercadeo en red dependen en gran medida del liderazgo de la gente que ocupa los cargos principales para que sean ellos quienes señalen el camino a seguir durante los primeros días. Luego, son también ellos quienes deben encargarse de proporcionarle dirección y motivación a la organización hasta alcanzar el punto de equilibrio y a lo largo del camino incluyendo el momento en que ya la empresa entra en su etapa de mantenimiento.

Estos líderes de campo (a menudo denominado como *distribuidores maestros*) cuentan con la capacidad para hacer o deshacer una empresa, razón por la cual es crucial que usted examine con detenimiento los antecedentes de por lo menos algunos de ellos antes de decidir unírseles. Si la empresa que está investigando es en cierta medida nueva, es de vital importancia que usted examine de cerca el recorrido que han hecho aunque sea algunos de los líderes de campo. Algunas empresas a lo mejor tengan un solo distribuidor principal, mientras que otras podrían tener un poco más. Haga su investigación e infórmese lo mejor posible sobre ellos. Averigüe acerca de su experiencia. Por ejemplo, si un distribuidor maestro en particular ha pasado de una compañía a otra varias veces a lo largo de los últimos años, es probable que usted quiera preguntarse si se trata de alguien confiable durante cualquier período de tiempo sostenible.

Otra preocupación son las empresas de mercadeo en red que tienen un historial de ofrecerles grandes sumas de dinero a los distribuidores de alto liderazgo que han disfrutado de éxito en otras firmas. Dichas empresas en esencia lo que esperan es que, una vez tengan a bordo a un "gran líder", luego él convenza a una buena cantidad de empleados de su antiguo empleador para que también se unan a esta nueva firma. Sin embargo, las estadísticas de esta industria demuestran que estos altos mandos rara vez son capaces de transferir a los miembros de sus antiguas organizaciones a la nueva empresa. El escenario más probable es que con gusto acepten de antemano el dinero que les ofrece la nueva compañía, pero por lo general no logren tener el mismo éxito; de hecho, a menudo se van después de un corto tiempo en busca de una oportunidad aún más lucrativa. Cuando vea este patrón en una empresa —ya sea a nivel corporativo o en el campo de acción—, dese media vuelta y corra tan rápido como le sea posible porque lo único que le esperan son cada vez más problemas.

Durante mi gestión como gerente de negocios, he evitado una y otra vez la contratación de cualquier persona con un registro de permanencias cortas en varias empresas porque sé que por lo general hay una razón para tal patrón; por lo tanto, no cometo ese error. Le recomiendo que use la misma lógica y lleve a cabo una debida investigación que le ayude a hallar una excelente compañía de mercadeo en red; y por supuesto, emplee el tiempo necesario para determinar quién ocupa los cargos clave.

¿Novata o estable?

Existe una diferencia significativa entre una empresa que se ha mantenido estable por décadas y una que apenas se ha puesto en marcha. No hay duda de que una nueva firma está cargada de riesgos. Dicho esto, y tal como la Historia lo ha demostrado, muchas empresas nuevas han resultado ser generadoras de la extrema riqueza de millones de empleados que "empezaron temprano" en ella. Por ejemplo, ¿no le habría gustado poseer acciones de Microsoft en los primeros días de su desarrollo? ¿O haber trabajado por Sam Walton en los años 70 cuando los empleados clave recibían acciones de la empresa en lugar de salarios? Esos primeros empleados compartieron la visión futura de Walton sobre aquello en lo que se convertiría Walmart —no solo en el más grande minorista del mundo hasta hoy en día, sino en el negocio más grande en general—, y por el camino se volvieron extremadamente ricos. Cada una de estas empresas fue exitosa desde el comienzo; una buena sincronización y la visión convincente de sus fundadores las llevaron a través de tiempos de dificultades a obtener un crecimiento astronómico.

Esta parte de su diligencia será la más difícil si la empresa que está investigando es, bien sea de propiedad privada o apenas puesta en marcha. Sin embargo, usted debe hacer su tarea tan a fondo como le sea posible. Usted no quiere entrar en lo que parece ser una prometedora relación solo para que con el tiempo se sienta decepcionado y desanimado.

El capital financiero necesario para poner en marcha una empresa de mercadeo en red es a menudo mucho menor que la cantidad necesaria para iniciar una empresa convencional al por mayor o al por menor, motivo por el cual suele atraer con mayor facilidad mucho talento, pero también empresarios con fondos insuficientes. Estos oportunistas con frecuencia vienen armados con planes de negocio muy atractivos (y, a menudo, con expectativas poco realistas). Todos ellos tienen el potencial y la intención de atraer a los distribuidores independientes que están buscando una oportunidad para hacer dinero fácil y rápido. No se quede atrapado en tales oportunidades a corto plazo. Una vez más, haga su tarea: busque los signos reveladores que le ayuden a evitar hacer una mala decisión.

Aquí hay algunas pautas que le ayudarán a evitar una posible catástrofe.

En primer lugar, concerte una cita con uno o más de los propietarios de la empresa o con los fundadores, incluso con un ejecutivo de alto nivel. Si observa que este paso inicial presenta trabas —o que uno o más de los funcionarios declinan su visita con insistencia—, considere ese hecho como un indicio muy importante de que la cultura de esa empresa tiende a ser sospechosa.

Antes de reunirse con él o los altos ejecutivos de esa organización, apunte por lo menos una docena de preguntas cuyas respuestas sean cruciales para su decisión. La que sigue es una lista de preguntas que le sugiero hacerle a una empresa de propiedad privada. Si la que está investigando es pública, entonces la mayoría de la información que busca será fácil de obtener. Aunque no es la lista más completa, sí es una buena herramienta de preparación.

1. ¿Cómo se capitaliza la compañía: de los propietarios o por medio de inversionistas externos?

2. ¿Qué parte de la empresa es propiedad de los fundadores/propietarios?

3. ¿Cuál es el plan para financiar el crecimiento futuro?

4. ¿La empresa tiene acceso a capital adicional para financiar un crecimiento rápido?

5. ¿La empresa tiene una línea de crédito adecuado para apoyar un posible crecimiento inesperado?

6. ¿La empresa tiene alguna deuda? Si es así, ¿cuál es la relación entre pasivos y activos?

7. ¿La empresa tiene alguna preocupación legal pendiente, tal como demandas no resueltas o cuestiones de responsabilidad de productos?

8. ¿Cuál es la experiencia previa del director financiero y/o del gerente ejecutivo?

9. ¿La empresa ha estado en quiebra?

10. ¿Está la empresa dispuesta a dejar que revise una copia de su informe financiero más reciente? Si no es así, asegúrese de preguntar si la declaración anual es auditada por una firma de contabilidad de reputación impecable.

11. ¿Cuál es el plan de negocio a largo plazo de la compañía?

12. ¿Cuáles son las ventas netas anuales actuales de la empresa; y más importante aún, a qué velocidad están en aumento?

13. ¿En qué área de negocio está invirtiendo la empresa en la actualidad su capital?

Es probable que usted no reciba respuestas adecuadas a todas estas preguntas; esa suele ser la naturaleza de las empresas privadas. Sin embargo, si usted no pregunta, no se informará. Y si plantea sus preguntas de una manera profesional, y no como si estuviera en una "expedición de pesca", tenga la certeza de que obtendrá respuestas a algunas de ellas. Cuando usted ponga juntas todas estas respuestas, obtendrá un perfil bastante detallado a partir del cual estará en capacidad de sacar sus propias conclusiones al respecto del lugar al cual pretende vincularse.

¿Recién fundada o establecida?

Otra parte importante en su proceso de investigación sobre la empresa a la cual desea vincularse será analizar su patrón de crecimiento. En otras palabras, usted debe determinar en qué etapa de crecimiento se encuentra la empresa. Será muy importante saber si su crecimiento fue rápido y ya pasó por la fase de *impulso* o apenas se encuentra en las primeras etapas en la construcción de una base sólida desde la cual se planea acelerar el crecimiento. También es factible que ya haya completado la primera fase de desarrollo inicial y esté madurando hasta convertirse en un negocio sólido capaz de mantenerse en crecimiento durante varios años. Esta información le ayudará a decidir qué modelo se adapta más a sus necesidades. Si bien es cierto que quienes se unen a una organización desde sus comienzos obtienen mayores ganancias, también hay que poner sobre la balanza el hecho de que ese es un período lleno de riesgos; solo usted conoce su capacidad para correrlos. Una empresa que todavía no ha llegado a su punto de equilibrio representa, necesariamente, un mayor riesgo para sus empleados; pero al mismo tiempo, es una oportunidad interesante para obtener rendimientos más altos a largo plazo. Por otra parte, una empresa más madura, que ya ha alcanzado su nivel de crecimiento, seguirá siendo apta para proporcionar un ingreso estable, pero es muy probable que no ofrezca el mismo potencial de ganancias.

Soy enfático en cuanto a la necesidad de reunir toda la información posible sobre el estado financiero de la compañía a medida que continúe su búsqueda. En el caso de las organizaciones públicas, es fácil obtenerla buscando en los registros públicos; en las de propiedad privada la cuestión es mucho más complicada.

Si tiene la suerte de recibir un resumen financiero o el análisis de tendencia financiera (incluso sin auditar), préstele mucha atención a la evolución de las ventas. No se preocupe si son excelentes un mes e inferiores el siguiente; muchos negocios son cíclicos por naturaleza. Más bien, enfoque su atención a observar cual es la tendencia dentro de un periodo de 6 a 12 meses para determinar si el movimiento general tiende a subir o a bajar.

Si el negocio parece estar en una fase de expansión, analice por qué; lo crea o no, no todos los aumentos en un negocio son saludables o positivos. Por ejemplo, una compañía de mercadeo en red que conozco se ha sostenido en el mercado durante muchos años con una oferta de productos no tan interesante. Sin embargo, las ventas han aumentado todos los años, pero no a causa de la expansión del mercado existente ni por aumento en las unidades de venta —que es el sello distintivo de verdadero crecimiento. En este caso, el crecimiento se debía a la apertura de alguna sucursal de la organización en un nuevo país, año tras año, hasta que en determinado momento la empresa se quedó sin nuevos lugares en los cuales abrir otra de sus agencias y el negocio comenzó a echar para atrás. La lección aquí es: no solo mire de cerca las cifras de las ventas; pregunte también sobre los detalles detrás de ellas. Examine la línea de ganancia y no se deje engañar por las cifras, ya sean robustas o débiles. Será muy difícil determinar todos los componentes que tienen un verdadero impacto en el crecimiento empresarial —y le aseguro que los propietarios de la compañía no querrán compartir con usted todas esas minucias.

Si los funcionarios de la empresa rechazan su solicitud de revisar un resumen financiero, formúleles las siguientes preguntas:

- ¿Cuál es la tendencia de las ventas?

- ¿De dónde proceden las nuevas ventas?

- ¿Han sido introducidos nuevos productos recientemente; en caso afirmativo, en qué medida están afectando las ventas?

- ¿Dónde está la concentración del crecimiento de las ventas actuales?

- ¿Está produciendo ganancias la empresa en este momento?

- ¿La empresa tiene un flujo de caja positivo?

La mayoría de las nuevas empresas de mercadeo en red fracasan dentro del primero o segundo año de funcionamiento, por distintas razones que van desde un mal producto, distribuidores poco esforzados y descapitalización —por mencionar solo algunos. Como dije antes, sea consciente de cuál es el ciclo de crecimiento en que se encuentra la compañía *en el momento en que usted la está examinando.*

También asegúrese, de analizar los países en los que la compañía está establecida porque ese hecho tiene un impacto sustancial en su oportunidad de crecimiento personal. Asia, específicamente, es un verdadero tesoro para las empresas de mercadeo en red hoy en día; Japón, Taiwán, Corea y otros, son algunos de los mejores países para establecer redes en el mundo. Si la organización que está investigando ya se puso en marcha en estos países, ese es un punto que debe pesar mucho en su proceso de toma de decisiones ya que eso suele significar que el potencial de crecimiento ya pasó.

¿Está comprobada la calidad del producto?

Ya pasaron los días en que una empresa podía lanzarse y operar basada solo en emociones; cientos de ellas han ido y venido. Los consumidores actuales son mucho mejor educados y cautelosos que los de las generaciones pasadas. Hoy en día son más bombardeados con información de todas partes —y mucha de ella debe quedarse con usted y servirle a la hora de tomar decisiones críticas. Es gracias a este cambio de paradigma en nuestra capacidad de razonamiento que las empresas están desarrollando más productos y servicios significativos para llenar verdaderas necesidades y lograr atraer así nuevos consumidores. Los negocios de mercadeo en red están desarrollando planes de mercadeo enfocados en atraer tanto a distribuidores como a consumidores.

Siguen llamando mi atención la cantidad de anuncios en televisión en las que aparece un hombre o una mujer en bata de médico explicando los beneficios de un nuevo producto que mejorará la salud. Si nos fijamos con detenimiento en la parte inferior de la pantalla durante estos comerciales, veremos el descargo de responsabilidad (por lo general en letra muy pequeña) que indica que la persona es un actor muy bien pago y no un médico ni un experto en el campo. Si usted espera representar un producto que tenga un impacto positivo en el consumidor, ¿no tendría sentido involucrar verdaderos expertos que expliquen y representen los beneficios de su producto?

Investigue lo suficiente para asegurarse de que el producto que usted comenzará a distribuir muy pronto ha sido desarrollado a nivel profesional, formulado y probado por los mismos expertos que hablan respecto al valor de dicho producto. En el caso de los productos de salud, por ejemplo, es infinitamente más importante que el producto sea desarrollado por médicos y no tan solo aprobado por ellos. Asegúrese de que el producto en realidad hace lo que se dice en el plan de mercadeo. Cualquier parte que haga falta en el rompecabezas debería producirle una alerta roja. Apóyese en la ciencia y en la investigación antes de tomar su decisión final y no se deje engañar por el mercadeo y la publicidad porque esa es una vía segura para ir rumbo al fracaso.

Parte de su investigación respecto a la oferta de productos debería ser solicitar, y después revisar a fondo, algunos testimonios de productos; y cuando le sea posible, entre en contacto directo con al menos una o dos de las personas que los han dado. Al escuchar de primera mano que el producto hace lo que dice hacer, y tener la certeza de que en verdad mejora el estilo de vida del consumidor o su rutina diaria, usted tendrá la tranquilidad que necesita para tomar una decisión sabia. Toda empresa seria le hace seguimiento a este tipo de material, así que no acepte nunca la negativa de una firma que no quiera suministrárselo.

¿Cuál es el sistema de apoyo?

Ya mencioné la importancia de hacer una investigación profunda sobre los propietarios de la empresa, pero quiero reiterar aquí que el siguiente también es un paso decisivo en su proceso de selección. En el mundo del mercadeo en red es vital la calidad del apoyo que usted obtenga por parte de la sede principal de la empresa en cuestión. Este sitio —y el grupo de personas que trabajan en allá— son su sistema de apoyo total en una variedad de aspectos. Lo grandioso del entorno actual del negocio de redes es que la mayoría de las funciones logísticas ha dejado de ser su responsabilidad porque estas se han convertido en parte de la responsabilidad del sistema de apoyo de la sede.

Hoy es muy diferente de cómo las compañías de mercadeo en red se organizaban tiempo atrás. Tradicionalmente, los distribuidores le ordenaban sus productos a la empresa, los guardaban en su almacén (o en su garaje) y luego se los distribuían a sus clientes. Tengo recuerdos de amigos que siempre tenían un garaje lleno de detergentes o cosméticos. Gracias a Dios esos días se han ido para siempre.

En la actualidad, la sede principal de la empresa ofrece servicios innumerables, desde enviarle el producto directo al cliente del distribuidor para proporcionarle todo tipo de entrenamiento disponible, tanto en formatos impresos como digitales. También ofrece servicios de facturación y cobro, informes de movimiento anual, sitios web personalizados, muestreo del producto, materiales adicionales de apoyo y muchos más. El papel actual del distribuidor es enfocarse en representar a la empresa y su producto, y dejarle el resto del proceso a la empresa. Cuando usted analiza el bajo costo de entrada que invierte un distribuidor en una empresa para establecer su propio negocio en casa, no es de extrañarse que el modelo de creación de redes esté creciendo tan rápido; y no hay ninguna duda de que muy pronto continuará superando a otros modelos de negocios.

¿Cuál es el plan de compensación?

Asegúrese de investigar la gama de servicios que le ofrecen antes de hacer su decisión de invertir. Cerciórese de que los aspectos más importantes estén en su lugar y funcionando como deberían. El plan de compensación es de suma importancia. Existe una variedad de planes de pago en el mundo del mercadeo en red, y aunque todos ellos se basan en la idea básica del sistema multinivel de ganar comisiones, no todos los planes son iguales. Por lo tanto, usted necesitará determinar cuál funciona mejor en su caso.

Muchos planes ofrecen incentivos sustanciales por adelantados en forma de coches, vacaciones y dinero rápido, por una razón: para atraer su interes. Sea inteligente al averiguar sobre este aspecto y no pierda nunca de vista el hecho de que hay una cantidad infinita de dinero disponible para pagar todos estos planes; esta entidad corporativa debe ser capaz de cubrir sus costos a la vez que obtiene una buena ganancia para sus grupos de interés; de lo contrario, dejará de existir. En términos más sencillos, hay muchas maneras de cortar el pastel, pero hay solo un pastel. No se deje engañar por incentivos atrayentes; más bien, mire el panorama general y pregúnteles a algunos de los distribuidores veteranos de la compañía si les están cumpliendo con sus promesas.

También asegúrese de que el plan de compensación sea compatible con la expansión de la compañía en otros países. El término utilizado con mayor frecuencia en las discusiones acerca de la expansión internacional es *constancia*. En otras palabras, ¿es el plan de compensación lo suficientemente flexible como para ajustarse a un crecimiento internacional y a varias monedas extranjeras? ¿O va a ser necesario desarrollar un plan diferente en cada país? Este debe ser un punto importante dentro de su investigación, y una muy buena pregunta a lo largo del camino.

¿Quién hace y suministra el producto?

Muchas compañías de mercadeo en red hoy en día se han asociado con los fabricantes de sus productos y la empresa les da fórmulas específicas. Este no es un mal escenario; de hecho, en realidad es un enfoque muy eficaz, y esta es la razón: las empresas de mercadeo en red casi siempre son primero empresas de mercadeo —que a menor escala adquieren el rol de fabricantes de sus propios productos. Desde hace más o menos 30 años esta nueva industria —conocida como la *industria de la fabricación por contrato*— se ha ido convirtiendo en generadora de billones de dólares en el proceso de mercadeo de muchos productos.

Estos contratistas a menudo se especializan en ciertas fórmulas de los productos o en procesos de fabricación únicos debido a que desarrollan nuevas formas de producción menos costosas o proponen un nuevo producto que esperan venderles a sus clientes. Todo eso está muy bien; sin embargo, como en cualquier otra industria, hay buenos y malos jugadores. Las empresas serias se centran en la calidad; las de bajo nivel, cortan camino y se preocupan más por el precio y los beneficios que por la calidad.

Las empresas de mercadeo en red que están haciendo las cosas bien invertirán años en el desarrollo de relaciones duraderas con sus socios contratistas; ellos a su vez tendrán la garantía de que, con el paso de los años, estas empresas con las que ellos trabajan se enfocan en mercadear productos de primera calidad; juntos se asegurarán de poner en marcha todo lo que sea necesario para para verificar que el producto final sea seguro y eficaz. También es importante mencionar aquí que la mayoría de las empresas selecciona a más de un contratista con quien hacer negocios porque de esa manera se mantiene la competitividad y la protección contra los déficit de inventario y además se evitan problemas en el suministro de los ingredientes o componentes.

En todo caso, sería imposible hacer un estudio completo y a profundidad de todos los proveedores utilizados por la compañía a la cual usted está considerando vincularse; sin embargo, sí debe familiarizarse con el proceso de fabricación y con la estrategia de producción empleada. Una vez que tenga esta información, utilícela para formularle a la empresa las preguntas adecuadas acerca de los proveedores. También es una buena idea solicitar una visita a la planta de fabricación del contratista.

¿Cuáles son las perspectivas a largo plazo?

Por último, hay dos áreas importantes adicionales sobre las cuales usted debe investigar antes de tomar la decisión de unirse a una empresa: determinar (1) si la empresa es sostenible y escalable, y (2) si su enfoque de mercadeo servirá para atraer a una amplia cartera de clientes base. ¿Se limita la línea de productos a un solo grupo demográfico? ¿Están los precios estructurados de tal manera que el consumidor va a querer seguir pagando por los productos o servicios dentro de 5, 10 o 20 años a partir de ahora? ¿Está la compañía atrapada dentro de un núcleo de negocios estrecho? ¿Existe la posibilidad de mejorar los productos y ampliar la variedad de ofertas con el paso del tiempo?

Tomemos como ejemplo una tendencia muy exitosa dentro de este sector, la cual ha dado muy buenos resultados durante los últimos 15 años en cuanto a poner en marcha empresas en base a lo que comúnmente se conoce como "superjugos" o "superfrutas". Esta clase de jugos recientemente descubiertos son por lo general extraídos de frutas exóticas y desconocidas, como la fruta de noni producida en la Polinesia y el Sudeste de Asia; también está la baya del acai que se cultiva en América Central y del Sur. Las compañías que venden dichos jugos afirman que estos han sido fuente de longevidad y conservación de buena salud a lo largo de la vida para algunos pueblos indígenas desde hace siglos.

Por desgracia, no hay pruebas científicas y/o una seguridad mínima que respalden tales afirmaciones; por lo tanto, sus vendedores dependen en gran medida de datos empíricos que hacen parte del folclore y de la subjetividad de diversas comunidades. Durante las últimas dos décadas, algunas de estas empresas lograron atraer a millones de distribuidores que buscaban sacar provecho de este fenómeno del superjugo, y, en consecuencia, sus ventas se dispararon a gran velocidad. Sin embargo, estos productos rara vez eran patentados y en poco tiempo los almacenes en cadena a lo largo y ancho del mundo comenzaron a producir sus propias versiones de los superjugos a una fracción de los precios que cobraban las empresas que iniciaron su producción y comercialización. Esto, en última instancia, causó la erosión de las bases de ventas de las diferentes redes de vendedores del producto —el cual continúa existiendo hasta hoy en día.

Como comenzaron a emerger competidores minoristas, y la magia comenzó a desaparecer entre los usuarios de redes, los vendedores de estas empresas enfrentaron la difícil tarea de reinventar sus firmas para apuntalar su caída en las ventas. El problema era que se trataba de empresas de "solo" jugos; en muchos casos, sus razones sociales tenían que ver justo con el nombre de la fruta o de uno de sus derivados. Por lo tanto, sin importar con qué tantas innovaciones trataran de sustituirlas, seguían siendo empresas de jugos; Por esta razón, en la actualidad sus ventas continúan cayendo.

¿Cuál es la lección aquí? Tenga cuidado con las empresas que invierten todo sus recursos, capital, reputación, —en efecto, todo su futuro— en un producto que sea considerado como una "invención mágica" porque rara vez son sostenibles durante un largo período de tiempo.

Dicho esto, muchas empresas han conseguido reinventarse a sí mismas en los últimos años y han demostrado que son sostenibles en cualquier clima financiero y que cuentan con la capacidad de adaptarse a cambios demográficos. Un ejemplo brillante es Target Corporation, la cual, después de algunos años de retraso en su crecimiento, cambió su imagen para atraer a un nuevo tipo de consumidor. Su exitosa evolución incluyó anuncios publicitarios que mostraban patrocinadores célebres y dignos de confianza junto con un plan de mercadeo que se volvió reconocible casi de inmediato para los clientes de Target gracias a su logotipo con la diana de tres anillos —semejante a lo ocurrido con el logo de Nike.

Otra compañía que le ha hecho una transformación similar a su la imagen del producto es Cadillac, a partir de un fabricante de automóviles que hizo que los coches dejaran de tener la apariencia de ser para nuestros padres y abuelos y pasaran a ser hoy en día coches deportivos y muy de moda, atrayentes a una generación de compradores más joven. La nueva apariencia y el aspecto futurista del Cadillac han generado energía y *sex-appeal*, y rompió con todos los límites demográficos.

En su proceso de investigación también es fundamental que tenga en cuenta sus posibilidades de ascenso. Cuando se trata de mercadeo en red, lo que necesita saber es si el modelo de negocio funcionará a nivel internacional. Por ejemplo: ¿el producto o servicio es atractivo no solo para el consumidor norteamericano, sino también para el asiático, el suramericano y el europeo? Además es necesario determinar si la oferta es compatible con las distintas leyes de otros países. ¿La estructura de precios en el extranjero les permite a los ciudadanos de otros países menos afluentes la posibilidad de comprar esos productos o servicios? ¿Es el producto o servicio tan único que el crecimiento que alcance en 5 o 10 años llegue a ser ilimitado? Es importante reunir suficiente datos en este sentido, de manera que usted tenga como extraer algunas conclusiones significativas; de lo contrario, estaría frente a la posibilidad de vincularse a una empresa con un futuro limitado. Busque la mejor manera de determinar si es viable que los productos sigan siendo vigentes y necesarios en los años venideros.

En conclusión, haga su tarea. No se base únicamente en lo que escucha durante un lanzamiento en la sede principal de la empresa. Pregúntele a alguien en el nivel medio acerca de la cultura corporativa. Su respuesta dirá mucho acerca de la compañía, y además le indicará dónde buscar mayor información. Converse con uno o varios líderes de campo y pregúnteles sobre la forma en que los trata la empresa; y mientras está en ello, confirme con ellos la información que recibió a nivel corporativo. No se arrepentirá de haber tomado estas medidas sencillas antes de elegir a su futuro socio de negocios.

Capítulo 4

El mercadeo en red no es una razón válida para alejarse de sus familiares y amigos

Asuntos referentes a la relación entre el negocio y la familia

Shelby Hall

"¡Oh no, mi papá está usando esa ropa otra vez!". Ese solía ser el comentario que muy a menudo hacía nuestro segundo hijo años atrás cada vez que veía a su padre descendiendo las escaleras vestido con cierto par de botas de trabajo, pantalones vaqueros y una camiseta. Él y el resto de nuestros hijos sabían qué esperar cuando su padre llevaba ese traje en particular: era sábado y eso significaba trabajar en el jardín o en algún proyecto. Sin embargo, también sabían que después de dedicar dos o tres horas de su día a ayudar, serían recompensados al final, por lo general con una parrillada y una fiesta en la piscina de la familia.

Si usted piensa que sus rutinas personales y su manera de desarrollar relaciones no son contagiosas, se equivoca. Nuestros hijos tienen ahora sus propios hijos y están haciendo las mismas cosas que hacíamos hace décadas.

Hágase esta pregunta: ¿Cómo se siente la gente al verlo llegar o al escuchar su voz? ¿Qué piensan? "¡Cuidado, aquí viene

Jane, y escuché el comentario de que está abriendo un negocio en una de esas empresas piramidales!". Lo que estas personas parecen no darse cuenta es del hecho de que, por lo general, ellas también trabajan para empresas cuyos organigramas se parecen a una pirámide; y es muy probable que muchos asistan a iglesias cuya jerarquía también sea en forma de pirámide.

La palabra "pirámide", junto con la palabra "esquema" son términos utilizados para describir un tipo de empresa ilegal en el que solo quienes están en la parte superior de la pirámide hacen dinero y los que están en la parte inferior jamás lo obtienen. Estos esquemas son sinónimo de lo que se conoce hoy en día como esquemas de Ponzi, llamados así por Charles Ponzi, creador de una fraudulenta operación de inversión que pagaba rendimientos a sus inversores de su propio dinero o del dinero pagado por los inversores subsiguientes.

La estructura organizativa de las empresas de mercadeo en red tiene en efecto forma de pirámide, pero no es de ninguna manera ilegal ni fraudulenta. En este capítulo describo nuestras experiencias personales en cuanto a la construcción de relaciones duraderas con clientes, amigos y vecinos, con un enfoque que nos ha funcionado a través de los años. Me gustaría que tuviera en cuenta estas ideas y que las pusiera a prueba en sus relaciones, y que además recordara que el proceso de construcción de una red es prácticamente análogo al de la construcción de una familia.

Todos venimos a este mundo con diferentes personalidades y rasgos de carácter. Hay un gran libro que lleva por título *The Color Code*, escrito por el Dr. Taylor Hartman, (también conocido como *The Hartman Personality Profile*), el cual explora las relaciones humanas y propone dividir las personalidades en cuatro categorías, según el color: rojos (los jugadores con poder), azul (los que hacen el bien), blanco (las fuerzas de paz), y (los amantes de la diversión) de color amarillo. Como estudiante del trabajo y la filosofía del Dr. Hartman —además, mi querido amigo—, he aprendido mucho de él a lo largo de los años. He llegado a creer que identificando el color del grupo con el que uno mejor se siente representado —e identificando el color de la personalidad de los demás— es mucho más fácil llevarse bien con ellos. Esa es una gran ayuda, sobre todo cuando usted está conociendo los roles existentes en el proceso de construcción de los negocios.

Todos tenemos necesidades, deseos, fortalezas y debilidades; por lo tanto, debemos descubrir qué es lo que nos impulsa a actuar, o más importante, a *reaccionar* —de cierta forma. Estar cada vez más familiarizados con nuestros rasgos de personalidad, así como con los de quienes nos rodean, permite que nuestras relaciones se vuelvan más genuinas, más duraderas y mucho más completas. Podemos, por ejemplo, comenzar a anticipar cómo cierta persona va a reaccionar frente a determinada situación y, por lo tanto, sabremos aliviar o incluso evitar aquellos escenarios que darían lugar a problemas. Es parte de nuestra naturaleza humana "esquivar los pasteles de vaca en el pasto" a medida que atravesamos diversas experiencias a lo largo de la vida.

A pesar de la libertad que tenemos para elegir a nuestros amigos y a nuestros socios de negocios, no tenemos esa misma libertad para elegir quién establece o no su residencia en las diversas ramas de nuestro árbol genealógico. Con el tiempo, y a través de interacciones forzadas, llegamos a conocer las diversas personalidades de los miembros de nuestra familia y aprendemos a acercarnos a ellos desde ángulos que no causen conflicto, —o que, por lo menos, causen el menor conflicto posible. Nuestro estilo de vida personal tiene un impacto enorme en nuestras diferencias culturales con quienes nos rodean, incluyendo la comida que nos gusta y lo que hacemos por diversión. La lista sigue y sigue, pero creo que la idea es clara.

Las organizaciones de mercadeo en red suelen ser muy similares a una familia grande y diversa. Con el fin de hallar un terreno común con ellos, usted tendrá que mirar más de cerca a su familia y amigos cuando les presente su oportunidad de negocio. Una vez que lo encuentre, sabrá cómo superar los numerosos obstáculos que a menudo causan tensión en las relaciones. A veces, es más fácil acercarnos a nuestros amigos que hablar con los miembros de nuestra propia familia inmediata o extendida por temor a que de alguna manera lleguemos a ofenderlos. Si usted utiliza el enfoque correcto, es casi garantizado que no recibirá resistencia; de hecho, será una experiencia agradable. Eso no quiere decir que todos vayan a unirse a su equipo, pero sí que siempre lo amarán incondicionalmente.

Para aprender el negocio del mercadeo en red y desarrollar habilidades interpersonales, no hay necesidad de sentirse abrumado con todo esto. Por supuesto que al comprender lo que es una relación duradera y cómo lograrla también tenemos claro que otra cosa muy distinta es *disfrutar verdaderamente* de ella. Para desarrollar conexiones significativas tenemos que recordar que nosotros —y solo nosotros— somos los responsables de fortalecer nuestros lazos con los demás.

Ya sea que esté tratando con familiares, amigos, miembros de su iglesia, gente relacionada con su negocio o que hace parte de su comunidad es necesario que usted entienda que usted es una persona influyente. Pocos de nosotros alguna vez llegamos a reconocer lo influyentes que en realidad somos, y la mayoría de nosotros subestima el impacto que tiene sobre los demás. Pero sepa que una cosa sí es segura: la gente nos está observando, manteniendo sus ojos abiertos en nuestro ejemplo y es consciente de las actitudes que nosotros tenemos frente a cada relación. Como alguien sugirió alguna vez, debemos conducir nuestras vidas de tal manera que no nos sintamos tildados cada vez que le estemos contando a nuestro loro el último chisme de la ciudad. En otras palabras, tengamos en cuenta que los demás siempre nos están hablando, mirando y escuchando.

Las personas exitosas trabajan duro para desarrollar relaciones de calidad. Si usted está planeando invertir su tiempo y talento en ayudarles a otros a cumplir sus sueños, entonces querrá establecer una conexión sólida con todos ellos. ¿Cómo es posible iniciar un negocio con alguien con quien no existe ni simpatía ni confianza? El *quid* de la cuestión es que no se puede. Recuerde, *mercadeo en red es mercadeo de relaciones.*

Uno de los mayores cumplidos que una persona puede recibir es cuando un miembro de su equipo opta por unirse a su nueva empresa porque esta refleja las cualidades que él o ella admira. Las relaciones son importantes en sí mismas; y cuando todo lo demás quede atrás en el camino, lo más importante para nosotros serán las relaciones que hayamos construido. Si nos comprometemos de la manera adecuada, el mercadeo en red puede —*y así será*— resultar en relaciones magníficas de por vida.

De vez en cuando me tomo el tiempo para llevar a cabo una revisión interna de mis relaciones personales y profesionales para ver cómo lo estoy haciendo. Mi chequeo emocional consiste en hacerme preguntas tales como:

- ¿Siento que estoy pasando suficiente tiempo con las personas a las que amo y me interesan, y que quiero tener cerca de mí?
- ¿He cultivado todos los amigos y conocidos que necesito para que mi vida sea satisfactoria?
- ¿Estoy satisfecho con mi capacidad para generar nuevas relaciones y hacer que valgan la pena?
- ¿Mis relaciones interpersonales son saludables y carentes de conflicto?
- ¿Es mi círculo de influencia lo suficientemente amplio y es posible o necesario expandirlo?
- ¿Voy bien encaminado en mi propósito de dejar el legado que pretendo?

Conseguir nuevas relaciones requiere de un tipo de plan de juego o mapa. El desarrollo de estas conexiones es como hacer un viaje por carretera para el cual es necesario decidir de antemano la cantidad de millas que deseamos viajar cada día hasta llegar a nuestro destino. Lo mismo ocurre con las relaciones interpersonales; siempre hay que tener una visión clara del destino que estamos tratando de alcanzar con una persona antes de comenzar el viaje para conocerla. Debemos establecer ciertos puntos tales como las llamadas telefónicas, las visitas persona a persona e incluso su participación en nuestros eventos sociales, si es que vamos a crear un vínculo duradero con ella. Construir lazos significativos y duraderos lleva su tiempo porque es necesario atenderlos, cultivarlos y cuidarlos constantemente. Hace mucho tiempo llegué a la conclusión de que las relaciones genuinas son esenciales para disfrutar de una vida plena y feliz.

También he aprendido a lo largo de mi vida que con el fin de formar relaciones duraderas, o incluso a corto plazo, es fundamental eliminar el "yo" y enfocarnos en el "tú". Esto es especialmente cierto en el modelo del mercadeo en red. Hacer de la otra persona el centro de atención durante una conversación es la manera más segura de obtener una excelente relación desde sus comienzos. Escuche con sus ojos y con su corazón, así como con sus oídos, y aprenda a leer entre líneas.

Todos hemos oído el dicho de que solo tenemos una oportunidad para causar una buena primera impresión. Y aunque eso es absolutamente cierto, las segundas y terceras impresiones también son fundamentales en la construcción de relaciones. Busque siempre los aspectos positivos y no los negativos en sus interacciones diarias.

Es nuestra naturaleza humana a gravitar hacia ciertos individuos porque ellos piensan igual a nosotros o tienen nuestros mismos intereses. De vez en cuando es posible que tengamos mucho en común con ciertos individuos con cuya conexión parece no representar ningún esfuerzo. Si tenemos en cuenta que las "frutas de un mismo costal" son muy parecidas entre sí, entonces los miembros de nuestra propia familia deberíamos parecernos. Los conocemos mejor que nadie, y sin embargo, a menudo tenemos dificultades a la hora de acercarnos a ellos con una propuesta de negocio. Los emprendedores exitosos aprenden a acercarse a toda clase de personas, incluyendo la familia, los amigos y hasta los extraños.

Una forma sencilla de hacerlo es dejando que sus valores guíen sus acciones. Ya sea que esté estableciendo una relación comercial con un miembro de su familia, un amigo o colega profesional, usted debe explicarles con total claridad que los dos son parte de un mismo equipo y que estarán construyendo entre juntos esta nueva empresa. Recuerde que, si bien los productos, servicios y oportunidades, por lo general se venden a sí mismos, la gente va a querer unirse a su equipo porque lo respetan y les agrada —y no solo por lo que usted está vendiendo.

Ya pasaron los días en que un negocio se comenzaba solamente a punta de emociones. Los negocios exitosos de mercadeo en casa se basan en la confianza y la credibilidad. Sus relaciones interpersonales determinarán el nivel de éxito que usted alcanzará, motivo por el cual es prioritario mantener siempre sus líneas de comunicación abiertas.

Sabemos que el correo de voz y el correo electrónico son importantes, pero no hay nada mejor que la antigua forma de conversación cara a cara. Un día, hace ya varios años, mi marido estaba de viaje fuera de casa y yo tenía algunas diligencias por hacer. Hacía poco nos habíamos mudado a Boulder, Colorado, y mi día transcurrió de la siguiente forma:

Fui a echarle gasolina a mi carro. Después de que introduje mi tarjeta de crédito en la ranura del cajero, la pantalla me dio las instrucciones para el llenado del tanque y luego me preguntó si quería pasar mi carro por el túnel de lavado y elegí que sí; después me dio más opciones y seleccioné lo que quería. Cuando llené mi tanque de gasolina, me dirigí al lavadero de carros. Conduje hacia la parte trasera de la estación de servicio que me recibió con otro sistema automatizado. Después de presionar el botón de inicio, una voz electrónica me pidió que introdujera mi código y acto seguido recibí instrucciones para iniciar el proceso.

Cuando el carro estuvo listo, salí y me fui directamente a un cajero automático, donde una vez más seguí las instrucciones que aparecen en pantalla. Luego conduje hasta la tienda donde escogí algunos artículos y me dirigí hacia la fila en la que uno mismo escanea los productos que va a comprar y allí también recibí las instrucciones del caso; a medida que los escaneaba, siguieron las instrucciones en la pantalla de lectura, pagué mis artículos, los puse también yo misma en una bolsa y salí de la tienda.

Durante todo ese día no hablé con nadie, ni nadie habló conmigo; entonces terminé preguntándome: "¿Dónde están los humanoides?"

Cuento esta experiencia porque estoy segura de que a la mayoría de ustedes les ha pasado algo similar. Por fortuna, esos días en mi vida son pocos y muy distantes, pero me generan una pregunta: "¿Es eso lo que queremos que sea nuestra vida: hablar con máquinas todo el día?" En otras palabras, ¿estamos preparados para prescindir del contacto interpersonal solo para ahorrar tiempo en nuestras ocupadas vidas?

Otro ejemplo de cómo la tecnología y el cada vez más automatizado mundo están alterando nuestra vida es lo que sufrimos cuando llamamos a una institución u organización para obtener información. Marcamos el número telefónico y nos presentan de forma automática varias opciones a elegir y pasamos por todo ese proceso un par de veces solo para concluir que, a menudo, es posible omitir el menú de opciones oprimiendo el cero un par de veces para obtener una "persona real" en la línea. Por supuesto, estos sistemas contestadores reducen los costos para el vendedor o proveedor, pero si llegamos al punto en que no oiremos una voz humana real cuando estemos en busca de información, creo que la vida se habrá convertido en una experiencia solitaria y triste.

Mi punto es que usted va a tener que involucrarse en el mayor número de conversaciones cara a cara que le sean posibles cuando esté construyendo su negocio de mercadeo en red y quiera establecer una relación entre usted y sus contactos. Como mínimo, debe participar en conversaciones telefónicas con personas reales, no mecanizadas. Es crucial no minimizar la importancia de estas llamadas e imperativo devolver las llamadas perdidas tan pronto como le sea posible.

A lo largo del libro nos referimos con frecuencia a la diferencia entre escuchar y oír, así como a las diversas formas en que las personas escuchan y se comunican entre sí en general. Es crítico apreciar que no toda la comunicación es verbal. Todos conocemos desde hace años la ventaja de aprender un segundo idioma puesto que la sociedad se vuelve cada vez más globalizada. Esta tendencia ha estimulado el crecimiento de los sistemas de enseñanza de idiomas, que se pueden ver en las tiendas, en los centros comerciales, aeropuertos y otros lugares de alto tráfico a lo largo y ancho de América.

Sin embargo, hay una flagrante omisión entre estos grupos de idiomas. Hace poco estaba en un aeropuerto y visité una librería buscando material en un determinado idioma, pero no fue posible hallarlo en alguna parte de la estantería ni en los listados del catálogo de la tienda. Yo estaba buscando un curso de "lenguaje corporal" —el cual considero como el *verdadero* lenguaje universal utilizado en el desarrollo de las relaciones. El joven empleado que me atendió ese día parecía un poco desconcertado, pero me aseguró que pronto saldría al mercado.

La comunicación más eficaz se da a través de lo no verbal, sonriendo e interactuando por medio de las emociones y los sentimientos. El arte y la ciencia de escuchar son una herramienta muy importante. Pregúntese: incluso sin está escuchando las palabras de otra persona, ¿está usted realmente escuchando lo que le está diciendo? La llamada química entre los seres humanos es pocas veces perfecta; por lo tanto, no podemos asumir que porque alguien nos sonríe y nos saluda de mano, le agradamos o desea establecer una relación con nosotros. Un gran error que muchos de nosotros cometemos es el de asumir que la comunicación se ha producido cuando la realidad es que no.

La mayoría de la gente tiene mucho que aprender antes de hacer su primer intento de hacer una llamada para reclutar a un prospecto de socio o miembro del equipo. Discutiremos todo el proceso en el Capítulo 15, pero es importante tener en cuenta aquí los posibles errores que podrían retrasar su progreso e impedir su éxito. Mientras más diligente usted sea cuando proceda a la instrucción y elección de sus socios, menos tropiezos encontrará en su camino.

Pedirle a alguien que invierta su tiempo y/o dinero en su empresa puede ser una experiencia desalentadora porque a menudo valoramos esa relación y el deseo de conservarla a largo plazo. Así que proceda con cautela y haga su tarea de antemano. Analice el plan de negocios, investigue sobre el producto o servicio y examine los antecedentes de las personas que dirigen su empresa. Recuerde que usted va a hacerles muchas de esas mismas promesas a los amigos sobre la base de lo que sabe o le han dicho —promesas basadas en las promesas que otra persona le hizo a usted.

Por desgracia, no siempre va a tener interacciones positivas y agradables. He aprendido que todo el mundo tiene opiniones válidas y al igual cada uno de nosotros merece el derecho a expresarlas. Solo porque alguien no ve su plan a su manera, no quiere decir que no le funcionará o que no sea una buena idea. Este es el momento de dejar su ego en la puerta y comprometerse a seguir adelante sin quemar ningún puente tras de usted.

Es probable que haya un momento en el futuro en el que sus relaciones con amigos y miembros de la familia sean mucho más valiosas que cualquier cosa relacionada con la oportunidad de negocio. Mi marido era siempre muy cuidadoso en sus relaciones de negocios a medida que iba en ascenso en una empresa pública y por tal motivo se propuso mantener relaciones con gente de todos los niveles de la empresa. Como suele decirse: "Usted se encuentra con la misma gente en el camino, tanto de subida como de bajada". Él también hacía hincapié en lo importante que es definir con total claridad su destino en tales circunstancias; de lo contrario, es posible llegar a la cima de la escalera solo para descubrir que uno está solo y apoyado contra un techo en mal estado.

Una de las formas más efectivas de atraer a amigos y familiares para que sean ellos quienes le pregunten acerca de su nueva empresa es la de "mercadear" subliminalmente. Procure colocar algunos de los productos que está promoviendo en lugares estratégicos de su casa y deje que sus invitados o miembros de la familia vean que usted los consume. No hay riesgo de ofenderlos con esta estrategia. Después de todo, usted tiene que ser un usuario de sus productos y creer en ellos. Ver que usted los consume siempre inspira a otros a iniciar una conversación sobre ellos —lo cual lo exonera a usted de toda responsabilidad. Esa es la forma casi menos amenazante de presentar un producto.

Como he dicho antes, cada uno tiene diferentes personalidades y valores, lo que significa también que todos empleamos varios métodos cuando estamos formando y manteniendo relaciones con amigos, seres queridos y gente de negocios. Estas diferencias pueden depender de rasgos físicos, tales como el género, la fuerza, el tamaño y la forma, así como también por diferencias emocionales que reflejan la disposición, el carácter y el temperamento. También existen diferencias intelectuales producidas por talentos individuales, destrezas y habilidades; y además existen diferencias resultantes del ambiente que nos rodeó en nuestra infancia y durante el cual se moldeó nuestra personalidad por influencia de la escuela, los amigos y la vida familiar. Nuestra efectividad individual y social (incluyendo el sentido del humor, la atención al detalle, y la timidez o un estilo de vida gregario), todas esas diferencias caben en la ecuación.

Poniendo todas estas distinciones y diferencias a un lado, hay una cosa que usted debe mantener primordialmente en mente, sin importar cuál sea su personalidad o sus preferencias: nunca les cierre la puerta a posibilidades futuras cuando se acerque a la familia y los amigos con una oportunidad para ofrecerles el negocio de mercadeo en red. Y sea lo que sea que usted haya decidido hacer, no les saque el tema cada vez que los vea — ¡o hará que ellos lleguen al punto de no querer verlo!

Las personas que son nuevas en el mundo del mercadeo en red a menudo preguntan: "¿Qué es una lista de contactos y cómo puedo construir una? "En realidad es un proceso bastante sencillo: basta con echarles un vistazo a su libreta de direcciones o a los contactos de su teléfono celular o revisar su computador y entrar a las páginas de sus amigos y familiares en Facebook, Twitter y otras plataformas de medios sociales. Los nombres de estas fuentes constituirán el comienzo de su lista de contactos. Usted siempre irá añadiéndole más gente a esta lista a medida que vaya conociendo gente o cuando otros le den los nombres de personas que ellos piensan que podrían estar interesadas en su nuevo negocio.

Nunca tire las listas de contactos antiguas. Nuestras circunstancias cambian a menudo y jamás se sabe cuándo queramos necesitar o desear conseguir de nuevo a un contacto antiguo. Recientemente he comenzado a conectarme con viejos amigos de la escuela secundaria por medio de las redes sociales y estoy sorprendida por la cantidad de gente que me ha contactado. A menudo son personas con las que no tuve una relación estrecha en la escuela. Sin embargo, a medida que envejezco, he vuelto a encontrarme con aquellos que conocí hace décadas y estoy descubriendo poco a poco que ahora somos menos reacios a estar en contacto porque tenemos más cosas en común y de valor por compartir.

A pesar de que puede parecer intimidante hacer el primer contacto con un pariente o con un buen amigo para hablarle acerca de su nuevo negocio, el proceso puede ser relativamente simple, por ejemplo un compañero de redes, Albert Muir, podría decirle a su amigo: "Hola, John, es tan fuerte nuestra amistad que me darías una hora de tu tiempo?" Si John acepta, su respuesta puede ser simplemente, "¡Genial! Puedo visitarte el viernes a las 6:00 pm si ese es un buen momento para ti. Gracias. Hasta entonces".

Cuando John le pregunte a Albert (como inevitablemente lo hará) de qué más o menos le quiere hablar, él le dirá algo como por ejemplo, "Quiero hablarte de una nueva empresa que tiene unos fundadores bastante exitosos. Ellos ya han construido otras empresas billonarias a nivel global y en corto tiempo han roto todo tipo de récords en la industria; muy pocas personas saben sobre ella. Es una mina de oro en potencia. Por lo tanto, ¿cuál día te queda mejor: el martes o el miércoles por la tarde?"

Si John le dice: "Dime más, o simplemente cuéntamelo por teléfono", su respuesta podría ser: "John, me encantaría hacerlo, pero por desgracia, el material que quiero compartir contigo es muy visual y me tomaría horas para informarte por teléfono lo que me llevaría 20 minutos hacer en persona. Déjame hacerte una pregunta: ¿cuál es tu película favorita?" Cuando él le diga cual, Albert podrá explícale lo imposible que sería para él contársela por teléfono.

Al utilizar la analogía de la película usted le ayudará a su amigo a entender la ventaja de encontrarse frente a frente. Hay una razón por la cual la gente se refiere a nuestra industria como un negocio de "mercadeo de relaciones"; es porque se construye mejor en las primeras etapas poniéndose en contacto con amigos y familiares con quienes ya se han cultivado relaciones. Establecer equipos de personas con ideas afines es tan valioso como la riqueza financiera y es una muy buena forma de ser evaluado entre la gente.

Un pensamiento final con respecto a este tema y que puede marcar una diferencia radical en sus ganancias: el tiempo lo es todo. Muchos rechazarán su oferta cuando usted se ponga en contacto con ellos; es importante tener en cuenta que la decisión que ellos tomen no tiene absolutamente nada que ver con usted, ni la empresa, ni la oportunidad del negocio. En la mayoría de los casos se debe a que el tiempo no es el adecuado para ellos. Entonces espere y vuelva a contactarlos en otros seis meses para probar otra vez las aguas. Nunca abandone su mercado "en ebullición" porque es posible que, con el tiempo, aquellos que usted menos esperaba que se le unieran, lo sorprendan. Nunca subestime su círculo de influencia personal.

Capítulo 5

Cómo se enriquecen las mujeres que trabajan en el negocio del mercadeo en red

Una aventura cuyo límite es el cielo

Valerie Bates

Alos 18 años, llena de sueños y nobles aspiraciones y sintiéndome una mujer adinerada en potencia, me estremecí hasta el fondo de mi alma cuando me di cuenta de que alguien muy significativo en mi vida creía que el valor que yo podría aportarle al mundo era limitado. Hasta ese día soleado de 1967, cuando mi vuelo aterrizó y llegué a mi casa paterna después de terminar mi primer año en la universidad, yo había asumido que mi padre creía en mí; pero esa tarde él me expresó que no continuaría financiando mi educación —por el hecho de ser mujer. Yo no lograba creer lo que oía. "¡¿Porque soy una *chica*?!", le pregunté. Si mi padre me hubiera dicho que no me apoyaría por razones financieras, lo habría entendido; pero su razón era incomprensible para mí. Me sentí sorprendida, consternada, y por un momento, aplastada.

Tiempo después de levantarme de mi derrota emocional reanudé mis estudios gracias a mi determinación, a un par de becas, a préstamos estudiantiles y a trabajos de 12 horas al día durante los veranos. Compartía una pequeña habitación en un motel que había camino a la universidad y me preparaba mi comida en una diminuta parrilla; desde allí veía ese punto de mi vida como el comienzo de nuevas aventuras.

De manera inadvertida mi padre había generado en mí muchas ideas que le dieron forma a mi carácter y que impactaron en última instancia lo que yo habría de lograr como madre, profesora, facilitadora y mujer de negocios. Desde ese día en adelante tomé total responsabilidad de mí misma en lugar de depender de otros.

No guardo ninguna animadversión hacia papá. Entiendo que su perspectiva sobre el papel de las mujeres provenía de haber sido criado en una granja; él fue la primera generación de nuestra familia cuyo ancestro fue irlandés y canadiense; y cuando era apenas un niño de repente se vio convertido en un soldado combatiente en medio de la Segunda Guerra Mundial —simple y llanamente él fue tan solo el producto de su generación y del medio que lo rodeó. Luego de servirle a su país en el extranjero mi padre comenzó una carrera de 30 años como supervisor mecánico trabajando en lo profundo de la tierra en una mina de níquel, áspera, rugosa y aislada en el Noreste de Canadá. Mi padre hizo sacrificios bastante significativos para sostener nuestra familia trabajando durante todo un año entre barro, grasa y oscuridad con tal de poner comida sobre nuestra mesa. Sin embargo, mi paradigma del orden mundial cambió aquel día y como resultado siempre me he negado a darles crédito a todo tipo de limitaciones impuestas expresadas por mi padre.

Debido a esa experiencia tan trascendental siempre me he llevado muy bien con el negocio del mercadeo en red dado que en este modelo empresarial no existen restricciones. El género, el origen étnico, la edad, la raza, el color y la educación son irrelevantes. Convertirse en alguien independiente desde el punto de vista financiero no implica ser necesariamente un investigador de renombre mundial, ni pasar décadas invirtiendo en Wall Street, ni tener que luchar para abrirse camino hasta ascender por la escalera corporativa de una compañía cuyo dueño es otra persona. Cada uno de nosotros tiene el derecho a florecer hasta llegar a ser el presidente general de su propio negocio —lo cual representa lo que es en realidad la igualdad de oportunidades.

La aplicación de los principios establecidos en este libro le dará más que una oportunidad para luchar y lograr un estilo de vida basado en la libertad —sin importar su género, raza, nivel de educación o nivel de ingresos. Existe una sola condición: usted debe desarrollar la mentalidad de un empresario en vez de la de un empleado. Eligiendo la compañía adecuada y adquiriendo conocimiento, habilidades, buenos hábitos y actitud vencedora cualquiera tiene la capacidad para llegar a la cima. Así que hágase esta pregunta: "¿Por qué *no* yo?" Piense su respuesta con cuidado porque *usted* es tan digno de tener riquezas como cualquier otro habitante de esta tierra.

En este capítulo y en otros usted conocerá mujeres que han tomado el control de su bienestar financiero y están ganando ingresos suficientes como para ser consideradas multimillonarias, aunque pocas se describirían a sí mismas de esa manera. He encontrado que las mujeres son a menudo muy poco pretenciosas de sus logros, y que rara vez se dan a sí mismas palmaditas de felicitaciones o alardean de la cantidad de dinero que están ganando. Hace poco escuché con interés que un entrevistador le preguntó a Donna Johnson, una gran fuente de ingresos superiores dentro de nuestra profesión: "¿Qué porcentaje de toda la compañía está en su equipo? ", y ella respondió: "El 85%". Si él no le hubiera hecho esa pregunta específica, estoy casi segura de que los oyentes no habrían conocido la magnitud de su éxito. La mayoría de las mujeres no está muy interesada en alardear sobre sus ingresos. En 2006, *Age Wave*, especialista en el envejecimiento de la población, llevó a cabo un estudio aleatorio profundo entre 3.000 participantes sobre el tema de género, dinero y poder. El estudio reveló que para las mujeres la seguridad y la libertad financiera son 15 a 20 veces más importantes que el *status* y el respeto. Tal vez esa sea una de las razones por las que muchas mujeres disfrutan más de ambientes inclusivos que de poder individual. Las mujeres poseemos actitudes y habilidades únicas para emprender negocios.

Sin embargo, a pesar de que estas mujeres tan exitosas en el mundo del mercadeo en red no estén interesadas en alardear de su éxito, el hecho es que muchas de ellas son millonarias que disfrutan de estilos de vida llenos de independencia financiera y libertad personal. Muchas mujeres nos esforzamos por el derecho a ser lo que realmente somos, lo cual es opuesto a la libertad de hacer lo que queramos sin medir consecuencias. La naturaleza de nosotras las mujeres tiende por lo general (aunque no siempre) a vivir en armonía con nuestros vecinos y el mundo que nos rodea, libre tanto de la dominación como de la subordinación. La verdadera libertad nos permite vivir en paz.

Usted puede estar seguro de que muchas mujeres que trabajan en el mercadeo en red están ganando de $1 a $2 millones de dólares por año —y algunas mucho más; otra buena cantidad de ellas está ganando un promedio de $100.000 dólares anuales mientras que la mayoría gana lo suficiente para respirar con más facilidad, pagar su hipoteca, hacer mercado, pagar su carro, enviar a los niños al colegio, comer fuera, cubrir sus tarjetas de crédito, disfrutar de vacaciones con la familia y auspiciar obras benéficas. Ellas se sienten bastante satisfechas con ese nivel de ingreso adicional y están contentas de tener la opción de continuar con sus actividades preferidas.

Razones por las cuales las mujeres se sostienen y avanzan en el mundo del mercadeo en red

Aunque las mujeres vinculadas al mercadeo en red provienen de diferentes ámbitos profesionales y de diversas circunstancias familiares, muchas de ellas son madres luchadoras en dificultades para cubrir las necesidades básicas de su familia: comida, vivienda, ropa y educación. Como tal, unos pocos cientos de dólares al mes suelen marcar una enorme diferencia en su mundo.

Muchas mujeres de éxito en el mercadeo en red que han logrado sacar a sus familias de situaciones desesperadas afirman que lo que las llevaba a seguir adelante era la certeza de saber que el *statu quo* que afrontaban era insostenible; muchas otras tuvieron que aceptar que en realidad *ellas* eran las principales agentes de cambio y las responsables de mejorar la situación de su familia. Y siendo plenamente conscientes de que nadie más asumiría total responsabilidad de su situación, ellas comprendieron que el bienestar de sus hijos descansaba en sus manos y por tanto asumieron la dirección de su hogar. Su poderosa motivación las obligó a hacer lo que fuera. Esto no es sorprendente ya que, en su mayoría, las mujeres son una fuerza positiva a tener en cuenta cuando están motivadas por asuntos familiares.

Donna Imson es un maravilloso ejemplo de alguien que, basada en las necesidades de su familia, asumió el liderazgo y utilizó el mercadeo en red para proporcionarles una vida de calidad a sus hijos. Una noche, a principios de 1993, Donna, que en aquel tiempo era una joven luchadora, madre soltera de tres hijos, velaba el sueño de sus pequeños mientras dormían y de repente se sintió abrumada al darse cuenta de que solo ella era responsable de su bienestar. Había abandonado la universidad y no poseía ningún entrenamiento especializado, por tanto sus perspectivas de ingresos eran limitadas. No quería aceptar un trabajo con un sueldo mínimo ni poner a sus hijos bajo el cuidado de otra persona. Así que en lugar de elegir esa opción, ella comenzó a desarrollar un negocio de mercadeo en red desde su hogar puesto que le permitiría pasar tiempo con sus hijos todos los días. En 1998, después de ocho años de apoyo a su familia como propietaria independiente de su propio negocio, Donna se convirtió en un miembro fundador de una organización internacional de mercadeo en red con base en la Costa Pacífica y ha ocupado distintas posiciones directivas. Hoy en día, ella es una entrenadora realizada y muy reconocida conferencista, además de un modelo de empresario para millones de aspirantes a serlo, en especial, mujeres.

El mercadeo en red nos ofrece a las mujeres una variedad de beneficios inesperados, uno de los cuales es la adopción de una visión más amplia del mundo y de nuestro papel en él. Y una vez hemos pasado de la supervivencia a la libertad financiera, esta profesión nos abre horizontes, nos permite pensar más allá del sostenimiento de nuestra familia y nos proporciona una perspectiva global. A menudo, a medida que los objetivos filantrópicos se expanden, los jubilados en el mundo del mercadeo en red resurgen con el objetivo de contribuirle más a la sociedad.

Una oportunidad para contribuir con la sociedad

Mi amiga Debbie Campisi es una de esas personas. Antes de su carrera en el mercadeo en red, Debbie lideraba la Unidad de Convulsión en un hospital infantil en Miami. Los niños iban allí a practicarse la cirugía necesaria para detener estas convulsiones que amenazaban su vida. Como explica Debbie: "Mi trabajo era gratificante, pero muy difícil. Con el tiempo, me fui uniendo poco a poco a una empresa de mercadeo en red que me proporcionaba libertad y flexibilidad, y me permitía expresar mi capacidad creativa".

Después de varios años en una empresa líder, Debbie logró retirarse con una buena fortuna para dedicarse al deporte que tanto amaba; sin embargo, se alejó del tenis hace dos años y decidió una vez más hacer del juego de la creación de redes su objetivo principal. Cuando le preguntaron sobre el asunto,

Debbie respondió:

"Yo era relativamente joven cuando me retiré y aun sentía una arraigada necesidad de conectarme con la gente; sabía que tenía mucho que aportar y devolverle a la sociedad. Quise reintegrarme para ayudarles a los demás a elevar su potencial y a ser cada vez mejor. Quise afrontar ese reto y todo lo que viniera con él, incluyendo la construcción de amistades duraderas, trabajar con personas energéticas y con ideas afines, y pasar tiempo con gente cuyos valores se alinearan con los míos. En esta profesión uno no tiene que pisotear a nadie para llegar a la cima. De hecho, este medio a menudo elimina a las personas egocéntricas. Llegamos a la cima mediante el apoyo a otros, hecho por el cual esta es la carrera perfecta en la cual desarrollar amistades duraderas".

El ardiente deseo de Debbie por ayudar a los demás fue el resultado de un momento definitivo en el que su hermana menor resultó gravemente herida en un accidente automovilístico dejándola tetrapléjica. Esa tragedia le cambió sus perspectivas de vida y por esa razón Debbie comenzó a apreciar más sus bendiciones; fue así como surgió en ella su anhelo por ayudarles a los demás. Su hermana, a quien ella describe como "una torre de fuerza" —le enseñó a continuar por la vida con gracia y sabiduría a través de cualquier prueba que se le presente por el camino. Debbie está aplicando estas ideas a su nuevo negocio y se ha convertido en la primera mujer en alcanzar el nivel de liderazgo Diamante Ejecutivo en su nueva empresa.

Consolide su negocio y crezca en el Network Marketing

Éxodo del mundo corporativo con techo de cristal

Un gran número de mujeres en los Estados Unidos y Canadá está dejando el sector corporativo para establecer su propia empresa en los campos tradicionales y en el mercadeo en red. En los Estados Unidos la cantidad de mujeres que está comenzando su empresa es casi el doble del promedio nacional. En la actualidad, cerca del 40% de las empresas privadas de este país le pertenece a mujeres, en comparación con solo el 26% en 1997. Las ventas generadas por organizaciones cuyos dueños son mujeres en los Estados Unidos equivalen al PIB de China, Italia o Francia.

Las mujeres estamos abandonando el mundo corporativo porque estamos cansadas de pegarnos en la cabeza contra el techo de cristal que está profundamente arraigado en el capitalismo. Esta barrera invisible nos permite a las mujeres ver —pero no alcanzar— posiciones de poder. En cambio, en el mundo del mercadeo en red tenemos la misma oportunidad de llegar a la cima de nuestros sueños. Todas disfrutamos del mismo plan de compensación y avanzamos hacia el éxito sin impedimento alguno —un escenario que contrasta de manera radical con la vida corporativa.

En 2008, la información recopilada por la organización de investigación independiente llamada Catalyst indicó que solo el 15.7% de gerentes corporativos de la lista de *Fortune 500* estaba compuesto por mujeres, a pesar de que el equipo de gestión del cual fueron seleccionadas, un poco más del 50% estaba compuesto por mujeres. El porcentaje de presencia femenina en posiciones de gerencia en realidad disminuyó entre 2006 y 2007, y se niveló en 2008. El progreso de las mujeres en el sector empresarial se ha visto obstaculizado y hay pocas figuras representativas femeninas en el ámbito del liderazgo a nivel de empresa. El mensaje es claro: el techo de cristal no está a punto de venirse abajo en cualquier momento en el mundo empresarial.

Los autores Lynn Cronin y Howard Fine escriben en su libro *Damned If She Does, Damned If She Doesn't*: "En el mundo laboral, las mujeres enfrentan dos opciones al tratar con los hombres: combatir contra ellos o convertirse en uno de ellos". Por lo tanto, es muy refrescante saber que ya no hay necesidad de hacer nada de eso en el campo del mercadeo en red. Las mujeres trabajan hombro a hombro con los hombres como iguales al tiempo que reconocen las diferencias que todos le aportan a la empresa. Las cualidades especiales de las mujeres suelen ser ventajas significativas en los negocios y es por esto que el mercadeo en red nos ofrece un ambiente liberador.

Cuestión de calidad de vida

La tradicional trayectoria de "trabajar como locos durante 50 semanas al año durante 45 años" se está convirtiendo poco a poco en algo del pasado. Muchas mujeres estamos dejando los empleos tradicionales debido a nuestra creciente toma de conciencia de la importancia de un equilibrio entre trabajo y vida. El mercadeo en red nos proporciona una calidad de vida que nos permite entrelazar los deberes de la familia con los del trabajo. Es un cambio de paradigma bienvenido ya que nos ayuda a construir una carrera alrededor de nuestra familia y de un mejor estilo de vida, y no al revés. Katie Richter describe su vida antes de vincularse a esta clase de negocio de la siguiente manera:

> "Estaba cansada de tantas normas en la oficina relacionada con el campo de la educación para la cual trabajaba; y también de las largas horas, por no mencionar mis continuos viajes a varias ciudades cada mes, alojándome en hoteles baratos. Cuando tenía tiempo para estar en casa me sentía completamente agotada así que solo tenía fuerzas para tirarme en el sofá a ver la tele. A la mañana

siguiente me levantaba a las 6:00 am y me alistaba para afrontar el mismo escenario.

Todo era igual hasta que decidí cambiar mi vida. Yo había descartado la posibilidad de vincularme al negocio del mercadeo en red durante años, pero ahora me doy cuenta de que había estado negándome a mí misma una oportunidad, sin ni siquiera haberlo intentado. Pero, cuando analicé con detenimiento la propuesta de una compañía, estaba tan emocionada que se me hacía difícil dormirme. Hice algunos ajustes y convertí mi negocio en una prioridad; decidí dedicarle cerca de 10 horas a la semana. En lugar de estarme frente a la televisión me contactaba con la gente dondequiera que me encontraba. Después de 24 meses, mi cheque del negocio de mercadeo en red era igual a mis ingresos de mi aburridor empleo así que decidí dejar mi trabajo y construir mi negocio a tiempo completo. Ahora estoy muy entusiasmada con la vida que llevo y disfruto de libertad. No más desplazamientos, ni más aviones, ni habitaciones de hotel horribles, no más normas de oficina, ni agotamiento total".

Otras mujeres afirman que su pasión por el crecimiento de su negocio propio se deriva de su deseo de darle a su cónyuge la opción de estar más tiempo en casa y así criar a su familia y disfrutar de la vida juntos. Danelle Rich es una de esas mujeres. Hace poco se convirtió en propietaria de un negocio independiente y ha progresado hasta el nivel de Diamante más rápido que cualquier otra persona en su compañía. Aunque Danelle es nueva en la industria, ella no es nueva en el área de los negocios y ha desarrollado excelentes habilidades en los últimos años que le ayudan a avanzar a gran velocidad. Como ella dice: "Quiero ver a mi marido retirarse en los próximos tres a cinco años. Él ha trabajado tan duro para sostener a nuestra familia y nada me trae más alegría que verlo tener más tiempo con nuestros hijos, conmigo, y para que haga lo que más le gusta".

Danelle cuenta que antes su vida y la de su marido consistían en ser los propietarios de tres pequeñas empresas que terminaron "en bancarrota". "Me sentí golpeada por la economía cambiante. Empecé a preguntarme si algún día podríamos llegar a retirarnos o por lo menos a mantener el ritmo requerido para pagar las cuentas al final del mes", comenta. Ahora ella y su esposo han vuelto a soñar. "Uno de mis sueños es ir de pesca a los Cayos de Florida y a Montana, y a pescar salmón en Alaska. ¡Tal vez hasta derrocharía algo de dinero en algunas clases de baile de salón!", dice Danelle.

Es difícil encontrar estadísticas sólidas con respecto a los ingresos de las mujeres en nuestra profesión, pero se sospecha en general que, aunque las cifras son bastante cercanas, más hombres que mujeres ganan más en muchas compañías. ¿Por qué ocurre esto?

Una de las razones podría ser que, para poder asumir las responsabilidades en casa, las mujeres son más dadas a buscar un mayor equilibrio entre trabajo y vida propia que los hombres. Muchas no están tan preocupadas por llegar a la cima corporativa por enfocarse en ser mejores madres, hijas, compañeras y amigas, y por estar al frente de su familia. Y este enfoque no ha cambiado mucho en los últimos años entre las mujeres en todos los sectores.

Otra razón puede ser que la mayoría de las compañías de mercadeo en red son propiedad y operadas por hombres. Antes de su lanzamiento, las empresas seleccionan su equipo de distribuidores estelares —que a menudo son en su mayoría hombres con capacidades de liderazgo. Naturalmente, ellos a su vez conforman sus redes y también se aseguran de incorporar y formar sus propios líderes —quienes también resultan ser en su mayoría empresarios con experiencia. Las mujeres son menos capaces de aprender sobre la empresa puesto que los hombres tienen una ligera ventaja competitiva en términos de experiencia.

Y aunque muchas mujeres encuentran maneras de superar este obstáculo, ¿no sería genial si los propietarios de negocios fueran más estratégicos en su forma de pensar e incluyeran en su "club" desde el principio a mujeres capaces de liderar como distribuidoras? Piense en el impacto que ellos tendrían si entre las personas reclutadas existiera un equilibrio entre mujeres y hombres en posiciones de liderazgo desde el primer día. Por supuesto, otra solución sería que más mujeres pusieran en marcha y gestionaran empresas de mercadeo en red y se aseguraran de que otras mujeres participaran por igual desde el primer momento.

Las mujeres le aportamos nuestros talentos innatos al mundo de los negocios

Examinemos algunos de los talentos naturales que las mujeres le aportamos al mundo de los negocios y de qué manera los capitalizamos. Sin embargo, ciertos talentos podrían llegar a ser espadas de doble filo. Acepto que al hablar de ellos de esa manera estoy corriendo el riesgo de generalizar y esto no es posible ya que las mujeres somos un grupo bastante diverso. Soy muy consciente de que todas nosotras somos únicas y que es imposible encajarnos en un mismo molde. No obstante, creo que sí hay algo de verdad al decir que las mujeres tenemos la "tendencia" a ciertas acciones, cualidades y comportamientos que le agregan valor a nuestra profesión.

Seis talentos innatos que contribuyen al éxito

Revise los siguientes rasgos y decida cuáles están relacionados con usted o con las mujeres de su equipo de trabajo. Luego pregúntese de qué manera usted o sus socias podrían usar estos talentos para impulsar su negocio. Tenga en cuenta esas respuestas en el momento de poner en marcha su plan de acción. Recuerde que las mujeres, al igual que los hombres triunfadores en el negocio del mercadeo en red, somos dedicadas y esforzadas. En los negocios tradicionales los siguientes rasgos no son reconocidos como un atributo necesario y clave para triunfar, pero sí son parte del perfil del líder vinculado al mercadeo en red —y por lo tanto, se requieren para triunfar.

Talento innato #1: atributos claves para el liderazgo

Las mujeres estamos llenas de atributos de liderazgo específicos que son vitales para triunfar en el ámbito del mercadeo en red. En 2008, Pew Research Center condujo una encuesta y halló que las mujeres nos destacamos en nuestro liderazgo por cualidades que nos describen como "honestas", "inteligentes", "comprensivas", "extrovertidas", "creativas" y tan buenas trabajadoras y ambiciosas como los hombres. A su vez, ellos obtuvieron un mayor puntaje en un área específica; los hombres son más "decididos" —en otras palabras, más convincentes.

Algunas mujeres traen al negocio del mercadeo en red sus dudas personales, las cuales les impiden realizarse con todo su potencial. ¿A qué se debe? Bueno, hay quienes no surgen como líderes o declinan ese rol cuando se les propone que lo asuman. Esto es cierto no solo en este campo, sino también en otros sectores laborales. ¿Por qué algunas mujeres dudan frente a esa posibilidad? Tal vez porque no se sienten listas para avanzar. A veces me pregunto si esa es la razón por la cual solo muy pocas mujeres que laboramos en este campo tomamos nuestro liderazgo como una herramienta para brindarle entrenamiento y motivación a la gente que pertenece a nuestra industria. Pienso si esa también ha de ser la razón por la cual los hombres dominan el escenario motivacional. ¿O es porque la mayoría de las mujeres está más interesada en la seguridad financiera que en el status, tal como lo sugiere el estudio realizado en 2006 por Age Wave?

Le preguntaron al antiguo Secretario General de las Naciones Unidas, Kofi Annan, por qué razón, según él, no había más mujeres en posiciones de liderazgo en las Naciones Unidas. Su respuesta fue: "Siempre he estado interesado en ver ascender a mis colegas con grandes talentos, y en mi experiencia, muchos de ellos son mujeres. Así que, cada vez que hay una oportunidad de ascenso, con frecuencia le dijo a esta gente talentosa: 'Usted debería postularse para ese cargo'. Casi por lo general, la mayoría de las mujeres a las que les propuse ascender a esos cargos me dijo que no se sentía con la experiencia suficiente para desempeñarlo o que no tenía una hoja de vida lo suficientemente amplia. En cambio, ningún hombre me ha dicho cosa distinta a: 'Gracias, me postularé'". ¿Le parece familiar esta actitud entre las mujeres de su equipo de trabajo —o en usted misma? ¿Duda usted de dar un paso al frente con confianza y poder? Si quiere llegar a la cumbre, confíe y avance.

ALERTA ROJA

Para sobresalir en nuestro negocio los demás deben percibirla como una persona decidida puesto que este es un rasgo que, por lo general, se reconoce como una cualidad esencial en un líder. Si usted quiere que la gente se le una a su negocio, debe ser una persona decidida con respecto al valor de su empresa, a la oportunidad del negocio, a los productos o servicios que ofrece, al plan de compensación y al equipo que ha conformado. Unifique sus pensamientos y sus palabras de forma adecuada y practique su presentación hasta que logre hacerla mostrando confianza y decisión.

¡Practique, practique, practique! Comience por hacerles su presentación a personas que usted sabe que estarían dispuestas a darle retroalimentación; mantenga su mente abierta a hacer ajustes para ir

mejorando. Si tiene una visión clara de su futuro a uno, dos y tres años, le será más fácil sobreponerse a cualquier duda. En el Capítulo 8 encontrará una herramienta que le mostrará cómo tener visión y le ayudará a decidir lo que en verdad es más importante para usted: ¿su temor para avanzar? ¿O cumplir las metas que se haya propuesto?

Talento innato #2: trabajadoras innatas del mercadeo en red

Las mujeres somos trabajadoras innatas del mercadeo en red. Por naturaleza nos encanta contarles a nuestros familiares, a los amigos y a casi todo el mundo que encontramos un libro, una película, una revista, un CD, un DVD, un programa de televisión, una página de internet, un sitio de compras online o un paquete vacacional —ya sea para ayudar a otros o para compartir una información que nos parece interesante. En ese sentido, compartir construye comunidad, —asunto que nos interesa a las mujeres.

Pero ¿quiénes son los que, por lo general, se han beneficiado y han ganado dinero con nuestras entusiastas campañas boca a boca? Los fabricantes y los publicistas. En cambio, el mercadeo en red nos *paga* para que hagamos esto que nos encanta hacer. Nosotras somos una eficaz fuerza del mercadeo porque somos quienes traspasamos los productos o servicios del fabricante a los clientes al contarles de ellos y darles nuestras recomendaciones. Nosotras no somos "vendedoras"; más bien somos educadoras y directoras de información.

ALERTA ROJA

Es probable que muchas de nosotras nos sintamos incómodas recibiendo dinero por compartir información, pero de eso se trata esta profesión. Quienes les participamos con pasión las cualidades de nuestros productos a otras personas —y además les mostramos como hacer lo mismo— somos quienes más dinero ganamos. Esa es la fórmula del éxito; es así de sencillo. Consiste en poner a funcionar nuestro talento natural de hacer mercadeo en red en aras de tener un negocio propio.

Analice los siguientes puntos. Usted:

• ¿Habla bastante acerca de sus productos y asume que la gente está más interesada en ellos que en el negocio de venderlos?

• ¿Hace una excelente presentación, pero no obtiene los resultados que desea por no proponerle a su prospecto de cliente que se integre al negocio?

• ¿Presupone que la gente no está interesada en el negocio y desperdicia oportunidades para presentarlo? Si usted hace eso, no ganará respeto como líder en los negocios.

Recuerde que siempre *debe preguntar cuáles son los siguientes pasos que su candidato quiere dar una vez usted haya terminado su presentación pues, en últimas, esto es lo que mantiene su negocio en marcha.*

Talento innato #3: expertas consumadas en cuanto a la calidad de los productos

Nuestro negocio se enfoca por completo en mover productos a través de un canal de distribución. Por eso no es de sorprenderse que muchas mujeres se enfoquen más en las ventas y no tanto en presentar la oportunidad del negocio. Después de todo, nosotras somos expertas en productos. Maddy Dychtwald, autora de *Influence: How Women's Soaring Economic Power Will Transform Our World for the Better,* afirma que las mujeres somos responsables del 83% de las compras de los consumidores en los Estados Unidos, lo cual nos convierte en una fuerza de ventas de un promedio de $5 trillones de dólares en compras, una cifra mayor que la totalidad de la economía de Japón. Las mujeres tomamos muy en serio nuestra responsabilidad en cuanto a las compras y la mayoría de las veces somos nosotras quienes decidimos respecto a la compra de carros, paquetes vacacionales, comida, electrodomésticos, medicinas, productos para la salud y muebles para el hogar.

ALERTA ROJA

Los ingresos de las mujeres serán cada vez mayores en el negocio del mercadeo en red cuando ellas comiencen a promover la oportunidad del negocio. Cuando usted presenta un producto, y a su posible comprador no le interesa, usted no puede preguntarle: "Bueno, si no quiere probar los productos, ¿le gustaría distribuirlos?" En cambio, si le propone que conozca la oportunidad del negocio y permite que él decida qué tanto quiere involucrarse —ya sea como cliente o como distribuidor—, incrementará la cantidad de miembros en su equipo y ellos le ayudarán a distribuir sus productos.

Talento innato #4: organizadoras de talla mundial

Las mujeres somos altamente competentes en cuanto a organizar y planear —dos habilidades cruciales para desarrollar un negocio del mercadeo en red. La cuestión es que algunas tienden a aplicar esas cualidades en exceso. No nos pagan por reorganizar nuestra oficina, ni por gastar muchas horas planeando, sino por ejecutar las acciones para generar la venta de nuestros productos, reclutar gente, entrenarla y lograr que haga lo mismo que nosotras; es en esas actividades en las que debemos invertir nuestro tiempo.

ALERTA ROJA

Enfocarse exclusivamente en organizar tiende a ser una manera de resistirse a comenzar, e incluso una forma de autosabotaje. Pregúntese: "¿Mis habilidades organizativas y de planeación están haciendo que mi negocio prospere o me están deteniendo? ¿En qué actividades estoy invirtiendo mi tiempo? ¿Estoy ejecutando las acciones que me produzcan el cheque que quiero ganar? ¿Estaré retrasando mi propio éxito de alguna manera? Recuerde que el perfeccionismo es una forma de autosabotaje que puede —y logrará— desperdiciar de manera significativa su enorme capacidad de obtener ingresos. Una vez tenga bien claras sus prioridades, y siga los consejos que le damos a lo largo de esta lectura, le será más fácil abandonar su tendencia al perfeccionismo.

Talento innato #5: expertas en realizar multitareas

Las mujeres somos conocidas por nuestra habilidad de hacer un millón de cosas a la vez.

Hacemos malabares para cubrir varias prioridades al mismo tiempo porque tenemos cantidad de responsabilidades y todas requieren de nuestra atención. Mi hija Christine es una excelente profesional del mercadeo en red; hay ocasiones en las que le da de comer a su bebé al mismo tiempo que está escuchando una conferencia de negocios vía telefónica y preparando la cena. Durante mi época como madre joven con dos pequeñines y con un negocio del mercadeo en red yo también hacía multitareas en esas tres áreas y de forma bastante parecida. Las multitareas son un estilo de vida propio de las mamás; sin embargo, no siempre son la forma más eficiente de desarrollar un negocio lucrativo.

ALERTA ROJA

¿Está escogiendo sabiamente la multitareas que decide desarrollar? David Meyer, Ph.D., Director del Laboratorio de Cerebro, Conocimiento y Acción de la Universidad de Michigan, está en contra de las multitareas porque sostiene que el hecho de que tengamos la capacidad para operar a la misma velocidad distintas acciones, como si estuviéramos desarrollando una sola a la vez, es un mito. Una atención fraccionada es mucho menos efectiva. Le sugiero que haga que los miembros de su familia cooperen y contribuyan a desarrollar las actividades domésticas. Explíqueles por qué es tan importante para ellos colaborar, por qué usted está construyendo un negocio y lo que significa para todos que tenga éxito. Desarrolle un plan de acción en conjunto y haga que su familia entera forme parte de la solución.

Utilice la "Ley de la Escoba" y barra de su horario aquellas actividades que no le están permitiendo cumplir con sus objetivos. Pregúntese qué necesita dejar de controlar y qué debe incrementar para que su negocio crezca. Enfóquese en todas esas actividades que le ayudarán a conseguir su independencia económica.

Talento innato #6: dedicación

Las mujeres ponemos todo nuestro corazón en nuestro negocio y animamos a los miembros de nuestro equipo a triunfar; escuchamos las historias de las dificultades que la gente nos cuenta y nos compenetramos con sus problemas. Y aunque todas estas son cualidades admirables, la tendencia a preocuparnos por los demás tiende a ser una espada de doble filo. Con frecuencia, las mujeres queremos que otros triunfen más de lo que ellos mismos quieren triunfar y hasta tenemos la tendencia a querer arrastrarlos hasta la meta final. Al comienzo de mi carrera en el mercadeo en red aprendí de forma dolorosa que la gente solo alcanza sus propias metas si eso es lo que se propone —y no si alguien más se las traza. Mi propio cansancio me forzó a evaluar lo que estaba ocurriendo con mi negocio y descubrí que había estado haciendo todo el trabajo para algunos de los miembros de mi equipo. Cuando por fin los responsabilicé de sus acciones, el equipo entero comenzó a funcionar mucho mejor.

ALERTA ROJA

Decida a quién ayudar, cuándo ayudarle y cuándo dejar de hacerlo. De otra manera terminará con un equipo de miembros codependientes que se rehúsan a ser autosuficientes. La gente que aprecia su ayuda es la que en realidad merece su tiempo y energía.

Determine cuál será el criterio que utilizará para identificar a quién ayudar. Hágase las siguientes preguntas: (1) ¿Este miembro de mi equipo malgasta mi energía y mi tiempo al no responsabilizarse de sus propias acciones? (2) ¿Me contacta con frecuencia para hacerme preguntas cuando las respuestas están frente a él (bien sea dentro de la oficina o en el proceso de atención al cliente? (3) ¿No asiste a los cursos de entrenamiento para aprender a hacer llamadas y espera que yo lo entrene en privado? (4) ¿Saca excusas cuando no logra completar sus llamadas a su lista de contactos? (5) ¿Está reclutando activamente o deja pasar oportunidades para reclutar?

Si alguno de los miembros de su equipo no se responsabiliza por su negocio y no quiere ser monitoreado, es casi seguro asumir que no está comprometido

*—y es tiempo de dedicarse a alguien que sí lo esté.
En ese caso, comuníquele su decisión con amabilidad y sin necesidad de avergonzarlo.*

La mayor preocupación de las mujeres

Hace poco, mientras almorzaba con mi buena amiga Anne,
y discutíamos acerca de la parte divertida y de los retos que
implica el hecho de desarrollar nuestro negocio, me sorprendí
al escucharla decir: "Es algo irracional, pero uno de mis grandes temores es que un día termine arrastrándome frente a un
carrito de hacer compras o convirtiéndome en una persona
dependiente de mis hijos desde el punto de vista financiero".

Supongo que no debería sorprenderme por su preocupación con respecto a tener seguridad financiera. Las mujeres le
tememos a la pobreza y a terminar en la calle, desposeídas; y
aunque en la actualidad nuestro poder económico se ha dis-
parado a nivel mundial, durante generaciones hemos sido de-
pendientes en este aspecto.

Hace menos de 100 años que las mujeres de muchos países, incluyendo los Estados Unidos y Canadá, nos ganamos
el derecho al voto. No hace mucho tiempo que rompimos
las barreras para obtener el derecho básico a tener nuestras
propiedades de bienes raíces bajo nuestro nombre y a acceder
a un grado de educación mayor. Como canadiense, me sor-
prende que las mujeres de mi país fueron definidas como "no
personas" hasta después de 1929. Solo hasta ese año fuimos
declaradas oficialmente como "personas" y por lo consiguiente
elegibles para convertirnos en miembros del Senado.

La preocupación de mi amiga con respecto a la inseguridad
financiera es muy común entre nosotras las mujeres. En un estudio realizado en el año 2006, *Age Wave* encontró un margen
significativo en cuanto a las respuestas entre hombres y mujeres cuando se les preguntó qué les significaba el dinero. Los
hombres respondieron que les provee la *libertad* para hacer lo

que quieran; las dos terceras partes de las mujeres encuestadas respondieron que el beneficio primordial del dinero estriba en la *seguridad* que les brinda. Fue muy interesante que solo el 10% de las encuestadas afirmó sentirse extremadamente seguro. Pero, primordialmente, las mujeres se mostraron mucho menos optimistas y confiadas que los hombres con respecto a este tema. Como Anne, muchas mujeres se desvelan preocupándose por su futuro financiero.

Lo fascinante de desarrollar el conocimiento necesario y las habilidades que se requieren para construir un negocio de mercadeo en red es que son intransferibles en el sentido de que nadie puede quitárnoslos ni minimizarnos. Ahora las mujeres no tenemos por qué sentirnos inseguras ni marginadas. El mercadeo en red es una profesión que está creciendo con gran rapidez a lo largo y ancho del mundo; una vez que seamos capaces de construir de manera efectiva un negocio que produzca buenos dividendos, jamás volveremos a estar a merced de un "gran jefe", en una corporación que nos subestime o que opera de manera poco ética. Siempre habrá una cantidad de compañías estelares en el negocio del mercadeo en red invitándonos a promocionar productos de excelente calidad por todo el mundo. Nosotras estamos en control de nuestra seguridad financiera —hecho que debería tranquilizar a todas las que se preocupan por este aspecto.

De qué manera mejoramos las mujeres la industria del mercadeo en red

Las mujeres le aportamos innumerables ventajas al mundo empresarial —razón por la cual más empresas deberían involucrarnos, no solo en el campo de mercadeo, sino también en juntas administradoras y en cargos gerenciales. Las corporaciones que incluyen a las mujeres "en altos cargos" durante su etapa de inicio tienen una ventaja significativa a nivel competitivo sobre las que no las tienen en cuenta. Lo cierto es que se produce un gran impacto al incluir hombres y mujeres en las juntas administrativas y en cargos directivos.

Sin embargo, todavía tenemos un largo camino que recorrer. Entre las 17 compañías más destacadas en el sector de la venta directa, solo una cuenta con una mujer que ocupa el cargo en la gerencia general. Los estudios demuestran que las firmas que pertenecen a *Fortuna 500*, y que tienen por lo menos tres mujeres en cargos directivos, poseen un mejor patrimonio, producen mayores ventas y cuentan con un mayor capital de trabajo que las que no las incluyen a ese nivel. Un estudio conducido por Catalyst en el 2007 reveló que aquellas compañías de *Fortuna 500* con un mínimo del 30% de mujeres en sus juntas directivas reciben por lo menos un 50% más de ganancias. Otro estudio conducido en ese mismo año por la firma consultora McKinsey & Company analizó a más de 89 empresas europeas líderes en el mercado y los resultados arrojaron que aquellas con más mujeres en las juntas directivas y en cargos administrativos tuvieron un mejor comportamiento —y de hecho, vieron incrementarse sus precios en el mercado.

La conclusión es sencilla: la diversidad es la clave para un mejor funcionamiento. "Los estudios han demostrado que existen diferentes formas de abordar los problemas; así que, entre más diversidad haya con respecto a las habilidades y a la cultura de los miembros de su equipo, mayor será su probabilidad de triunfar", afirma Wendy Beecham, Gerente General de *Forum for Women Entrepreneurs and Executives*, asociación que apoya el liderazgo de la mujer.

Cuando en nuestro campo de la industria se convierta en una norma el hecho de incluir por lo menos el 30% de mujeres en una junta directiva y en altas posiciones corporativas, la credibilidad de nuestra profesión se elevará. Más compañías pasarán de ser buenas a superiores y la cantidad de dudas y motivos para cuestionarnos disminuirá. No habrá lugar para nada de eso en nuestra industria. Y en ese momento, la carrera profesional del mercadeo en red será considerada como una de las mejores opciones para todas las edades —incluyendo a la gente muy joven que quiere ser empresaria. Cuando esto ocurra, veremos un incremento significativo en la cifra de mujeres de todas las edades financieramente libres en el mundo del mercadeo en red.

Es tiempo de abrir todas las puertas

El único techo de cristal en el negocio de mercadeo en red es el que nos impongamos a nosotros mismos, tanto en el caso de los hombres como de las mujeres. Nosotras contamos con cualidades especiales que le aportan al mercadeo en red. No es que los hombres no tengan estos mismos talentos, sino que son más innatos en las mujeres y es innegable que este modelo de negocio valora más ciertos atributos como por ejemplo saber comprender a los demás. En cambio el mundo de los negocios tradicionales por lo general no reconoce como atributos valiosos estas habilidades que implican "ternura".

Es un hecho comprobado que, en términos de alcanzar metas, es preferible construir sobre las fortalezas que enfocarse en sobreponerse a las debilidades. Sin embargo, en el ambiente de los negocios, las fortalezas pueden llegar a convertirse rápidamente en debilidades que nos retrasan. Observe con cuidado de qué manera las alertas rojas o notas de advertencia citadas en este capítulo están relacionadas con usted o con las mujeres de su equipo y haga los cambios pertinentes. Si además está aplicando lo que aprende a lo largo de esta lectura, usted alcanzará el estilo de vida que le permita tener muy buen balance entre familia, trabajo, finanzas, retribución y contribución a la sociedad —la clase de vida personal y profesional que la mayoría de los miembros del mercadeo en red está alcanzando.

Emily Dickinson escribió: "Como no sé a qué hora llega el amanecer, abro todas las puertas". Esta es su oportunidad de abrir la puerta y seguir adelante. No deje que se le escape entre sus dedos.

Capítulo 6

El dinero no es la única forma de medir nuestros resultados

Disfrutando de la abundancia que provee el mercadeo en red

Derek y Shelby Hall

Desde que tengo memoria solía preguntarme cómo sería cuando llegara el momento de mi retiro y tuviera más tiempo para compartir con Shelby. Es un hecho que durante su juventud la gente tiende a considerar este asunto como algo de poca relevancia; muchos están convencidos de que su tiempo de retiro nunca llegará. Pero esa es la naturaleza humana.

Sin embargo, hoy estoy aquí, con 65 años de edad y todavía no me he retirado. ¿Por qué? Porque estoy disfrutando de la oportunidad que tengo de tener mi propio negocio y de todos los beneficios que esto implica en mi vida y en la de quienes también los tienen. De hecho, en la actualidad estoy convencido de que es muy probable que *nunca* me retire porque me di cuenta que la vida es un deleite cuando uno tiene dinero suficiente para vivir como uno quiere y además está involucrado —y contribuyendo— en una causa que valga la pena.

A medida que he ido madurando también he ido cambiando y madurando mi definición de retiro. Retirarse es "hacer lo que yo quiero, ¡*cuando* yo quiera hacerlo!" Eso es lo que más me entusiasma y es lo que quiero hacer durante este tiempo de mi retiro —y el modelo del mercadeo en red le permite a cualquiera que desee involucrarse en él la oportunidad de experimentar exactamente lo mismo que yo estoy experimentado.

Trabajé para McKesson Drug Company —una organización muy respetada, fundada en 1832— durante los primeros 26 años de mi carrera. Cuando tenía 22 años comencé trabajando medio tiempo como conductor de camión; hacía entregas de medicamentos a farmacias y hospitales en Ogden, Utah. El hecho de que no tuviera ninguna formación universitaria obstaculizaba de muchas maneras mis oportunidades de avanzar. Sin embargo, apreciaba a mis compañeros y disfrutaba del ambiente en el que me encontraba —pues mi trabajo significaba mucho para mí. Así que me ajusté a la situación, pero a la vez esperaba encontrar una oportunidad para mejorar mi vida.

En ese tiempo ya estaba casado y nuestro primer hijo venía en camino, lo cual implicaba que la situación se ponía cada vez más seria. Mi mayor deseo era que mi esposa, Shelby, se quedara en casa todo el tiempo y estuviera a cargo de la crianza de nuestros hijos. Sin embargo, tuve que recorrer un largo camino antes de lograr esa meta.

Había servido en una misión en mi iglesia antes de unirme a McKesson, y esa experiencia me dio la oportunidad de darme cuenta de algo acerca de mí mismo que nunca antes había notado. Descubrí que me encanta la gente y que encontrar puntos en común con otros fue un talento que Dios me dio —y que tengo la habilidad de utilizar a mi favor ya que en ciertos momentos tengo la capacidad de ser muy convincente.

La División de Ogden & Salt Lake City de McKesson contrató a unos 12 representantes de ventas y después de unas cuantas conversaciones informales con más de uno de ellos llegué a la conclusión de que yo también tenía la capacidad de hacer lo mismo que ellos y con muy buenos resultados. Presioné a mi supervisor para que me entrevistará y me diera una oportunidad y en el transcurso de un año conseguí mi propio territorio de ventas. Después de cinco años me había convertido en el gerente general del Departamento de Ventas de Salt Lake City.

Prosperé porque conocía el medio ambiente que me rodeaba. Tuve la capacidad para lograr todas las metas que me propuse. Unos cuatro años más tarde ya era el gerente regional de ventas del occidente del país; y cuatro años después me había convertido en el vicepresidente y jefe de ventas de la oficina principal en San Francisco.

Para mucha gente, ese era un avance meteórico y una responsabilidad demasiado grande en una empresa (en aquel entonces) de $10 billones de dólares para un tipo sin ninguna formación universitaria, como yo. Y a pesar de esto, jamás me pidieron un título durante mi tiempo de crecimiento en la organización. De hecho, mi falta de formación académica pasó a segundo plano gracias a mi deseo por contribuir al éxito de la empresa, a mi energía desbordante y a mis resultados.

Había logrado una antigüedad de 16 años en McKesson y, según mi opinión, me esperaba un futuro brillante. Disfrutaba de la que en aquel tiempo yo consideraba una vida abundante y completa, con cuatro hijos cuya madre permanecía en casa con ellos. Pero estaba a punto de descubrir que los últimos 10 años de mi carrera en McKesson serían dramáticamente distintos a mis primeros 16.

Después de mi primer año en el cargo de vicepresidente y jefe de ventas comencé a reportarme a un nuevo jefe que manifestaba una intensa necesidad de hacerles entender a los demás que él estaba al mando; así que demandaba respeto aunque muchas veces no se lo mereciera. No poseía grandes habilidades interpersonales y esto hacía que yo me pasara la mayor parte de mi tiempo tratando de defender a mi valioso equipo de trabajo de sus injusticias. Me convertí en su defensor, y aunque ellos estaban muy agradecidos conmigo, tuve que pagar un precio por ello.

Después de 26 años en McKesson decidí marcharme en busca de otras oportunidades. Había dejado de disfrutar de mi trabajo y sentía que, si para gozar de una vida abundante tenía que pasar por tantas humillaciones, entonces el dinero que ganaba no valía la pena.

Le cuento esta corta historia sobre mi vida para mostrarle que la oportunidad de pertenecer a una gran empresa, sumada al deseo enorme de triunfar a pesar de los obstáculos que la vida le ponga, también ofrece una vida abundante, aún dentro de un ambiente corporativo. Sin embargo, este privilegio estar reservado solo para los pocos que pertenecen a la élite. Hasta el año 2004 nunca antes había experimentado lo que es "en realidad" una verdadera vida abundante. Eso ocurrió cuando tomé la decisión de vincularme a una empresa del mercadeo en red —y me lancé a obtener altos resultados y rompí récords en ventas y en ganancias en un promedio de apenas dos años.

Quienes trabajaban conmigo como dueños independientes de sus negocios jamás habían visto semejante crecimiento y los que eligieron colaborar y trabajar duro disfrutaban de un bienestar personal sustancial y de estilos de vida abundantes. Muchos de ellos todavía están conmigo en mi nueva empresa y continúan disfrutando de la vida abundante que les ofrece el negocio del mercadeo en red a todos aquellos que deseen participar.

Otro rasgo que se ha vuelto característico para mí en la gente que decide unirse al mercadeo en red y trabajar duro para triunfar es su carencia de estrés. Estos empresarios pasan la mayor parte del tiempo con sus parejas y sus hijos. Van juntos de vacaciones o simplemente se toman un día libre y deciden no contestar llamadas telefónicas ni asistir a ninguna reunión. Tampoco reciben llamadas del jefe ¡porque ellos *son* el jefe!

A medida que he venido enfrentando mi proceso de envejecimiento (y mi inhabilidad para evitarlo) también me he estado preguntando en qué momento empezaría a notar todos esos "cambios" de los cuales tanto habla la gente. Si de repente detectaba un cambio en alguna de mis habilidades o en el funcionamiento de mi cuerpo, de inmediato me decía a mí mismo: "¡Oh, no! ¿Es de esto de lo que se trata?" Sin embargo, no permitía que todas aquellas historias tuvieran demasiado significado para mí puesto que había decidido que preferiría morir en mi escritorio haciendo algo que me permitiera marcar la diferencia con tal de no dedicar mi vejez a cortar y juntar cupones ni a vivir en una comunidad de retirados.

Nunca antes había sido el dueño de un negocio independiente en una compañía de mercadeo en red. Había sido dueño de un negocio pequeño y el gerente general de una enorme empresa. Pero lo que es más comprometedor es el hecho de que sí había visto a individuos que fracasaron en otros negocios y decidieron vincularse al mercadeo en red y alcanzar una fortuna que ellos jamás creyeron posible para sí mismos —ni para nadie más. Hay mucho que usted puede hacer una vez que haya establecido su propia empresa en este campo.

Hace un par de años, Derek y yo vimos la película *The Bucket List*, protagonizada por Jack Nicholson y Morgan Freeman. Es una historia muy divertida de dos hombres adultos, juntos con enfermedades terminales y con una lista de cosas que querían hacer antes de morir. Cuando la estábamos viendo llegamos a la conclusión de que la mayoría de nosotros hace lo mismo que ellos hicieron: esperar para comenzar a cumplir esa lista de deseos hasta que ya casi es demasiado tarde para completarla. Y no es nada más que por una razón específica. Por lo general, estamos demasiado ocupados tratando de ganarnos la vida y proveer para nuestras familias y por lo tanto no hay tiempo ni para pensar en esa lista de deseos. Parece como si, con frecuencia, tuviéramos que trabajar en la lista de los deseos de nuestros hijos antes de enfocarnos en nuestra propia lista. Es algo así como el caso del zapatero cuyos hijos no tienen zapatos; otras prioridades captan nuestra atención y nos alejan de lo que tenemos justo frente a nuestros ojos. Tenemos esa lista, pero jamás nos comprometemos a cumplirla porque debemos trabajar y a diario hay una cantidad de cosas por hacer.

A los dos nos han sorprendido las historias que cuenta nuestro coautor Mark Yarnell con respecto a su pasión por los parapentes. Mark ha realizado más de 3.000 vuelos desde picos de montañas de todo el mundo. Y aunque no es exactamente un jovencito, su entusiasmo por volar y sentirse libre lo lleva a continuar participando en esta actividad que tanto él ama. Mark lleva trabajando en el negocio del mercadeo en red desde hace 20 años y ya ha llegado al punto en que tiene suficiente tiempo libre para disfrutar a diario. Puede que usted no esté interesado en elevarse a 10.000 pies de altura en un parapente, pero es bastante seguro que sí exista dentro de usted un deseo diario inmenso de hacer algo que sea de su total agrado. Y tal como le ocurrió a Mark hace años, el mercadeo en red es el vehículo que le permite cumplir ese sueño.

Si se siente atrapado en un empleo que no lo llevará a disfrutar de una vida de abundancia —o por lo menos a una posición en la que pueda realizar muchas de las cosas que quisiera—, considere seriamente la posibilidad de cambiar de actividad. Pero hágalo ya —no dentro de un año o dos. Considere la posibilidad de vincularse al negocio del mercadeo en red dentro de los próximos 30 días e incluso esta misma semana; la oportunidad lo está esperando y este es el momento adecuado para empezar.

Si conoce a alguien en su trabajo, o de pronto a un familiar, que está trabajando en este campo, llámelo y dígale que quiere vincularse al negocio ahora mismo. Su lista de sueños por cumplir lo está esperando —y las horas y los días pasan mientras que usted sigue atascado en un empleo que no disfruta.

Deje volar su imaginación pensando en lo que desearía hacer cuando alcance esta clase de vida abundante, y una vez que su organización esté marchando como es debido —y usted ya esté haciendo sus llamadas semanales de entrenamiento y haya establecido su grupo de líderes con los cuales sostiene muy buena comunicación— los cheques de sus comisiones irán en aumento. Habrá ocasiones en las que no pueda creer que trabajó tanto en su nuevo negocio y que sin embargo su retribución financiera es muy pequeña, pero después trabajará muy poquito y sus cheques serán cada vez mayores. En eso consiste la naturaleza y la hermosura de este negocio.

Es obvio que cada persona tiene sus propios *hobbies* o actividades que le gustaría estar haciendo "en lugar de trabajar". Desafortunadamente, el trabajo no le permite a la mayoría de la gente tener todo el tiempo libre que quisiera para disfrutar de todo eso. Todos estamos tan ocupados, sosteniendo a la familia y manteniendo contento a nuestro jefe, que no tenemos el tiempo disponible que quisiéramos para cumplir nuestros sueños.

Por ejemplo: desde que tengo memoria, siempre he sabido que me encantan los carros y cuando me casé con Shelby me sentí muy feliz al darme cuenta de que a ella también le encantan. Juntos hemos restaurado carros, hemos participado en carreras de carros y nos encanta manejarlos. Después de 50 años de matrimonio me encuentro viviendo mi sueño de ser el dueño de un carro de carreras y disfruto de todo lo que me genera tenerlo. Y, aunque es un hobby caro, me siento seguro sabiendo que nuestra reserva financiera nos permite disfrutar de algo que siempre quisimos hacer. Para mí, ese es un punto importante cuando se trata de vivir una vida abundante.

Además, tengo el tiempo para "retribuir". Existe una cantidad incontable de individuos con un gran deseo de servirle a la humanidad en diversas formas —tal vez a través del campo misionero de su iglesia local, trabajando en la recolección y distribución de alimentos dentro de su misma ciudad o tan lejos como en el África o en otro lugar distante.

La empresa de mercadeo en red con la cual estoy involucrado en este momento está desarrollando la campaña *Habitat for Humanity* cuya labor es construir y proveer vivienda a las familias necesitadas a lo largo y ancho del país. Literalmente, miles de dueños de negocios independientes tienen la oportunidad de participar en estos proyectos tan valiosos y ninguno de ellos tuvo que pedirle permiso a su jefe para participar en estas actividades porque ellos son "los jefes" de sus organizaciones y por lo tanto se dan a sí mismos un descanso en medio de sus actividades laborales para donar de su tiempo y de sus talentos. No existen en el sector de los negocios convencionales muchas oportunidades que les permitan a los empleados la posibilidad de involucrarse en el trabajo comunitario dentro de las horas laborales.

Después del terremoto que sacudió a Haití en el año 2010, el banquero de Wall Street, experto en mercadeo en red y piloto de su propio avión, A. J. Monte, se dispuso a ayudar a la afectada isla. Su deseo era servirle a la gente que estaba en necesidad; pero, si él no hubiera sido su propio jefe, no hubiera podido hacer todo lo que hizo durante ese momento tan crítico. Yo siempre ando en busca de gente como A. J., que disfrute de una vida abundante y que a la vez quiera servirles a quienes se encuentran en necesidad.

Usted puede caminar por el sendero que quiera y en el momento de su vida en el que lo desee. Para tener una vida abundante usted necesita hacer un esfuerzo consistente que le ayude a elegir actitudes saludables, a tener unas metas específicas y a hacer compromisos con usted mismo. Nunca subestime el poder de enfocarse en su destino a medida que avanza en su jornada. Para lograrlo usted tiene que pensar consistentemente en todo aquello que le produzca total felicidad.

En el caso de mi esposa y mío, nuestra felicidad es nuestra familia. Derek y yo nos sentimos bendecidos de tener la posibilidad de llevar a nuestros cuatro hijos y a sus parejas (no llevamos a nuestros nietos en estos viajes) a unas maravillosas vacaciones anuales. Hacemos "asambleas familiares" durante las cuales cada pareja actualiza a los demás respecto a las actividades y eventos en los cuales ellos y sus hijos estén involucrados en ese momento. Atesoramos este tiempo que pasamos con nuestros hijos; esa es una de las recompensas de llevar una vida abundante.

Además, cada verano nuestros nietos nos visitan en nuestra casa bote en Lake Powell, Utah. Allí pasamos una buena temporada en compañía de más de 30 personas. Para nuestra familia es un gran placer reunirnos y celebrar la vida. Nos enternece ver a nuestros nietos interactuar como primos que son y escuchar a nuestros hijos conversar acerca de las experiencias que compartieron durante su niñez. Y aunque ellos se divierten con nosotros con respecto a la manera en que hemos cambiado nuestras reglas ahora que tenemos a nuestros nietos, nosotros tenemos para decirles que hoy solo somos un par de viejos que hacemos todo lo que nos provoca para ser felices. Creo que ese es el máximo placer de tener una vida llena de abundancia.

Nos parece vital hacer lo correcto con nuestra familia —y por las razones correctas. Para tal propósito, hemos formalizado una especie de misión familiar en la que hemos identificado y acordado 11 puntos que son cruciales para nosotros como familia. Un punto trascendental es que todos los miembros de la familia colaboraremos con la crianza de todos nuestros niños; otro punto importante es trabajar continuamente para ser cada vez más a la semejanza de Cristo en nuestra vida, sirviendo y ayudando a otros. En nuestra opinión, esto ejemplifica lo que es el verdadero significado de tener una vida en abundancia. Nuestros hijos y sus familias saben lo que nosotros deseamos para ellos y son conscientes de que estamos trabajando en unidad para el bien de todos con el fin de dejarles una herencia que consista en disfrutar de un buen nombre, sostenimiento financiero y un legado de vida abundante.

Como lo expresé anteriormente en este mismo capítulo, una entrada residual le ayudará a usted a disfrutar de experiencias que otros jamás tendrán. Le brindará oportunidades excepcionales para viajar, tener acceso a una excelente educación, crecimiento financiero constante, y para quienes son dedicados, una gran fortuna. Convertirse en un experto del mercadeo en red le permitirá adquirir una vida abundante más velozmente que de ninguna otra manera. Ese es un regalo disponible para todo el que quiera obtenerlo. Usted tendrá mucho de lo cual estar agradecido —como nosotros— y si lo desea, dejará su huella en esta sociedad. Sin embargo, usted es el encargado de producir experiencias que le dejen recuerdos y una historia de vida personal; no deje escapar la oportunidad de escribir su propia historia.

Con seguridad usted ha escuchado ese viejo dicho americano que dice: "Únase a las Fuerzas Armadas y conozca el mundo". Yo sugiero cambiarlo a: "Únase al negocio de mercadeo en red y conozca el mundo". Otra ventaja inherente y bien conocida en esta industria es la oportunidad de viajar por todo el mundo. Usted estará en convenciones mundiales por lo menos una vez al año, y en convenciones regionales un promedio de dos a cinco veces al año dependiendo de las regiones que cubra su empresa. Además están los viajes para recibir sus ascensos y premiaciones a medida que usted va avanzando hacia niveles superiores del negocio. A lo mejor tendrá la buena fortuna de visitar otros países cuando la compañía que eligió decida entrar en el mercado internacional. Y también es posible que tenga la oportunidad de servir como voluntario en actividades humanitarias donde sea que se requiera ayuda.

Dependiendo de la compañía a la cual se vincule, es posible que también pueda invitar a sus familiares y convertir un viaje de negocios en vacaciones. Los viajes familiares suelen encajar bastante bien al final de su viaje negocios; de esta manera toda la familia se beneficia de un viaje vacacional. Siempre es más divertido cuando su familia comparte el negocio con usted porque de esa manera todos disfrutan de las convenciones y de los viajes de la empresa.

La noción de vivir en abundancia incluye más que recompensas financieras. Significa trabajar duro, esforzarse bastante y luego disfrutar de la vida al máximo. A lo mejor usted piensa que todo el dinero en este mundo le traerá abundancia, pero, a menos que tenga un buen estado de salud y disfrute con su familia —y además ayude a la humanidad de alguna manera— se estará perdiendo de las mejores recompensas de la vida. Debe existir un balance entre todas estas cosas.

Capítulo 7

El modelo de distribución del futuro

La perspectiva de un ejecutivo perteneciente a Fortuna 500

Derek Hall

D escubrí el mundo del mercadeo en red después de trabajar casi 40 años en el modelo tradicional de distribución al detal. Para mí, el mercadeo en red es una forma en la que uno puede ganarse la vida al mismo tiempo que tiene la oportunidad de interactuar, literalmente, con cientos y miles de amigos y asociados al negocio ubicados por todo el mundo. Fue esta habilidad para conectarme con mucha gente lo que inicialmente me atrajo a hacer parte de este modelo de distribución mundial, y usted también puede hacerlo.

En lo que a mí respecta, cuando se trata de hacer compras, sean cuales sean, no existe nada que logre sustituir la intervención humana. Permítame darle un ejemplo de mi experiencia personal. Me encanta desarrollar labores dentro de mi hogar, pero con el paso de los años he aprendido el valor que tiene el hecho de asesorarse de expertos cada vez que se presenta la ocasión de hacer cambios más sofisticados y difíciles alrededor de la casa. Por fortuna, vivo a una milla de un almacén gigantesco donde se consiguen toda clase de cosas para el hogar y allí consigo comprar todo lo que necesito —desde limonada hasta bombillos— e incluso un perro caliente a la entrada del almacén.

Cada vez que visito este "hogar fuera del hogar" logró conseguir la parte o partes que necesito para culminar el proyecto sobre el cual esté trabajando o para cambiar algo que esté en mal estado y que necesito reemplazar. Por lo general, invierto los primeros cinco minutos caminando por todo el almacén, leyendo los avisos de los artículos que se encuentran en cada hilera, siempre con la esperanza de que, por algún milagro, se encuentre listado *precisamente* aquello que ando buscando. Por supuesto, eso casi nunca ocurre, así que, por lo general, procuro dirigirme al área en la que tengo la esperanza de encontrarlo.

Una vez que haya localizado la zona en donde creo que encontraré lo que necesito en particular, comienzo mi búsqueda. Sostengo la parte que tengo que reemplazar frente a mí, o alguna página de una revista o una foto de lo que tengo en mente, a medida que camino por todas partes esperando encontrar lo que sea más parecido o igual al objeto en cuestión. Si tengo suerte, lo encontraré. Pero, cuando lo que necesito es un poco más sofisticado que un cable de extensión o un tornillo, sé que necesitaré de asistencia humana para cumplir mi misión.

En un esfuerzo por suplir las necesidades de gente como yo, que requiere de asistencia personalizada, almacenes enormes como Lowe's o Home Depot decidieron ubicar teléfonos por todo el almacén, y de manera muy conveniente, para que los clientes nos comuniquemos con los asistentes de ventas. Si tengo suerte al echar mano de ese recurso, alguien vendrá a ayudarme en unos pocos minutos. Pero eso no significa que mi tarea haya terminado porque casi siempre el empleado que llega a asistirme trabaja en un departamento completamente diferente y no comprende nada acerca del proyecto que tengo en mente, ni la necesidad que tengo; sin embargo, las reglas del almacén determinan que cuando un cliente busca ayuda alguien tiene que brindársela, y aunque me encanta la buena disposición del equipo encargado de asistir, lo siguiente que ocurre es que ahora seremos *dos* adultos sosteniendo esa parte que hay que encontrar —o su imagen en foto o revista— buscando por todo el lugar lo que más se le parezca, o su igual. El éxito del modelo de mercadeo en red se deriva del deseo de suplir esta necesidad básica de interacción humana porque nos gusta entender los detalles que hay detrás de cada compra; queremos dar respuestas a todas las preguntas que una hermosa etiqueta sobre un producto o un comercial de televisión simplemente no pueden dar.

Los seres humanos siempre hemos sido buenos para hacer mercadeo en red. Mucho antes, cuando el hombre vivía en las cavernas, ya existía el trueque y el intercambio de servicios y bienes por medio de los cuales cada uno conseguía lo que necesitaba. Y esto iba desde un pedazo de carne del venado que alguien hubiera cazado ese día hasta una preciosa pieza de metal encontrada entre la tierra y que fuera de uso para alguien distinto a quien la encontró. En cualquier caso, el hombre de ese entonces también se daba cuenta de que sus pertenencias tenían un valor para quien no las tenía y quería o necesitaba tenerlas. Y cuando era cuestión de vida o muerte, como en el caso de la comida, el cazador cambiaba parte de su presa por un poco de madera para hacer fuego. El granjero dedicado cultivaba granos y los cambiaba por carne o por herramientas que le permitieran hacer su trabajo con mayor facilidad. Creo que usted ya ha entendido lo que quiero decir.

Con el paso de los años, el modelo tradicional de venta al por menor ha crecido hasta llegar a proporciones monumentales y se ha convertido en la forma de distribución preferida —por lo menos en el hemisferio occidental. Sin embargo, los costos asociados con este modelo también han crecido en la misma proporción y en los últimos tiempos los precios han desmotivado, más que a nadie, a los consumidores. Durante los últimos 25 años los grandes almacenes de cadena y a nivel nacional comenzaron a cargarles costos de producción a los fabricantes. Es lo que se conoce como "tarificación de espacio preferente", que no es otra cosa que el costo asignado por el espacio físico, estante o lugar específico del almacén donde cada compañía quiera ubicar y mostrar sus productos. No obstante, a pesar de su aparente simplicidad, estas tarifas llegan a ser enormes y son calculadas con base en el tamaño del producto y en la cantidad de unidades que se requiere para darlo a conocer. Y estos costos salen del bolsillo del consumidor.

A medida que el mercadeo al por menor fue evolucionando los comerciantes vieron la necesidad de diferenciarse de sus competidores. Para lograrlo comenzaron a envolver sus productos en lujosas cajas y en otros tipos de empaques cubiertos con etiquetas brillantes y coloridas, todo con el fin de atraer la mirada de sus compradores en potencia. Esta clase de mercadeo —el concepto de empacar los productos— se volvió tan sofisticado que en la actualidad las etiquetas de los productos son las que en realidad atraen la atención del cliente. Por supuesto que su costo —junto con otros costos en los que se incurre con tal de atraer a la clientela— es sumado al precio que paga el consumidor.

Además existe otro componente que es la publicidad, la cual tiene unos costos enormes. (Hace poco leí en alguna parte que un segmento de 30 segundos de publicidad durante el episodio final de *Oprah Winfrey Show* costó $1 millón de dólares). Todos estos costos también son agregados al precio final del producto.

Estoy seguro de que al leer esto últimos párrafos usted ha notado que el costo que el consumidor termina pagando por "el producto final" —cualquiera que este sea— se incrementa dramáticamente según sea la cantidad de componentes de mercadeo involucrados en su manufacturación. Se calcula que más de $0,50 de cada dólar se emplea en el diseño de hermosos y efectivos empaques, en la etiqueta del producto, en la creación de la campaña de publicidad ahora requerida, en el costo del tiempo invertido para su emisión, en su impresión, y finalmente, en el costo del espacio que ocupa el producto dentro del almacén —espacio que los comerciantes requieren desesperadamente para dar a conocer sus productos al público.

Todos reconocemos el valor de la publicidad; la mayoría, si no todos nosotros, nos hemos sentido atraídos por algún producto que está en promoción y hemos cedido ante la tentación de comprarlo. La efectividad de los avisos o las campañas publicitarias se mide por qué tanto recuerda el consumidor estas estrategias de publicidad y qué tanto las relaciona con el producto promovido. Hoy en día somos bombardeados por mensaje comerciales que nos llegan de todas las direcciones y de todos los medios de comunicación —todo esto en un intento de los fabricantes por vendernos sus productos.

Cuando se trata de costos, los distribuidores que trabajan en el modelo de mercadeo en red también tienen beneficios adicionales puesto que aproximadamente la misma cantidad que se invierte en la venta del producto en el modelo de mercadeo al retal se pone a disposición de ellos a través de comisiones. Por otra parte, la mayoría de los planes de compensación de los negocios de mercadeo en red le ofrece a sus distribuidores una comisión igual o mayor a la cantidad que invierte el modelo de mercadeo al por menor en presentarle sus productos a los clientes.

Vivimos en un mundo de cambios constantes producidos por internet, teléfonos inteligentes y otra cantidad de tecnología. El cambio de paradigma en cuanto a la forma en que nos comunicamos hoy en día también afecta la manera en que gastamos nuestro bien trabajado dinero y en cómo invertimos nuestro tiempo. El internet se ha convertido en un tesoro virtual para los consumidores que prefieren comprar productos desde la intimidad de su hogar y cuando sea conveniente para ellos. Ya no hay que luchar contra el tráfico ni la multitud para hacer compras en almacenes abarrotados de gente y artículos que no son de nuestro interés específico; y cuando tenemos que localizar un artículo particularmente inusual, vamos casi de manera automática a buscarlo vía online.

No hay duda de que el internet está alimentando este estilo en evolución de hacer compras online. Un número creciente de nosotros navega buscando millones de productos desde la comodidad y privacidad del hogar; en internet encontramos con facilidad el artículo que necesitamos, tal como lo queremos y al precio justo. El aumento de las ventas por este medio es asombroso; las investigaciones indican que este crecimiento es consistente a través de muchas industrias y está superando el de las tiendas de ladrillo tradicionales y de mercadeo al por menor.

Esta transformación en nuestros hábitos de compra también alimenta el incremento del mercadeo en red en todo el mundo. Los expertos predicen que este método de distribución va a experimentar un crecimiento y aceptación sin precedentes dentro de los próximos 5 a 10 años, a medida que los vendedores reconozcan cada vez más el valor de la venta persona a persona, en comparación con los enormes costos de las cuotas de distribución al por menor, por no hablar de los monumentales gastos de la publicidad, —los cuales, combinados, ascienden a miles de millones de dólares cada año, todos invertidos en atraer a los consumidores a hacer comprar.

Sin embargo, un menor costo de entrada no es la única razón por la que creo que la creación del modelo de mercadeo en redes de distribución superará el modelo de tienda al por menor. Como se mencionó antes, existen enormes costos asociados con el "camino a mercadear" un producto; y, como también se ha indicado antes, estos costos ascienden a más de $0,50 centavos de cada dólar. Los vendedores que tienen productos que suplen una auténtica necesidad se están dando cuenta de la enorme ventaja que pueden obtener mediante la adopción del modelo de distribución de mercadeo en red. Ven que es posible movilizar a todo un ejército de distribuidores para que vendan lo que ofrecen, —si su plan de compensación es lo suficientemente lucrativo y si el producto suple una verdadera necesidad. La dinámica fascinante aquí es que el dinero utilizado para incentivar este ejército de voluntarios es el mismo que los comerciantes les han estado pagando a quienes les diseñan las etiquetas de sus productos, a las agencias de publicidad y a las grandes cadenas por permitirles ocupar un espacio en sus estantes.

Las empresas de mercadeo en red no tienen que pagar estas exorbitantes sumas de dinero en anuncios; ellas utilizan el poder del toque personal. Tampoco tienen que alquilar espacio en los estantes de los almacenes, sino que más bien invierten millones de dólares en el desarrollo de una estrategia de venta simple, una que todos los dueños de negocios independientes entiendan y sepan duplicar una y otra vez.

Las empresas de mercadeo en multinivel saben que la "gente real" comunica el mensaje del producto de una manera concisa y coherente en cientos de lugares en todo el mundo, y que también es capaz de duplicar constantemente su mensaje al público consumidor.

Hubiera dado cualquier cosa durante mis años como jefe de ventas en la oficina principal de una compañía de *Fortuna 500* en la que trabajé con tal de tener la seguridad de que contaba con una fuerza de millones de representantes de ventas que estaban compartiendo momento a momento mi mensaje de mercadeo. Esta es una ventaja clave del modelo de distribución del mercadeo en red.

Si bien es cierto que internet abrió las compuertas a una nueva forma de comprar, de hecho, ya habíamos estado en procura de otras posibles formas desde hacía años. Esto se evidencia en el aumento en los catálogos de compras y en los muchos canales para hacer compras que aparecen ahora en la televisión. Yo a veces compro algún artículo ya sea por catálogo o en línea, pero nunca me siento totalmente confiado de que lo que estoy viendo en la representación gráfica o en televisión sea lo mismo que en realidad voy a adquirir. Además, no me gusta recibir el artículo equivocado y luego tener que pasar por la molestia de devolvérselo al proveedor y quedar a la espera de que me reembolsen mi dinero. En cambio, el mercadeo en red les permite a los consumidores tocar y sentir el producto *antes* de gastar un solo centavo en él. Creo que esa es otra diferencia muy notable y valiosa entre el mercadeo en red y los modelos de distribución por catálogo o en línea. Cierto, algunos vendedores de cosméticos y suplementos de belleza les permiten a sus clientes *ensayar* sus productos antes de comprarlos; pero eso por lo único que los clientes se sentirán satisfechos. Trate de conseguir un producto a prueba o para ensayo vía online o a partir de un catálogo o en un almacén de venta al por menor; no lo va a conseguir (o al menos, no muy a menudo).

El mundo de "mercadeo directo a los consumidores" se está disparando y el panorama de los negocios nunca volverá a ser igual. Millones de personas en todo el mundo confían en el modelo de mercadeo en red como su principal fuente de ingresos; y como resultado, se están introduciendo productos por medio de este canal a una tasa sorprendentemente exitosa.

La Asociación de Mercadeo de Venta Directa (DMA) informa que más de 16 millones de personas, nada más en los Estados Unidos, estaban involucradas en el mercadeo en red en el año 2010 —y ese número crece en cientos de miles de personas cada año. La DMA también informa que el promedio de ingreso anual de los empresarios que trabajaron desde casa en el 2009 fue de $59.250 dólares; y afirma que el 20% de los negocios en casa recaudó entre $175.000 y $ 600.000 dólares al año. Estas son sin duda estadísticas bastante alentadoras.

Muchos dueños de negocios de mercadeo en red están adquiriendo cada vez mayor seguridad en este campo debido a que ya no tienen que estar preocupados por perder sus empleos a causa de la recesión. En cambio, sí están experimentando el efecto emancipador producido por el hecho de poder controlar su propio destino y construir una entrada residual que antes solo unos pocos obtenían y disfrutaban.

Otra característica del mercadeo en red es que no tiene en cuenta distinciones de personas y ofrece una ruta no discriminatoria para llevarle sus productos a *cualquiera* que tenga el deseo de ser independiente. Conozco adolescentes que recién terminaron su escuela secundaria y están utilizando su red de amigos para construir su propio negocio. También conozco distribuidores octogenarios que están utilizando sus cientos —y con frecuencia, miles— de contactos adquiridos a lo largo de su vida para comenzar sus propias empresas y mantenerlas, lo cual les permite mejorar su estándar de vida durante sus últimos años y quitarse de encima la preocupación de convertirse en una carga para sus hijos y familiares o para el gobierno.

La Dra. Gerda Kennedy, médica experta muy amiga mía, está en su 10ª década de vida y todavía es dueña activa de su propia red de mercadeo. De esta manera se suple de una entrada y utiliza su influencia personal entre sus asociados para mantener su estilo de vida. Su meta es llegar a estar en el nivel de Diamante ¡cuando cumpla 93 años!

No estoy diciendo que el mercadeo en red traerá consigo la desaparición del mercadeo tradicional. Dudo que alguna vez llegue el día en el que el concepto de esta clase de mercado tradicional de los almacenes que hacen sus ventas al por menor se vuelva obsoleto sencillamente porque a todos nos encanta la "aventura" de ir de compras, el proceso de medirnos la ropa que vamos a comprar o caminar por todo el centro comercial disfrutando de las múltiples vitrinas. ¿A quién no le gusta sentir y disfrutar el olor de las frutas y los vegetales frescos en un supermercado? Lo que estoy diciendo es que el mercadeo en red ofrece una alternativa viable y válida.

En el Capítulo 3 ya hablamos acerca de la importancia de elegir la compañía adecuada para iniciar su negocio en casa. Pero ahora es importante revisar algunos de los aspectos financieros de la industria del mercadeo en red con el fin de que usted siga aprendiendo sobre este negocio.

Para comenzar, acepte que este no es el modelo de mercadeo en multinivel que conoció su abuelo. Hace 50 años los distribuidores tenían que comprar los productos y "almacenarlos" ya fuera en un cuarto de su casa o, más comúnmente, en el garaje. Los clientes llegaban a la casa del distribuidor a recoger su producto y a pagarlo. El papel del distribuidor era ser tolerante: él mismo era comprador, entrenador del producto, publicista y contador; en esencia, él tenía que desempeñar todas las labores necesarias para poner el producto en el mercado.

Volviendo al presente, las empresas de mercadeo en red de hoy en día funcionan en un centro de operaciones principal que atiende a millones de distribuidores por todo el mundo; de hecho, son bastante similares a cualquier corporación multinacional. Las oficinas corporativas de las empresas de mercadeo actuales se encargan del desarrollo de los productos, de publicar materiales que le sirvan de apoyo al producto, de las campañas de mercadeo, de diseñar medios electrónicos, de ofrecer servicios de contabilidad; también asisten con respecto a procesar las tarjetas de crédito, hacen envíos directos al cliente, emiten reportes anuales de impuestos y cuentan con innumerables servicios que hacen que su reputación sea cada vez más efectiva y su imagen, más sofisticada.

En la actualidad, el modelo de venta al por menor ha llegado a ser masivo gracias a la ayuda de gigantes como Walmart, Sears, Target, Costco y otros por el estilo. Estos almacenes atraen a millones de consumidores que gastan millones de dólares al año y les generan ganancias multimillonarias a sus dueños e inversionistas, así como a sus altos ejecutivos. Y, por supuesto, a menos que usted tenga la buena fortuna de ser uno de esos inversionistas, ninguna de esas ganancias irá a parar a su bolsillo —a no ser que usted logre una rebaja durante alguna compra.

No se necesita ir muy lejos para encontrar ejemplos de éxito en la industria del mercadeo en red. Ellos han permanecido por décadas y son la mejor prueba de que este modelo funciona. Y como muchas de estas enormes compañías de mercadeo son públicas —lo cual significa que sus resultados financieros son un libro abierto— es fácil ver que sí son financieramente sólidas. En sus propios materiales de publicidad ellas afirman que comparten con los dueños de negocios independientes y sus distribuidores entre el 40% y el 50% de todas sus ganancias y al mismo tiempo proveen productos o servicios a precios bastante competitivos.

Hasta la revisión más superficial de la historia de esta industria ilustra con rapidez su resiliencia y productividad, así como el hecho de que este modelo evolutivo de distribución se ha convertido en una parte viable y duradera del negocio de sacar productos al mercado. Y sí, también es cierto que, tradicionalmente, el modelo de mercadeo en red ha sido blanco de críticas a lo largo de los años, sobre todo, debido a compañías con insuficiente o ningún capital que operaban de manera inescrupulosa, cuyos dueños e inversionistas desaparecían después de pocos años llevándose sus ganancias dejando en la calle a muchos distribuidores confiados, quienes habían invertido su tiempo y dinero en la empresa. Yo estoy en contra del daño que esos "ladrones en traje" le hicieron a esta industria que tanto amo; pero también me siento orgulloso de que la industria ha continuado en crecimiento y florece gracias a la labor de compañías de "gran nivel" que han sabido reponer el daño causado por ellos.

Las compañías de mercadeo alrededor del mundo están haciendo comparaciones bastante serias entre el modelo de venta al por menor, cuya proceso es muy costoso y de naturaleza competitiva, *versus* la simplicidad del modelo de mercadeo en red. Yo tengo que creer que empresas como Procter & Gambles. Colgate y Johnson & Johnson alrededor del mundo poco a poco llegarán a la conclusión de que su forma de llevar sus ideas y productos al mercado es en verdad mucho más costosa.

Como alguien que ha invertido más de 30 años trabajando

en el tan competitivo mundo de la venta al por menor, afirmo con toda honestidad que me hubiera encantado descubrir mucho antes el modelo de mercadeo en red. El mensaje focalizado que imparte un distribuidor independiente en este campo es mucho más valioso que lo que pueda informar la etiqueta de un producto o un comercial que dura 30 segundos. A medida que la venta al detalle evolucione en los siguientes 10 años, compañías de gran nombre como Procter & Gamble, Bristol-Myers Squibb y el resto seguirán siendo absorbidas por gigantes como Walmart y los de su clase debido a los altos costos que ellas pagan en publicidad, en promociones y en constantes precios bajos. Y, como es obvio, los comerciantes se verán obligados a pasarles estos crecientes costos a sus clientes con el fin de proteger su capital y sus ganancias cada vez menores.

Durante los pasados 50 años, tanto los americanos como otros países alrededor del mundo hemos tenido que enfrentar algunas recesiones y depresiones económicas, cuando la tasa de desempleo se dispara, el valor de la vivienda ha caído y los precios de la mercancía han aumentado. Durante esos periodos, la población se siente extremadamente inquieta y esto genera una mayor lentitud económica. Cabe destacar que el modelo de mercadeo en red ha florecido precisamente a lo largo de estos tiempos de crisis. Cuando se producen despidos y el futuro parece sombrío, la gente no está solo en busca de una fuente secundaria de ingresos, sino de una fuente primaria para sobrevivir. En el pasado, este modelo de mercadeo les ha brindado una red de seguridad a quienes han estado dispuestos a invertir poco para ganar mucho. Hoy en día, esto sigue siendo igual.

Las dificultades económicas hacen que la gente decida que nunca más se pondrá en una posición en la que alguien más controle su futuro. En su negocio en casa usted es el jefe; *usted* controla su destino y no un supervisor de collar blanco que ve en usted la oportunidad para reducir costos en medio de una economía débil, y para ajustar su presupuesto.

Por todas estas razones, el modelo de mercadeo en red continúa en auge. Sigue siendo resiliente y a prueba de recesión. Brinda autosuficiencia y empodera a la gente. Es tan americano como el postre de manzana y es el eje del sistema de la libre empresa mediante el cual los propietarios independientes que están apenas comenzando tienen la oportunidad de alcanzar el estilo de vida que quieran para ellos y para sus seres amados. El billonario Warren Buffet se refiere al modelo de mercadeo en red como a "la mejor de sus inversiones" y la revista *Fortune* dice que ese es "el secreto mejor guardado en el mundo de los negocios de hoy".

Muchos universitarios recién graduados asumen al entrar al "mundo real" que quieren hacer una carrera y con frecuencia descubren después de pocos años de pertenecer a ese mundo que lo que en *realidad* quieren es devengar un buen cheque. El mercadeo en red provee esas dos cosas, pero su mayor beneficio es la independencia y libertad que provienen del hecho de ser uno el dueño su propio negocio y de controlar su propio destino.

Esta industria está atrayendo participantes bastante importantes, desde inversionistas hasta celebridades que ven una gran oportunidad para obtener una fortuna residual y unas ganancias interesantes. Por décadas, figuras del deporte y estrellas de cine han estado prestándoles sus nombres a una variedad de productos y servicios. El público consumidor se relaciona de inmediato con dichas celebridades y se siente atraído por cuanto producto que ellas promocionan. Un número creciente de estas figuras de renombre ha conocido el modelo de mercadeo en red y las ventajas que obtienen al darles sus nombres y su reputación a este canal de distribución. Las celebridades que se unen a las compañías de mercadeo en red pagan sus cuotas de suscripción como cualquier otra persona; luego, comienzan a recibir comisiones a medida que crece la organización como resultado de su participación en este negocio. Y la fresa en el pastel para dichas figuras es el hecho de que sus ingresos continúan creciendo a medida que la organización se expande a otras partes del mundo. Con el tiempo, obtienen ingresos residuales que les ofrecen seguridad financiera incluso para cuando sus nombres y su fama se hayan desvanecido. No encuentro otra clase de industria que ofrezca este grado de seguridad e independencia.

Una incalculable riqueza está al alcance de cualquier persona que lea este libro y aprenda cómo llegar a la cumbre a través del negocio de mercadeo en red. Y, por cierto, usted sabrá que está totalmente inmerso en su negocio cuando su cheque de comisiones sea tan alto que no tenga relación alguna con lo que usted trabaja a diario. Ahí es cuando usted ha llegado finalmente a un punto en su vida en el que amará lo que hace porque está haciendo lo que ama.

Capítulo 8

Aprenda a lidiar consigo mismo

El mentor en el espejo

Valerie Bates

> *"Yo soy todo lo que yo necesito para trabajar conmigo mismo, para divertirme, para sufrir y para disfrutar. No es de los ojos de los demás de los que debo ser cauteloso, sino de los míos. No intento decepcionarme de mí mismo, sino ayudarme lo más que pueda y me doy cuenta de que entre más pocas ilusiones tengo acerca de mí o del mundo que me rodea, mejor compañía soy para mí mismo".*
>
> —Noel Coward

El autosabotaje es una de las causas más grandes del fracaso en el mercadeo en red —tanto durante los 90 primeros días como después. Por supuesto, mucha gente no se da cuenta que está arruinando de manera inconsciente su oportunidad para triunfar. A lo largo de los años que llevo en mi profesión nunca he escuchado a nadie admitir que fracasó porque minimizó sus probabilidades de éxito o de alcanzar sus metas. Sin embargo, eso es precisamente lo que la gente hace en la mayoría de los casos. Muchos se permiten a sí mismos distraerse y sobre todo fallar en la manera de "lidiar con sigo mismos".

Mi objetivo en este capítulo es ayudarle a tener una base sólida que le permita atravesar las dificultades inherentes al crecimiento de un negocio de mercadeo en red.

Estoy segura de que muchos de ustedes tienen deseos de involucrarse y aprender *todos* los tejemanejes que se necesitan saber para construir un negocio; sin embargo, muchos años de experiencia —así como mis entrevistas con triunfadores que han logrado ganar millones en este negocio— han demostrado que, sin importar qué tan buenas sean los sistemas y las estrategias de mercadeo, la gente no persiste cuando sus fundamentos son frágiles. Sin un sentido firme de responsabilidad, ni una razón poderosa para construir un negocio, ni una visión atractiva, ni fuertes convicciones para lograrlo, su base colapsará al primer presagio de una tormenta. Por esa razón me aseguraré de que, antes que nada, usted aprenda sobre todo esto.

Todos afrontamos adversidades, eso es innegable. La diferencia consiste en nuestra habilidad para sobreponernos a ellas y recobrar el balance cada vez que las afrontemos. Los novatos que no tienen las bases apropiadas tienden a renunciar tan pronto enfrentan la primera desilusión —incluso si es algo tan sencillo como el hecho de que un posible asociado del negocio decidió no unírseles o recibieron sus productos después de la fecha programada. La mayoría de las veces, los novatos se desilusionan por algo que está fuera de su control.

Tomarse su tiempo para establecer una buena base no significa que usted tenga que quedarse atascado y no comience a trabajar en su negocio. De hecho, es importante comenzar a producir lo más pronto posible; usted debería ser entrenado y estar listo para comenzar en el transcurso de las primeras 48 horas después de haberse vinculado a su empresa. Una vez le haya prestado total atención a las herramientas que le proveemos en este libro y haya asistido al programa de entrenamiento proporcionado por su empresa, ya debe estar listo para empezar.

Créame, vale la pena todo el tiempo y esfuerzo que invierta en fortalecer sus bases; y además, le sirve de automotivación y para responsabilizarse por su éxito. Si siempre recuerda que el hecho de lidiar consigo mismo es un proceso diario y continuo, seguirá fortaleciéndose con el paso del tiempo. Échele un buen vistazo al espejo y a la persona con la cual usted necesita lidiar —"el mentor en espejo".

Los cuatro fundamentos de un negocio exitoso

Con frecuencia me preguntan: "¿Cuál es la razón principal por la que la gente triunfa o fracasa en el negocio del mercadeo en red?" Mi respuesta, sin lugar a dudas, es que no existe *una* razón específica para triunfar o fracasar. Existen multitud de razones; pero, suponiendo que un distribuidor haya elegido una compañía viable, yo encuentro cuatro fundamentos que forman la base del éxito: (1) tomar total responsabilidad del negocio; (2) tener una perspectiva entusiasta del futuro y un fuerte sentido de propósito; (3) estar suficientemente insatisfecho con el presente y (4) tener convicciones fuertes acerca de sí mismo y de lo que decidió hacer para sacar adelante su negocio. Si uno de esos fundamentos es débil, es difícil triunfar; pero la buena noticia es que es posible desarrollar cada uno de ellos. Visto por encima, el mercadeo en red es de hecho muy sencillo de poner en práctica debido a que las habilidades requeridas para triunfar en este campo son repetitivas. Pero en la práctica no es tan fácil porque la gente tiene que lidiar "consigo misma" a diario, como lo acabo de explicar. En otras palabras, usted tiene que mirarse en el espejo y ser honesto con respecto a lo que ve; luego, debe estar dispuesto a hacer los cambios que necesita para triunfar.

Esta actitud de querer mirarse a sí mismo antes de avanzar y durante todo el tiempo es crucial para tener éxito.

Primer fundamento:
Tome responsabilidad y control total
sobre su negocio

El primer cimiento que necesitamos tener firme es el hecho claro de que cada uno de nosotros somos totalmente responsables de nuestro negocio. Una vez que hayamos aceptado ese hecho, necesitamos asumir el liderazgo y responsabilizarnos de los resultados obtenidos, y además estar en control de toda la situación. No tenemos por qué esperar a que nadie más haga esto por nosotros. Para algunos, esa es una píldora difícil de tragar.

Comience construyendo este fundamento y dese la oportunidad de observar la percepción que usted tiene acerca de dónde está su lugar o centro de control. Veamos quién cree usted que está en control. La herramienta #1 le dará algunas perspectivas.

Herramienta #1:
Haga una evaluación sobre su centro de control

La siguiente no es una evaluación científica, sino una manera informal de proporcionarle un sentido de confianza en su habilidad para desarrollar un negocio exitoso. Esta herramienta consiste en evaluar su centro de control.

EVALUACIÓN SOBRE SU CENTRO DE CONTROL

Por favor, encierra en un círculo la respuesta que más se ajuste a cada uno de los siguientes enunciados. Utilice TA (en total acuerdo); A (de acuerdo); D (en desacuerdo); TD (en total desacuerdo) para describir su sentimiento y/o su manera de pensar. No existen respuestas correctas ni equivocadas; simplemente responda como se sienta.

1. Creo que sé cómo elegir mis respuestas a las dificultades en mi negocio.	TA A D TD
2. Creo que sé elegir cómo continuar hacia delante con coraje.	TA A D TD
3. Creo que tengo el poder para hacer que las cosas se den.	TA A D TD
4. Siento que puedo controlar mis palabras o lo que digo.	TA A D TD
5. Creo que puedo aprender a sobreponerme de mis temores.	TA A D TD
6. Creo que no tengo alternativas en mi vida.	TA A D TD
7. Creo que puedo adaptarme de manera adecuada cuando los eventos de la vida afectan mi negocio negativamente.	TA A D TD
8. Creo que diseñar unas metas aumenta mis posibilidades de triunfo.	TA A D TD
9. Creo que soy responsable de mi propio éxito.	TA A D TD
10. Creo que puedo cambiar y adaptarme, y quiero.	TA A D TD
11. Me gusta mi profesión en el ámbito del mercadeo en red.	TA A D TD
12. Creo que mi pasado determina mi potencial.	TA A D TD
13. Estoy abierto a tomar riesgos.	TA A D TD
14. Creo que mi actitud afecta mi nivel de éxito.	TA A D TD
15. Me siento en paz la mayor parte del tiempo.	TA A D TD
16. Soy consciente de cómo mi manera de hablar conmigo mismo influye en mi nivel de éxito.	TA A D TD

17. Creo que puedo cultivar la mentalidad adecuada para triunfar, si quiero.	TA A D TD
18. Creo que el éxito en el mercadeo en red depende de mi líder.	TA A D TD
19. Estoy abierto a nuevas ideas y perspectivas.	TA A D TD
20. Estoy contento con mi vida personal.	TA A D TD
21. Estoy abierto a utilizar la visualización como herramienta para hacer crecer mi negocio	TA A D TD
22. Me rodeo de gente que apoya mi crecimiento personal.	TA A D TD
23. Me rodeo de gente que apoya mi crecimiento profesional.	TA A D TD
24. Creo que soy capaz de expandir mis horizontes tanto como pueda imaginar.	TA A D TD
25. Creo que puedo cambiar mis hábitos con el propósito de producir mejores resultados.	TA A D TD

Todos los enunciados (a excepción de 6, 12 y 18) que usted marcó con TA indican que su centro de control es más que todo *interno* —demuestran su certeza de que *usted* está en control y es responsable de su propio éxito. De la misma manera, los enunciados 6, 12 y 18 que usted marcó con TD también demuestran un alto control *interno*.

Deles un vistazo a todas las respuestas que contestó en forma opuesta. Esas manifiestan su tendencia a atribuirles el éxito o el fracaso a fuerzas externas — en otras palabras, su centro de control es externo.

Si esta evaluación revela que hay en usted una predisposición a atribuirles sus resultados a fuerzas externas, analice muy de cerca por qué razón se evaluó a sí mismo como lo hizo. ¿Recuerda usted situaciones específicas en las que haya tenido que rendir cuentas? ¿Lo hace con frecuencia? ¿Cuáles cree que sean las ventajas de hacerlo? Comience a trabajar en su interior para tratar de entender de dónde vienen esas percepciones. Luego decida cómo procederá a cambiar esa perspectiva. Para obtener esas respuestas, mantenga en su mira al mentor en el espejo.

Muchos dueños de negocios independientes que están apenas comenzando se dejan desmotivar desde el inicio del juego y no quieren admitir que se sienten así porque no creen en su capacidad para producir resultados. Prefieren argumentar que la compañía, los productos y/o su líder y sus compañeros de trabajo los desilusionaron. Renuncian a sus empleos y se unen a "la más novedosa e importante" actividad, solo para volver a renunciar y atribuirle este nuevo fracaso también a fuerzas externas. Su patrón del fracaso está basado en rehusarse a aceptar su responsabilidad personal por sus decisiones y por sus respuestas inadecuadas frente a las circunstancias.

Segundo fundamento:
Tenga una perspectiva entusiasta del futuro, un fuerte sentido de propósito y una visión

No se me ocurren otras profesiones distintas al mercadeo en red en las que el propósito y la visión —variables sobre las cuales cada uno de nosotros tenemos total control— ejerzan un papel tan importante en el camino hacia el éxito. Me estoy refiriendo al propósito y a la visión que provienen de lo más profundo de su ser en cuanto a lo que usted es capaz de lograr en la vida. Para alcanzar su propósito y visión se requiere que, con frecuencia, usted se levante de su zona de confort y diseñe su vida sin pensar en ninguna clase de limitaciones. Las siguientes herramientas le ayudarán a establecer el segundo fundamento para alcanzar el éxito.

Herramienta #2:
Clarifique su propósito

Tener un propósito es esencial; no sentimos empoderados por nuestras emociones y no necesariamente por la razón. Esa puede ser una sorpresa para los pragmáticos que están bajo la impresión de que los seres humanos tomamos decisiones racionales la mayoría del tiempo. Por el contrario, las evidencias demuestran que las emociones son las que nos conducen gran parte del tiempo. Donald Calne, neurólogo y autor de *Within Reason: Rationality and Human Behavior*, afirma que la diferencia esencial entre la razón y la emoción es que la emoción conlleva a la acción mientras que la razón produce conclusiones. Nunca subestime el poder y la importancia de tener un propósito —el deseo de marcar una diferencia— en el proceso de continuar adelante con su negocio.

Establezca este segundo fundamento clarificando qué lo lleva a construir su negocio de mercadeo en red. Busque un momento de tranquilidad y silencio para pensar y desenterrar sus ideas hasta encontrar *todas las razones por las cuales su negocio* es importante para usted. Tener esa claridad le ayudará a mantenerse en curso en medio de buenas y malas circunstancias, así que piense con cuidado e identifique qué es lo más importante para usted. Por ejemplo: tener tiempo para compartirlo con sus hijos, renunciar a un trabajo que le disgusta, establecer una comunidad de gente que comparta ciertos valores, ir de vacaciones o mejorar su estándar de vida.

Algunos tienen razones muy obvias, como las mujeres que mencionamos en el Capítulo 5, que se sienten muy motivadas por darles a sus hijos un estilo de vida mejor. Otros, sin embargo, necesitan explorar e indagar hasta encontrar esa fuerza generadora de energía. Si ese es su caso y usted necesita analizar un poco más a fondo, comience por buscar cuál es la razón principal por la que usted quiere construir un negocio. A lo mejor es para tener "más dinero". Pregúntese: "¿Por qué es eso tan importante para mí?" Una vez que lo sepa, formúlese la pregunta que le sirve de seguimiento a su respuesta: "¿Por qué?" Luego siga preguntándose el porqué de ese por qué cinco veces más hasta llegar a la esencia de lo que en realidad lo inspira a moverse con pasión y entusiasmo.

El siguiente es un ejemplo de cómo utilizar esta herramienta. Supongamos que usted ha identificado que el dinero es la razón que lo mueve a tener su negocio.

Pregúntese su primer por qué: ¿Por qué quiero dinero?
Respuesta: Para poder ahorrar para mi retiro.
Pregúntese su segundo por qué: ¿Por qué quiero ahorrar para mi retiro?
Respuesta: Para no tener que preocuparme de llevar una vida de pobreza durante mis últimos años.
Pregúntese su tercer por qué: ¿Por qué estoy preocupado por eso?
Respuesta: Porque no quiero depender de nadie.
Pregúntese su cuarto por qué: ¿Por qué no quiero depender?
Respuesta: Porque soy muy independiente y quiero vivir así hasta el final de mi vida.
Pregúntese su quinto por qué: ¿Por qué quiero permanecer siendo independiente?
Respuesta: Porque quiero vivir siempre con dignidad.

Desde la superficie, el dinero parecía ser su principal propósito para tener un negocio, pero al indagar, la verdadera motivación es vivir con dignidad. Esa verdad cambia su historia personal y le da un mayor significado a su vida que el simple deseo de construir un negocio con la motivación de tener dinero.

Herramienta #3:
Identifique cuál es su visión
e incrústela en su subconsciente

Antes de identificar su visión, considere primero todo lo que usted piensa acerca de su vida que lo esté retrasando, y en particular, acerca de su negocio. Responda a las siguientes preguntas: ¿Qué ideas tiene acerca de su negocio? ¿Lo impulsan hacia sus metas profesionales o lo detienen? Elija una meta —quizás un ascenso o un mejor ingreso mensual— que quiera cumplir de inmediato. ¿Con qué plazos, métodos y gente cuenta para cumplirla? ¿Qué opciones de éxito tiene? ¿Existen otras maneras de lograrlo? ¿Qué perspectivas necesita cambiar para crecer? Ahora, ¿qué nuevas ideas necesita implementar? Las respuestas a estas preguntas lo ayudarán a prepararse para plasmar una visión entusiasta de su negocio que lo mantenga enfocado y animado.

Una vez que haya expandido su manera de pensar sobre lo que es posible, escriba una visión de su vida para los siguientes tres años a partir de la fecha. Usted quiere que su visión lo ayude a mantenerse en marcha con una pasión imparable. Siéntese en un lugar tranquilo en el que no sea interrumpido y permítase soñar —quizá por primera vez en años. Imagine detalladamente cómo será su próxima celebración de sus metas; incluya una visión clara de su negocio, de sus finanzas, de su estado físico, de su salud mental y espiritual, de sus relaciones interpersonales, de su aprendizaje y de su forma preferida de recreación:

> Usted se ha reunido con los miembros de su equipo de trabajo, con su familia y sus amigos para celebrar su éxito durante estos tres últimos años. Ha alcanzado metas sobresalientes en su negocio y en su vida personal. ¡Imagínese su felicidad!

¿Por qué todos se encuentran celebrando? ¿Qué ha logrado usted? ¿Por qué su vida ha llegado a ser de esa manera? ¿Quién lo acompaña? ¿Qué están comentando acerca de usted?

Tómese el tiempo para escribir su visión ya mismo. (Algunas personas también incluyen un tablero con fotos e imágenes que ilustran su visión). Escriba la historia de su celebración en tiempo presente ("Yo tengo...", "Yo estoy...") como si ya hubiera alcanzado todo lo que está describiendo. Elija una fecha dentro de tres a cuatro años a partir de ahora. A mucha gente le parece más fácil comenzar con el siguiente enunciado: "Hoy es [escribe la fecha que eligió] y estamos celebrando porque...".

Use su imaginación para hacer que su visión cobre vida

Ahora que ya tiene clara su visión, el siguiente paso es visualizar su futuro de una manera tan cristalina y detallada que usted logre ver su nueva vida o su nueva "realidad" y sienta las emociones que esto le produce. Plasme su visión en una cartelera —bien sea por escrito o con fotos y dibujos— que vea varias veces al día. Cada vez que la observe, permítase sentir las emociones que le produce —como satisfacción, entusiasmo, confianza y alegría.

La razón para hacer esto es porque la mente subconsciente no distingue con claridad entre una experiencia real y una imaginaria, y al sentirnos tan emocionados, dicha emoción nos ayuda a enfocarnos y a pasar por encima de los obstáculos que encontremos en el camino. Este no es un concepto nuevo; los atletas y los deportistas utilizan con mucha frecuencia en sus entrenamientos la técnica de visualizar e imaginar su llegada a la meta con el fin de mejorar su rendimiento. A medida que practican, se "ven" a sí mismos rindiendo a la perfección y este pensamiento logra que su rendimiento aumente. La visualización le ayudará a mantener su visión. Durante años yo he utilizado afirmaciones para que mi mente asimile una realidad que yo prefiera — y me funcionan sorprendentemente bien.

Tercer fundamento:
Haga una evaluación honesta de su realidad actual

Una evaluación honesta de donde se encuentra usted con respecto a su futuro le produce motivación; sin esa evaluación, nada cambiará en su vida. Si usted reconoce la diferencia que existe entre su visión y su vida actual, encontrará la motivación para seguir adelante. Utilice la siguiente herramienta para evaluar su realidad actual.

Herramienta #4:
Evalúe su realidad actual

Usted ha basado su visión sobre ocho componentes interrelacionados de su vida: negocios, finanzas, salud física, salud mental, salud espiritual, relaciones interpersonales, el aprendizaje y la recreación. Ahora, evalúe su actual realidad en cada uno de esos mismos ocho componentes. Anote su evaluación de la realidad actual. El mayor desafío para la consolidación de este fundamento y para hacer que le funcione es dejando su estado de negación y diciéndose a sí mismo la verdad acerca del estado actual de las cosas. Haga todo lo posible para no pasar por alto cómo "está realmente su situación hoy en día".

Hable de ello con alguien de su entera confianza y luego comprométase a seguir adelante. Elija cuáles serán sus principales objetivos para cerrar la brecha entre su realidad actual y su visión ideal de la vida, y luego trabaje para lograrlo. Tendrá un montón de maneras de continuar hacia adelante con mayor confianza cuando haya completado este libro.

La historia de por qué Mark Yarnell se unió a una compañía de mercadeo en red —y cómo él adoptó una nueva visión de lo que era posible lograr basándose en una revisión totalmente honesta de lo que era su realidad— es un excelente ejemplo de la forma en que los cuatro pilares producen una motivación generadora de cambios trascendentales:

> "En abril de 1986, el presidente de la junta de mi iglesia —un hombre llamado Bill— se presentó a mi puerta con un escenario interesante que era una mezcla de buenas y malas noticias. Yo había servido como su ministro de confianza durante algunos años; la economía de Texas estaba en mal estado y nuestros mayores contribuyentes se habían declarado en bancarrota. La mala noticia era que mi salario sería recortado nuevamente. La buena noticia era que él tenía una oportunidad de negocio muy interesante que ofrecerme.
>
> Cuando me enteré de que se trataba del negocio de mercadeo en red, le agradecí por su amabilidad, pero me negué a participar. Sin embargo, al despedirse me dejó con una fotocopia del cheque de los $57.000 dólares que el líder de su equipo había ganado el mes anterior. Cuando me senté a mirar el cheque, muchas ideas comenzaron a dar vueltas en mi mente y ninguna tenía nada que ver con mi realidad actual; nunca pensé ganar una enorme cantidad de dinero como ministro, así que acepté mi condición de ese entonces como "normal". Sin embargo, lo que me impactaba cada

vez que miraba esa tonta fotocopia era pensar en todo lo que podía lograr siendo un ministro rico.

Durante un par de días me permití pensar en todas las posibilidades que ofrece una vida abundante, pero sería ingenuo pretender que estaba motivado únicamente por mi altruismo. Durante casi una década tuve pocos retos que afrontar. La gente venía a verme porque yo era su ministro. Hablaba dos veces por semana con los feligreses y ellos me amaban y yo los amaba ellos; no había mayores retos.

A mis 36 años, mi vida se había vuelto rutinaria y predecible. Mis amigos eran los mismos miembros de la iglesia y sus familias. Ellos me respetaban y yo me preocupaba por ellos, pero yo mantenía una regla: no tratar nunca de construir una relación abierta con personas que esperaran que yo actuara siempre como un enviado de Dios. Esa no es una relación abierta.

Seguí pensando en el cheque de los $57.000 dólares durante dos días, imaginando todo lo que podía hacer con esa cantidad de dinero. Fue así como llegue a la conclusión de que necesitaba un nuevo reto —uno que me permitiera marcar una gran diferencia. Quería comenzar por tener un poco más de diversión y construir una comunidad de amigos que me quisiera por lo que yo era y no por lo que yo significara para ellos. ¿Y sabe una cosa? Lo admitiré; sí tenía el deseo secreto de saber si yo era capaz de volverme millonario.

Después de darle vueltas a la posibilidad durante unos días, llamé a Bill, lo invité a mi casa y él me inscribió en su empresa con un dinero que tomé prestado de otro miembro de mi iglesia. Fue así cuando —y como— comenzó mi aventura en el mundo del mercadeo en red".

Mark empezó a trabajar de inmediato, basado más en su pasión que en sus conocimientos. Estaba dispuesto a hacer todo lo necesario para tener éxito. Cuatro años más tarde recibió el Premio del Sueño Americano de The Ruff Company por su trabajo duro y su creatividad para transformar una oportunidad en éxito, ejemplificando con ello el Sueño Americano. Él había pasado de una vida empobrecida como ministro para vivir una vida de una relativa riqueza y mayor bienestar; adquirió numerosos amigos de toda la vida que lo aprecian por quien realmente es; ha resistido muchas tormentas y ha recibido toneladas de diversión en el proceso.

El siguiente fundamento le proporcionará la base fundamental final para construir su negocio.

Cuarto fundamento:
Revise sus convicciones

Herramienta #5:
Utilice el poder de sus convicciones

Es casi imposible que tenga éxito sin tener una sólida convicción en usted mismo, en su visión, en la industria o profesión en la que se desempeña, en su empresa, en sus productos y en su plan de pago. Es por eso que considero que sus convicciones son un fundamento primordial sobre el cual construir su éxito.

¿Qué tan sólida es su convicción en cada una de estas áreas críticas? Para averiguarlo, complete la siguiente evaluación acerca de sus convicciones. Al hacerla, tendrá un mayor conocimiento de dónde tiene que cerrar brechas para fortalecer sus convicciones y por consiguiente ganar confianza.

Recuerde que en la medida en que usted sea cada vez más consciente de las áreas que necesita mejorar, más fácil le será construir un negocio verdaderamente rentable.

Construya una base sólida para su negocio y afirme cada vez más sus convicciones mediante la implementación de las herramientas de este capítulo. Nada pasará en su vida si usted se sienta a un lado del camino como un simple espectador. Para tener una empresa usted necesita poner sus manos a la obra; tiene que entrar en el juego. A medida que decida actuar, su confianza, sus convicciones y su pasión crecerán, así como el tamaño de su cheque.

EVALUACIÓN DE SUS CONVICCIONES

Tenga en cuenta su nivel de convicción en cada una de la siguiente áreas clave. Luego, en una escala de 1 a 10, indique sus respuestas.

a. Su convicción acerca de sí mismo:
    1 2 3 4 5 6 7 8   9 10
    Baja _____ Alta
    Solución: la práctica construye confianza; atrévase a actuar. (Ver Capítulos 8, 9 y 10).

b. Su convicción acerca de su visión:
    1 2 3 4 5 6 7 8   9 10
    Baja _____ Alta
    Solución: plasme su visión en un lugar visible y revísela a diario. Utilice afirmaciones.

c. Su convicción acerca del negocio o de la profesión de mercadeo en red:
    1 2 3 4 5 6 7 8   9 10
    Baja _____ Alta
    Solución: escriba por lo menos tres razones por las cuales este es un modelo de mercadeo viable. (Ver Capítulos 1 y 7).

d. Su convicción acerca de su compañía:
    1 2 3 4 5 6 7 8   9 10
    Baja _____ Alta
    Solución: evalúe la compañía que eligió (Capítulo 3).
    Permanezca conectado a ella a través de llamadas,
    reuniones y conferencias de entrenamiento.

e. Su convicción acerca de sus productos:
    1 2 3 4 5 6 7 8   9 10
    Baja _____ Alta
    Solución: enamórese de sus productos utilizándolos a
    diario; busque testimonios de otros usuarios.

f. Su convicción acerca de su plan de compensación:
    1 2 3 4 5 6 7 8   9 10
    Baja _____ Alta
    Solución: haga lo que le traiga dividendos y le ayude
    a ganar lo más pronto posible un buen cheque; básese
    en su plan de negocios y ayúdele a su equipo de
    trabajo a hacer lo mismo.

Parte II

Su caja de herramientas —Los primeros 90 días

Por qué algunos no lo logran ¡y cómo ser de los que sí!

Existen infinidad de razones por las cuales la gente no triunfa en el mercadeo en red. Muchos se embarcan en esta aventura antes de averiguar bien sobre la empresa con la cual van a trabajar, como vimos en el Capítulo 3. Por lo general, debido a que comenzar esta clase de negocios requiere de una baja inversión, hay quienes no toman con seriedad su decisión de vincularse a él y por eso fallan en investigar bien al respecto; entonces comienzan a dudar basados en sus emociones y no en la lógica ni en información objetiva. Como resultado, no prevén que enfrentarán retos similares a los que se enfrentan en cualquier otra clase de negocios. Escuchan historias de triunfadores que han ganado mucho dinero y piensan que lo único que hay que hacer es subirse al tren de la fortuna sin pensarlo demasiado. Y cuando se dan cuenta de que el negocio está basado en un programa de trabajo en el cual tendrán que desarrollar nuevas habilidades y sobreponerse a infinidad de obstáculos, entonces deciden que lo mejor es renunciar.

La mayoría se va del negocio prematuramente, sin terminar de entender que, una vez hayan sobrevivido a las posibles dificultades propias de la fase inicial, el proceso de construir su negocio será muy agradable. Para entonces, habrán adquirido las habilidades básicas, como por ejemplo, cómo invitar a prospectos a utilizar sus productos y servicios e integrarse al negocio. La cuestión es que mucha gente no está preparada para comprometerse a desarrollar nuevos hábitos porque se requiere de tiempo y esfuerzo continuo, así que prefieren abandonar el juego antes de tiempo.

Quienes no están muy bien motivados tampoco perduran en su intento. Primero que todo, es muy frecuente que no tengan claridad de por qué quieren construir su empresa propia. Tampoco se han puesto a pensar en dónde se ven a sí mismos dentro de tres a cinco años y se rehúsan a establecer unas metas aunque se les haya dicho millones de veces que es crucial que las tengan. Tal vez sea porque ya renunciaron a una vida mejor o porque tienen muy poca fe en sí mismos.

Algunos de los que renuncien antes de tiempo sienten que tienen muy poco control con respecto a ganar o fracasar en el negocio y creen que fuerzas externas están a cargo de su destino, que ellos son elementos pasivos frente a las circunstancias. Por lo general practican el juego de la culpa y no están dispuestos a aceptar la responsabilidad por sus resultados. Muchos permiten que sus miedos se impongan sobre sus oportunidades para triunfar.

Otros se van porque quedarse significaría cambiar su manera de pensar con respecto a su visión de mundo. El mercadeo en red es un juego mental que reta a una variedad de modelos de pensamiento o formas de pensar que ya han sido ampliamente aceptadas y establecidas. La gente que implementa nuestro modelo debe dejar su zona de confort, cambiar su forma de pensar y adoptar varios de los nuevos paradigmas sobre los cuales hemos discutido en este libro. Una de las primeras preocupaciones es "el paradigma esfuerzo/recompensa". La mayoría de la gente está acostumbrada a recibir el pago por sus esfuerzos desde el primer día de trabajo. Ellos saben con exactitud lo mucho que tendrán que trabajar para ganar una cantidad específica de dinero al final de cada mes. Sin embargo, en el mercadeo en red la remuneración financiera no funciona igual. Quienes se unen al negocio deben invertir una tremenda cantidad de esfuerzo durante su primer año de trabajo o más, y por lo general, aceptar unos ingresos que no concuerdan con semejante esfuerzo. Como dice Mark Yarnell: "Cuando usted comienza con este negocio debe saber que es el profesional con el peor de los ingresos, pero que con el tiempo recibirá los mejores ingresos del planeta".

Muchos no logran entender este "principio esfuerzo/retorno". Por eso es tan importante que dentro del plan de compensación se incluyan bonos que sean pagos de inmediato por adquirir clientes y asociados al negocio. Cuando los líderes entrenan a los nuevos miembros de sus equipos para que comiencen a ganar dinero tan pronto se vinculan, les están dando la mejor herramienta para quedarse. A esto se debe que jamás haya que subestimar la importancia de las recompensas separadas como una buena estrategia para asegurar la lealtad y permanencia de quienes se vinculan al negocio.

En esta parte nos enfocaremos en cómo sobrevivir a sus primeros 90 días de haberse vinculado al mercadeo en red y a prosperar a lo largo del camino. Primero, comenzamos por establecer las cuatro bases fundamentales para establecer su negocio; le ayudamos a lidiar mejor consigo mismo. Luego, le mostramos cómo desarrollar los hábitos profesionales que le ayudan a triunfar y a explorar herramientas, habilidades y secretos prácticos para desarrollar un negocio altamente productivo. Después, lo guiamos hacia cómo construir una enorme red de contactos y a liderar a los miembros de su equipo a medida que ellos inician y reinician su negocio. También le mostramos cómo reconocer gente y circunstancias tóxicas que destruyen su carrera en este campo si usted no está bien preparado para afrontarlas. Y estos dos últimos capítulos estarán dedicados al liderazgo y a proveerle perspectivas y herramientas que le ayuden a crecer y fortalecerse con respecto a este tema.

Toda esta Parte II está diseñada para ayudarle a aprender sobre el lado práctico de construir su negocio. Todo es cuestión de habilidades. Sin embargo, leer sobre ellas es muy diferente a utilizarlas. Esas son dos cosas muy distintas. La única manera en que en realidad tenga éxito en cuanto a adquirir las habilidades propias del mercadeo en red es ingresando al juego y comenzando a jugarlo seriamente. Es nuestra esperanza y oración que lo que usted aprenda en estos capítulos le ayude a permanecer en el camino indicado, y que, en últimas, logre disfrutar un estilo de vida independiente desde el punto de vista financiero. Y para este propósito, lo animamos a poner en práctica lo que está aprendiendo y a seguir esta filosofía: "Escucho y olvido. Veo y recuerdo. Hago y entiendo".

Capítulo 9

Ponga en práctica hábitos que le generen éxito

Valerie Bates

L as metáforas son herramientas útiles para darnos perspectiva. Por esa razón mi esposo Mark Yarnell y yo comparamos a veces los retos de nuestro negocio con el mito griego del Rey Sísifo, quien empujaba cuesta arriba y sin descanso una pesada piedra. Esa imagen que manifiesta impulso nos brinda una perspectiva fresca; nos compromete a reorganizarnos y a retomar las metas que en verdad nos mantengan en el rumbo indicado. Con mucha frecuencia Mark y yo nos recordamos el uno al otro que los retos son solo una parte inevitable en el proceso de alcanzar un resultado significativo. Al pensar en lo mucho que nos agrada enfrentar retos, en el potencial de ingresos que tenemos frente a nosotros, en la contribución que queremos hacerle al mundo, en la diferencia que estamos marcando en la gente que nos rodea y en nuestras responsabilidades como líderes, todo esto nos ayuda a renovar nuestras fuerzas. Y cuando recordamos la metáfora de Sísifo no nos toma mucho tiempo volver a sentir como se reavivan todas nuestras energías —en solo cuestión de minutos.

Existen vídeos de dibujos animados sobre la historia de este rey empujando sin cesar tan pesada carga hasta llevarla a la cima para luego volver a echarla a rodar cuesta abajo. Sin embargo, en el mercadeo en red, al perfeccionar los hábitos propios de esta profesión descritos en este capítulo, usted empujará su piedra cada vez más hacia arriba y de manera diaria y constante.

Para generar la fuerza necesaria para mover la piedra (su negocio) desde una posición estática hasta lograr que comience a rodar, usted debe emplear toda su energía y mantenerse siempre enfocado. A veces la piedra se devuelve cuando usted ya estaba empezando a prosperar, pero esto casi siempre ocurre al pisar un terreno imprevisto. Usted ya había logrado impulsarla unos pocos pies, pero se le vuelve a rodar una pulgada. No obstante, a través de la práctica, irá adquiriendo la habilidad que necesita para irla subiendo y prevenir situaciones para eliminar posibles obstáculos que retrasen su labor. Además aprenderá a nivelar sus fortalezas y —acompañado de un equipo de trabajo sincronizado— terminará por hacer rodar esa piedra siempre hacia adelante. En el fulcro, *el punto de inflexión*, se requiere de solo un instante para que la piedra se eche a rodar nuevamente hacia abajo. A este punto, incluso si usted *quisiera* detenerla, no lo lograría porque va con todo el impulso. Pero, gracias a un enfoque adecuado, a hábitos saludables y con el apoyo de todo su equipo, la piedra rodará hacia adelante libremente y sin contratiempos.

En un trabajo reciente, titulado *The Lotus Code*, Mark Yarnell y yo diseñamos un sistema para adquirir prosperidad de manera acelerada; mostramos cómo desarrollando las ideas, las palabras y las acciones adecuadas se generan hábitos que producen el punto de inflexión en un sistema de éxito. A nivel de hábitos, el mercadeo en red deja de ser un problema y —en la mayoría de aspectos— se convierte en un deleite a medida que su negocio alcanza su propia velocidad, la cual está basada en los hábitos correctos.

Los seis hábitos de los profesionales exitosos

Este capítulo destaca los seis hábitos más importantes que generan éxito. Los empresarios adinerados conocen la clave para desarrollar hábitos con mayor rapidez porque ellos no los practican con frecuencia, ni siquiera con mucha frecuencia, ¡sino con toda la frecuencia posible!

La gente construye hábitos al combinar la práctica con imágenes mentales o visualización. Como ya quedó explicado en el Capítulo 8, esta clase de imágenes funciona porque el cerebro humano no reconoce la diferencia entre los eventos reales y los producidos por la imaginación. Los empresarios destacados en el mercadeo en red practican sus hábitos tanto en sus experiencias diarias como en su imaginación.

Aunque los primeros 90 días del negocio ponen a prueba nuestro talento, todo se va volviendo más fácil una vez que hemos adquirido los hábitos adecuados. Por lo general, se requiere de 21 días para establecer cada nuevo hábito; sin embargo, adquirir los hábitos propios del mercadeo en red toma un promedio de 90 días porque estos son multifacéticos. Por esta razón es crucial que usted evalúe su progreso con frecuencia e identifique las acciones que necesita mejorar y reforzar para triunfar.

A lo mejor durante esta revisión de los hábitos de los profesionales exitosos usted se preguntará cuáles son los más urgentes de desarrollar y qué tanto debería trabajar en ellos simultáneamente. La respuesta es que es imposible determinar un grado jerárquico de importancia ya que todos estos hábitos trabajan juntos y de manera sincronizada para conducirnos hacia el éxito. La formación de un hábito con frecuencia genera un efecto dominó que les ayuda a los demás hábitos a tomar su lugar de manera casi natural.

Hábito #1:
Tener siempre sueños y metas

La mayoría de los empresarios fija sus metas al comenzar a implementar su plan, pero fracasa en no darse cuenta de la importancia de convertir en un *hábito* el hecho de estar siempre fijándose nuevas metas y sueños. El éxito comienza cuando usted mantiene a diario sus propósitos en mente; así que comience su jornada identificando qué limitaciones autoimpuestas no le están permitiendo soñar en grande. En el Capítulo 8 le recomendamos "que aprendiera a lidiar con usted mismo —con el mentor en el espejo", que se esforzara en tener una visión y un propósito claro, un "porqué". Tan simple como eso. Los empresarios adinerados saben cómo levantarse de sus tropiezos con agilidad porque ellos se enfocan en esas dos perspectivas; en cambio, los empresarios no triunfadores se enfocan en los obstáculos que encuentran por el camino.

Cristalizar el futuro no es un evento que ocurre de una sola vez. Es un proceso que va fluyendo y, si usted quiere triunfar, debe habituarse a revisarlo y a reestructurar sus metas siempre que sea necesario. La mayoría de la gente comienza con unas metas básicas, pero una vez observa que otros están triunfando y ellos mismos prueban el sabor del éxito, aprenden a quitarse de encima esas limitaciones autoimpuestas y ensanchan su visión del futuro. Cuando el entusiasmo comience a desaparecer en su interior, revitalícelo recordando cuáles son sus ambiciones; pregúntese por qué le entusiasman tanto sus metas y si es necesario planee otras que lo apasionen aún más. A lo largo de los años, siempre he observado que quienes no planean nuevas metas una vez que han alcanzado las actuales, sufren de desmotivación. Se acomodan en su zona de comodidad antes de tiempo y es así como permiten que sus cheques comiencen a escasear poco a poco. Esto les ocurre porque no han desarrollado el *hábito* de soñar, revisar y organizar nuevas metas.

Usted no tiene por qué estancarse; la naturaleza de este negocio consiste en estar fijando siempre nuevas metas ya sea en forma de objetivos financieros, de niveles de liderazgo, de reconocimiento, de bonificaciones, de aumentar el porcentaje de su cuota en el mercado o el tamaño de su equipo y el número de personas que asiste a sus reuniones o convenciones. ¿Qué objetivos se ha trazado para este mes y para los siguientes 90 días? Utilice la herramienta de lanzamiento y relanzamiento que aparece en el Capítulo 10 para llevar a cabo esta tarea. ¿Ha convertido en un hábito el hecho de soñar y restablecer objetivos?

Hábito #2:
Cultivar los pensamientos adecuados para triunfar

La razón por la cual es importante habituarse a cultivar los pensamientos propios para obtener éxito es crucial y a la vez sencilla: los pensamientos son el primer paso hacia un éxito continuo; todo comienza con los pensamientos. Así que, cuando desarrollamos el tipo correcto de pensamientos — aquellos que apoyan nuestra visión— todo lo demás toma su lugar. El reto al que nos enfrentamos es que el lanzamiento de un nuevo negocio a menudo desencadena pensamientos autodestructivos. Nuestro crítico interno, nuestro diálogo interno, insiste en que esta nueva empresa no va a funcionar por una variedad de razones. Entre otras porque es intolerante frente a la ambigüedad, a la posibilidad de cambiar el *statu quo* y al riesgo.

Ver nuestro crítico interno como la "mente de mono" es útil para poder comprender este fenómeno. Esta expresión representa, a partir de la filosofía oriental, un estado de ánimo que salta de un pensamiento a otro así como un mono salta de un árbol a otro. La mente de mono se centra en pensamientos superfluos, siempre parloteando, expresando sus dudas y quejas, poniendo excusas, defendiendo, culpando y dándole cabida al miedo. Mientras más nos aventuramos en ese viaje desconocido que es un nuevo negocio, más insistente se vuelve la mente de mono. Los pensamientos negativos se convierten en una bola de nieve que va rodando cuesta abajo, creciendo y ganando impulso. Esto es precisamente lo que hace que la gente se impaciente tanto durante las primeras etapas del proceso de conformar un negocio de mercadeo en red y luego vuelva a su zona de confort. Ellos no saben cómo hacerle frente a la mente de mono.

Pero hay una manera para que usted y su equipo sepan cómo lidiar con todos esos pensamientos contraproducentes. El Dr. Jonas Salk, el científico que descubrió la vacuna contra la enfermedad del polio, una vez le dijo al Dr. Martin Seligman, autor de *Learned Optimism: How to Change Your Mind and Your Life*, que si en la actualidad él fuera un joven científico, se centraría en inmunizar a los niños desde el punto de vista sicológico. Esa idea dejó pensando a Seligman y lo inspiró para llevar a cabo tres décadas de investigación con cientos de miles de adultos y niños. Fue así como llegó a la conclusión de que el dominio de las siguientes tres habilidades de pensamiento son la base de la confianza y el optimismo:

La primera, observar y capturar sus pensamientos.

La segunda, evaluar la exactitud de sus pensamientos.

La tercera, replantear sus pensamientos con mayor precisión.

Veamos un ejemplo práctico de cómo, mediante este proceso, usted puede redirigir o cultivar sus pensamientos positivos de modo que se empoderen en lugar de desactivarse. Un pensamiento inicial podría ser: "Soy un reclutador pésimo y nunca llegaré a ninguna parte en este negocio". Dese cuenta y tome conciencia de que ese pensamiento es el paso 1. A continuación, evalúe la precisión de ese pensamiento con la pregunta "¿Es eso cierto?" Por último, corríjase mediante la conclusión: "Eso no es del todo cierto. No soy el mejor reclutador en este momento; pero voy a mejorar, si sigo practicando". El proceso no es complicado; solo se requiere de práctica para acostumbrarse a pensar de manera saludable.

Una vez se vuelva eficiente en este hábito positivo, ya sabe cómo cortar el hábito de albergar pensamientos negativos de raíz. La neuroanatomista, Dra. Jill Bolte Taylor, autora de *My Stroke of Insight*, habla de la importancia de hacer precisamente eso. Ella le llama a esta práctica "cuidar de nuestro jardín" y afirma:

"Independientemente del jardín que he heredado, una vez que me haga cargo de manera consecuente de la responsabilidad de cuidar de mi mente, elijo nutrir aquellos circuitos que quiero fortalecer y también de manera consecuente decidido podar los que prefiero no tener. Aunque es más fácil para mí cortar con determinación y perseverancia toda mala hierba cuando es solo un capullo, así como ocurre con el cuidado de la vid cuando se le priva de cuidados, con el tiempo ese capullo pierde su fuerza y en determinado momento caerá a un lado del viñedo.

Así que, cuando usted le tenga miedo al rechazo o sienta dudas sobre sí mismo y sobre sus capacidades, elija conscientemente "anclar su mente". Sea resiliente al convertir en un *hábito diario* el monitoreo de su diálogo interno, tome conciencia de su tendencia a la autoderrota y desempodere esos pensamientos; luego cultive ideas positivas y obtendrá mejores resultados. Usted se sentirá muy a gusto con la sensación de poder y confianza que experimentará cuando asuma la responsabilidad de elegir y nutrir sus propios pensamientos. Y los beneficios de esta acción serán sorprendentes y se extenderán a todos los ámbitos de su vida.

Existe una fuerte correlación entre su diálogo interno y su forma de ver su potencial. ¿Cómo califica su actual conversación interna respecto a su negocio en una escala de 1 a 10, siendo 1 negativo y 10 positivo? Una forma de aumentar la conciencia de sus pensamientos es escribiéndolos en un diario, revisándolos y luego verificando si existen patrones de derrota en ellos. Después, utilice la fórmula del Dr. Seligman y erradique los pensamientos inútiles. Si utiliza este proceso para permanecer entusiasta, otros querrán unírsele a su equipo puesto que se darán cuenta de inmediato de que usted es una persona verdaderamente feliz, divertida, y que está ganando un montón de dinero.

Hábito #3:
Conservar el buen ánimo

Si usted tuviera la oportunidad de ser la sombra de algunos empresarios exitosos que se destacan en los negocios, se daría cuenta de que ellos emanan energía, son entusiastas y tienen confianza en la meta a la cual se dirigen y en el valor que aportan. Su actitud es animosa; siempre están "conectados" cuando participan en sus negocios. Incluso si han hecho la misma presentación cien o más veces, usted podría pensar, por la magnífica actitud que ellos emanan de su interior, que la presentación que están haciendo en este momento es la más emocionante que han hecho hasta ahora porque aman lo que hacen y les resulta significativo, por eso están totalmente centrados en el presente cuando están prospectando o haciendo su presentación. En pocas palabras, están "en todo".

Quizás usted se pregunte si ese optimismo fluye de manera natural o ellos lo aprendieron. La verdad es que, en sus comienzos, muchos de ellos tuvieron dudas y preocupaciones, pero se han mentalizado para triunfar desarrollando el hábito de renovar su espíritu a diario a través de pensamientos positivos, ideas interesantes, rodeándose de gente que los apoya y les da ánimo para alcanzar sus metas. Son personas encaminadas hacia sus propósitos y enfocadas con exactitud en el camino por el cual quieren andar.

Mientras muchos están demasiado ocupados para sacar una hora diaria para su desarrollo personal, ellos han vuelto un hábito el hecho de integrar a sus actividades renovadoras algún tipo de aprendizaje y motivación a medida que avanza el día. Algunas son:

- Ver vídeos motivacionales.

- Escuchar sus CD favoritos mientras manejan o hacen ejercicio.

- Estudiar la vida de personajes que los inspiren.

- Leer frases motivadoras a diario.

- Orar o meditar.

- Emplear parte de su tiempo colaborando con alguna causa de su interés.

- Disfrutar de la naturaleza.

- Ser conscientes y apreciar las bendiciones diarias.

- Decirle por lo menos a una persona al día lo especial que él o ella es.

- Aprender algo nuevo a diario.

¿Por qué no comprometerse a formar uno o más de estos hábitos renovadores? Seleccione sus favoritos y hágalos partes de su rutina diaria. Los empresarios exitosos siempre encuentran maneras de sentirse muy bien y de hacer que otros también se sientan igual. Ellos siempre están soñando, aprendiendo, anhelando e inspirando a quienes los rodean. En lugar de drenar la energía de los demás, los triunfadores impregnan a la gente con su energía. Son personas atractivas porque practican con constancia el hábito de renovar el espíritu.

Hábito #4: No darle importancia al rechazo

En el Capítulo 15, Mark le da al lector una perspectiva saludable sobre el rechazo y propone varias estrategias de mercadeo libres de ese sentimiento. Es maravilloso encontrar gente receptiva a la oportunidad de utilizar estas estrategias, pero, en últimas, todo empresario del mercadeo en red exitoso debe desarrollar el hábito de pasar por alto el rechazo puesto que solo así perseverará en el negocio durante largo plazo. Cuando quitamos nuestro enfoque de nosotros mismos, y simpatizamos con los demás centrándonos en lo que nosotros podemos hacer por ellos, la idea del rechazo desciende al último lugar de importancia en nuestra vida. El enfoque deja de estar en "mí" y pasa a estar en "usted".

Quienes cuentan con un centro de control interno saludable hallarán más fácil el hecho de no prestarle atención al rechazo porque ellos tienen confianza en sí mismos y saben cómo responder a este tipo de situaciones. Ellos no se toman el rechazo de una manera personal, ni se sienten desanimados cuando alguien decide no hacer parte de su negocio o declina la posibilidad de adquirir sus productos. Por el contrario, cuando alguien rechaza sus ofertas, ellos no cargan esas respuestas en su equipaje y por lo tanto no se desgastan llevando una pesada e innecesaria carga.

Los dueños de negocios de mercadeo efectivos han convertido en un hábito el hecho de no sobrecargarse frente al rechazo. Para comenzar, aprenden a invitar a otras personas a darles un vistazo a su negocio y a sus productos y se vuelven muy hábiles para hacer que los demás no se incomoden con su propuesta. Pero estas no son habilidades que se adquieren de la noche a la mañana, sino que ellos las desarrollaron a través de la práctica. Fuera de desarrollar esas habilidades de "invitar" a los demás a darles una mirada a sus productos y al negocio, y de utilizar estrategias de mercadeo libres de rechazo, los empresarios exitosos deben tener una perspectiva saludable de lo que es el rechazo.

Una de las mejores defensas para no dejarse intimidar del rechazo es asumir que un candidato que declina nuestra propuesta simplemente no tiene su "ventana abierta" a nuevas opciones en este punto de su vida. Las dos veces que entré en el negocio del mercadeo en red me sentía insatisfecha y buscando una solución al problema. La primera vez, me encontraba en mi hogar criando a dos pequeñines y quería mejorar las finanzas de mi familia para poder continuar siendo una madre con la opción de estar siempre en casa. Pero 12 años después, cuando volví a entrar al negocio del mercadeo en red por segunda vez, estaba afrontando mi divorcio y quería asegurarme una independencia financiera que me generara una entrada residual a través de una oportunidad abierta. El punto es que en esas dos ocasiones yo estaba abierta al cambio.

La mayoría del tiempo, la gente declina la oportunidad de integrarse a nuestro negocio porque no está en el momento adecuado de su vida para hacerlo; sin embargo, quienes comienzan, casi siempre tienen dificultades para aceptar la opción de manera racional. Por favor, dese cuenta de que esta no debe ser una excusa para no desarrollar a plenitud sus habilidades para invitar a la gente a que se conecte con el negocio y los productos que usted representa. Es cuestión *suya* trabajar con el líder de su equipo para poner en práctica y desarrollar sus habilidades al máximo. Eso es un hecho. El "apartamento modelo de cuatro habitaciones" que sigue a continuación le ayudará a comprender mejor la importancia de mantener su "ventana abierta a medida que se relaciona con el rechazo y le mostrará cómo adoptar una perspectiva saludable frente a él.

El apartamento modelo de cuatro habitaciones

El sicólogo social suizo Claes Janssen desarrolló una teoría que compara los cambios con el hecho de vivir en un apartamento de cuatro habitaciones. A lo largo de la vida todos avanzamos hacia cuatro etapas predecibles que pueden ser representadas por las habitaciones de un apartamento (Ver Figura 9.1.).

Piense en esto desde una perspectiva de prospección:

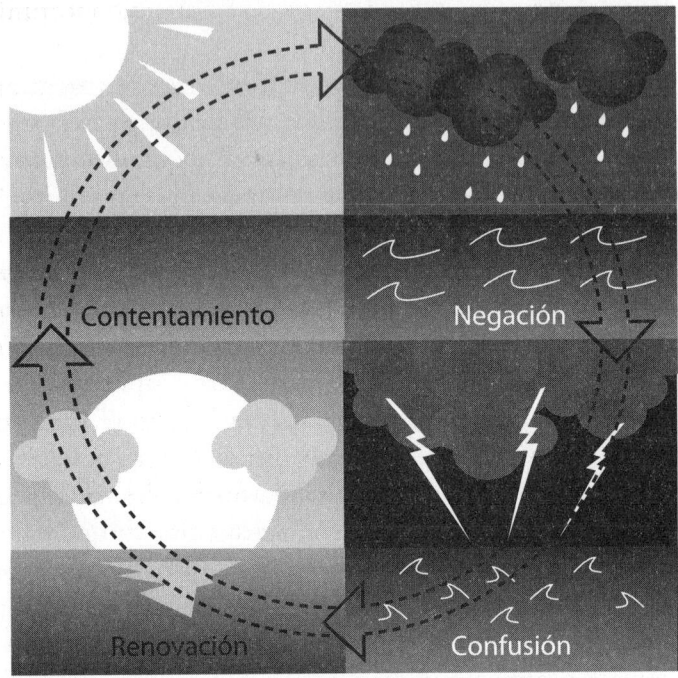

Figura 9.1 El apartamento de cuatro habitaciones
Fuente: Heather Symes

Primera habitación: Contentamiento. La gente que vive en esta habitación se siente contenta; no está buscando opciones. No quiere cambiar porque su *statu quo* o zona de confort hace que se sienta muy bien. No importa qué tan hábil sea su invitación o su presentación frente a estos individuos, ellos no se vincularán, así que lo que usted debe hacer es dejarlos ir y continuar su camino —sin sentirse rechazado.

Segunda habitación: Negación. La gente que se encuentra en esta habitación se siente intimidada o inconforme con su presente, pero no está preparada para afrontar los cambios permanentes y está en negación por distintas razones. A lo mejor se da cuenta de manera inconsciente que cuando afronte su realidad actual entrará sin lugar a dudas en la habitación de la confusión (tercera habitación) y por eso tiene temor a hacerlo. Ellos no están abiertos a apreciar ninguna oportunidad de negocio.

Tercera habitación: Confusión. Quienes se encuentran en esta habitación están confundidos; buscan respuestas y están abiertos a posibilidades —lo cual significa que *de pronto* también estén dispuestos a echarle un vistazo a la oportunidad del negocio que usted les presenta.

Cuarta habitación: Renovación. Aquí es donde la gente eventualmente se cansa de su estado de confusión y prosigue hacia la etapa de renovación. Muchos han llegado a su punto de retorno y es *probable* que estén abiertos a su invitación.

La gente que se encuentra en las habitaciones de la confusión y la renovación está atravesando un cambio. El problema es que nosotros, como profesionales del mercadeo en red, estamos parados afuera del apartamento y no tenemos ni la menor idea de cuál habitación estaban ocupando nuestros prospectos. Algunos parecen estar insatisfechos mientras que otros lucen contentos. Sin embargo, como nosotros sabemos muy poco acerca de sus vidas, podríamos estar equivocados. Dicho en pocas palabras, con frecuencia ignoramos en qué habitación están "viviendo" quienes tenemos frente a nosotros. Y esta es la razón primordial por la cual debemos adoptar el hábito de dejar pasar el rechazo y asumir que existe la gran probabilidad de que la gente que declina nuestra invitación no esté en la habitación adecuada en el momento en que le extendamos nuestra propuesta.

No tome el rechazo de una manera personal; no es *su culpa*, ni es contra usted, ni es su trabajo cambiarles su perspectiva. Esa es la responsabilidad de cada quien; deséeles lo mejor y continúe su camino.

Habito #5:
Tener coraje

El hábito de tener coraje en este campo incluye la práctica de permanecer firme frente a los retos diarios. En mi opinión, Nelson Mandela es la personificación del coraje. Para él, el coraje es la manera en que nosotros *elegimos ser*: es cuestión de cómo reaccionamos frente a las distintas situaciones. Mandela afirma que es marchando hacia adelante y *pretendiendo* ser fuertes como nos volvemos valientes. Eso es precisamente lo que él hizo a lo largo de esos impresionantes 27 años.

En el mercadeo en red esta perspectiva de coraje puede traducirse en nuestra voluntad para querer romper con patrones de pensamiento que drenan nuestra vida o con pensamientos y acciones habituales que no nos llevan a obtener buenos resultados. Y esto incluye la manera en que respondemos frente al rechazo; la forma confiada en que procedemos incluso cuando el negocio no va bien; el deseo de permanecer firmes ante quienes quieren desanimarnos; el esfuerzo que hacemos por parecer "profesionales" cuando apenas estamos comenzando a practicar nuevas habilidades; la compasión que sentimos al aceptar a los demás tal y como son y sin juzgarlos; y tener el coraje para liberarnos de los hábitos que no nos están ayudando y decidir que adoptaremos otros que sí nos servirán para avanzar hacia una vida mejor.

Para desarrollar un negocio de gran magnitud se requiere que usted se esfuerce de manera consistente, sin embargo "quedarse atascado cuando apenas está comenzando" es un problema típico del mercadeo en red. Con bastante frecuencia la gente pospone tanto su vinculación a este juego que su motivación tambalea y muchos terminan renunciando. Su manía de posponer es causada por una variedad de temores incluyendo adquirir mala reputación, parecer poco profesional durante el proceso de aprendizaje, tener que desarrollar nuevas habilidades, no pasar tanto tiempo con la familia y los amigos, ganar poco dinero, no tener tiempo suficiente para sí mismos, pasar vergüenzas y muchos otros miedos.

¿Cómo avanzar en medio de tantos temores? Una forma de lograrlo es "simplemente haciéndolo", pretender que tenemos el coraje para avanzar y movernos hacia nuestra meta. También es posible minimizarlos asegurándonos de tener bajo control varios factores y utilizando una herramienta conocida como la Fórmula del Cambio de Gleicher, la cual nos da la idea de cuál es el próximo movimiento para llevar nuestro negocio hacia adelante. La fórmula es la siguiente:

$$V \times I \times P > R$$

V= Visión de lo que es posible
I= Insatisfacción con respecto al presente
P= Primeros pasos hacia adelante
>= Debe ser mayor que...
R= Resistencia (temor)

Entonces: Visión por Insatisfacción por Primeros pasos hacia adelante debe ser mayor que Resistencia o Temor. Debido a que V, I y P son multiplicados, comenzará a haber cambios, así sean menores. Pero, si cualquiera de estos elementos es mínimo o está ausente, seremos incapaces de sobreponernos y ofrecer resistencia al temor.

Ahora, dedúzcalo usted mismo: ¿qué factores necesita fortalecer para triunfar? Aunque este libro le ofrece perspectivas y le brinda estrategias para sobreponerse al temor y adquirir confianza y fe en sí mismo, nada ocurrirá hasta que usted no se ponga en pie y decida actuar para continuar adelante con su vida. Y el coraje es la clave.

Contrario a la creencia popular, el coraje no es la ausencia de temor; es más bien la voluntad para levantarse y continuar a pesar del temor, sin permitir que el miedo nos impida hacer lo que de verdad queramos hacer. Este solo hecho, en sí mismo, produce confianza; y si lo ponemos en práctica con frecuencia, el coraje se convierte en un hábito. Esta es precisamente la razón por la cual admiramos a los empresarios que apenas están comenzando y deciden dar un paso adelante y salirse de su zona de comodidad.

La historia de coraje de Amber y Dean

Desde hace un par de años Mark y yo hemos venido trabajando con una joven pareja canadiense de las afueras de Vancouver, British Columbia, por la cual sentimos gran admiración. Amber y Dean De Grasse son un equipo inspirador que constantemente demuestra valentía y coraje. Dean vivió en las calles desde muy temprana edad y desarrolló manías callejeras; en esencia, creció solo y salió adelante por sí mismo, y para lograrlo, requirió de mucho coraje. Amber está llena de deseos de vivir y nunca tiene temor de enfrentar retos profesionales. Los dos son reclutadores dinámicos e incansables; los dos abandonaron sus exitosas carreras de más de 14 años en el campo de la finca raíz para construir su negocio de mercadeo en red; los dos estaban bastante motivados de lograrlo debido a su deseo de tener un mejor estilo de vida, libertad y aventuras.

Como muchos profesionales, su mayor reto cuando comenzaron fue hacer los ajustes necesarios para dejar de ser profesionales autosuficientes y pasar a ser dueños neófitos de su propio negocio. Como Amber explica: "No sabíamos cómo caminar y mascar goma al mismo tiempo en el campo del mercadeo en red. Era vergonzoso, sobre todo dentro de nuestro grupo de conocidos, pero nos dedicamos a practicar y practicar hasta que, eventualmente, fuimos mejorando y nos volvimos muy buenos en prospectar y presentar el negocio". De la cantidad de historias que ellos se divierten contando sobre todos los malos ratos y las tribulaciones que les significó desarrollar su negocio y acostumbrarse a su nueva carrera, la mejor, es la siguiente:

> Amber y Dean nos contaron que solo dos invitados llegaron a tiempo a una reunión que ellos habían organizado. Se trataba de un joven hombre en uniforme llamado Scott y de su novia (quien no estaba interesada en el negocio, pero había venido a acompañar a su novio). Después de 10 minutos, y en vista de que nadie más aparecía, el anfitrión comenzó a llamar a quienes les había enviado su invitación para averiguar en dónde se encontraban. Algunos contestaron su llamada y se mostraron sorprendidos de que esa era la noche del encuentro. La madre de Scott llamó para decir que no podría asistir porque tenía un dolor en el pecho e iba camino a la Sala de Emergencias del hospital. Otros dos miembros de la familia y sus esposas dijeron que también se dirigían hacia el hospital para acompañarla. Y cuando el anfitrión llamó a las dos personas que le faltaban en su lista de invitados, ellos de dijeron que iban camino en la reunión pero que se enteraron de que la mamá de Scott estaba enferma y también decidieron dirigirse al hospital. A este punto, Scott se disculpó para "dirigirse supuestamente al baño", pero en realidad tomó su auto y se marchó. Todo esto ocurrió en cuestión de minutos.
>
> Dean recuerda:
>
> "Estábamos desconcertados, pero aun así teníamos el compromiso de hacer nuestra presentación, por lo cual le explicamos nuestro negocio a la joven, quien firmó con prontitud y compró un kit de negocios. ¡Habíamos obtenido una victoria estando ya en las fauces de la derrota!

La semana siguiente, la nueva propietaria organizó una recepción privada para dar a conocer su negocio y 15 personas confirmaron su asistencia. Esa noche, nos dirigimos con entusiasmo a la reunión. Diez minutos antes de llegar, sonó nuestro celular; era la anfitriona para decir que la reunión había sido cancelada porque nadie iba a asistir. Al día siguiente, renunció.

¡Oh, sí! ¿Y la mamá de Scott? Ella nunca estuvo en el hospital.

A pesar de los muchos retos que ellos afrontaban, los dos continuaron desarrollando su negocio, apoyándose mutuamente y manteniendo sus ojos puestos en su visión. Su mantra favorito es: "Entre más presentaciones hagamos, más crecerá nuestro cheque. Lo que nos falta en habilidades lo reponemos en la cantidad de presentaciones que hacemos". Ellos me recuerdan lo que el escritor, educador y activista Parker L. Palmer escribió: "Siempre tendré temores, pero no soy solo temores porque hay otros lugares dentro de mí que también quieren manifestarse y actuar".

Hábito #6:
Practicar la profesión con perseverancia

La perseverancia es el subproducto de todos los hábitos de la profesión del mercadeo en red. Uno de las frases más frecuentes en nuestra profesión es "¡Simplemente, no te rindas!" Las historias sobre triunfos y fracasos que se presentan camino a la libertad financiera nos ayudan a sostenernos. De todos los empresarios exitosos que he conocido, Margie Aliprandi es quien mejor ejemplifica el hábito de la perseverancia.

Hoy, Margie es conferencista internacional, escritora y entrenadora; hace 22 años era profesora de música en una escuela secundaria. Al año de haber comenzado su negocio ya devengaba un ingreso mensual de cinco cifras; a los tres años,ya había adquirido el estatus de millonaria.

Margie se retiró mucho después y pasados dos años volvió a reintegrarse al negocio. De entrada decidió que agregaría a su equipo a 10 líderes más en la categoría de Diamante Embajador (máximo nivel de liderazgo) y sobrepasó su meta cuando 24 Embajadores caminaron a lo largo del escenario para recibir sus premios en la siguiente convención de la empresa. Como resultado, Margie fue la primera en la compañía que alcanzó el rango de Corona de Diamante. Su inspiradora historia ejemplifica lo que se puede lograr practicando el hábito de la perseverancia.

Margie tenía tres puntos en su contra cuando comenzó su carrera: no tenía experiencia, ni capital, pero sí tenías tres pequeños hijos (de 2, 4 y 5 años). Acababa de renovar su contrato como profesora cuando se enteró de una nueva empresa de mercadeo en red que acababa de sacar uno de sus productos al mercado. Margie se enamoró de ese producto. Ella soñaba con tener sus ahorros, comprar su casa y darles una mejor vida a sus pequeños, y se daba cuenta que con su salario como maestra en la escuela jamás lo lograría. Había llegado a una encrucijada así que tomó la decisión de cancelar su contrato y comenzar a trabajar de tiempo completo con el fin de independizarse desarrollando su propio negocio de mercadeo en red. No fue fácil y tuvo que hacer grandes sacrificios durante los primeros años mientras estabilizó su negocio, pero persistió, continuó su camino y enfrentó sus dudas, sus temores, y el estrés que le causaba desarrollar tantas actividades al tiempo. Como ella dice: "Lo hice mal hasta que poco a poco lo fui haciendo bien".

Con frecuencia hacía tres reuniones por noche, mientras los miembros de su familia le ayudaban a cuidar a sus hijos. El dinero escaseaba y cuando ella organizaba reuniones en ciudades distantes, manejaba hasta allá, parqueaba su carro en el estacionamiento de algún hotel, pero dormía entre el carro y se refrescaba en algún baño del hotel a la mañana siguiente antes de dirigirse a sus reuniones, como si todo estuviera "normal". Con el paso del tiempo, cuando le preguntaban cómo se sentía al dormir entre el carro durante esos tiempos difíciles, ella respondía que escasamente se daba cuenta de que esto estaba ocurriéndole; eso era lo que necesitaba hacer, y lo hacía. Su *porqué* —el bienestar de sus hijos— era tan poderoso que ella se enfrentó a infinidad de obstáculos y permanecía enfocada en su futuro.

Cuando yo le pregunté cómo ella, como joven madre, logró manejar su negocio, me respondió: "Algunas veces era bastante difícil. Me rompía el corazón no ver jugar a mi hijo sus partidos de béisbol porque me encontraba en alguna reunión. Hubo veces en que me preguntaba si estaba haciendo lo correcto; todavía hoy podría llorar recordando alguno de esos momentos tan trascendentales para mí. Era irónico que yo estuviera construyendo un negocio para darles lo mejor a mis hijos y sin embargo tuviera que afrontar un dolor inmenso a corto tiempo para construir felicidad a largo tiempo".

Margie lidió con todas estas dificultades explicándoles a sus hijos lo que estaba ocurriendo. Se sentó con ellos y les explicó: "Necesito el apoyo de todos, voy a ausentarme, pero sus abuelos estarán con ustedes". Ellos entendieron que estaban en esto juntos. Además ella recuerda:

"Una noche, mientras sacaba mi carro del garaje para dirigirme a un lugar de reunión, mi hijo Todd salió corriendo en su piyama, gritando. Yo me bajé del carro y lo tomé entre mis brazos, sentí su cuerpo convulsionado contra mi pecho y sus lágrimas en mis mejillas. Yo también estaba llorando. Me sentía muerta del cansancio y lo último que quería hacer era dejarlo, pero le dije: 'Hijito, por favor, entra a la casa. Sé un buen niño y te prometo que un día te llevaré conmigo a dondequiera que vaya'".

Margie y mantuvo su promesa. Hoy, sus cuatro hijos son adultos y han conocido el mundo juntos en compañía de su madre; y su idea de familia se ha expandido hasta incluir gente de todas partes del globo terráqueo. Además, tienen el privilegio de ver que su madre es mentora a nivel internacional. Y a medida que ha ido construyendo su negocio, ella comenta:

> "Mi papel más importante en la actualidad es animar a la gente para que obtenga éxito, es amar a los demás y ayudarles a que se amen a sí mismos por lo que son y por la grandeza que poseen en su interior. La vida de mis hijos se ha enriquecido gracias a sus propias experiencias y también debido a lo que ellos vieron en una mamá que perseveró incluso en medio de sus propias dudas. Hoy, cuando los miro, veo en ellos a las personas en que se han convertido, en parte, gracias a mi ejemplo como empresaria. Quizás yo logré ser una mejor madre porque estaba cumpliendo mis metas —y en ese proceso les enseñé a mis hijos a creer en sus habilidades para alcanzar sus propios sueños".

Como dije anteriormente, Margie condujo infinidad de reuniones. En una ocasión viajó a conducir una en Nueva York y tan pronto llegó al aeropuerto tomó un taxi, pero el taxista se perdió y ella llegó tarde al punto de reunión. Allí la recibió un pequeño grupo de invitados que no estaban muy contentos de estar allí y que se sentían ofendidos por su tardanza; el hecho es que solo unos pocos de los que se encontraban allí no la reprocharon. Pero para ella, todo esto hacía parte de su trabajo.

Margie hizo la reunión y se sintió aliviada cuando la terminó. Cuando ya estaba recogiendo todos los materiales de su presentación, un hombre ruso se le acercó y le dijo con marcado acento: "Me llevaré este negocio a Rusia". Ella asintió calmadamente y respondió: "Ah, bueno, está bien", sin permitirse mostrar lo emocionada que se sentía puesto que ya había escuchado esa clase de promesas antes.

De regreso a casa no le dio mayor importancia a la promesa del ruso —hasta unos pocos meses más tarde, cuando comenzó a notar unos cuantos nombres rusos en el reporte de ventas de su organización. En corto tiempo, su empresa tenía un promedio de 500.000 distribuidores rusos. La cantidad de papel invertido en las impresiones de sus reportes de venta con nombres rusos era de ocho a 10 pulgadas de longitud. Y ese fue solo el comienzo de la que se convirtió en una gigantesca organización internacional que incluye Eurasia, Asia del Sur y más allá.

Persevere plantando semillas a diario

Sirve de mucha ayuda recordar que existe una temporada de siembra y otra de cosecha, y que las dos no ocurren al mismo tiempo. A veces, parece que nunca llegará el tiempo de la cosecha; pero, como dice Margie Aliprandi: "Persevere plantando semillas, persevere sin esperar que todas crezcan porque el sol quemará algunas. Usted no puede sembrar dos semillas y esperar una gran cosecha. La Regla 80/20 es vigente y funciona, así que plante semillas todos los días, si quiere que sus negocios crezcan de manera monumental".

Una vez que usted haya atravesado el proceso de lograr sus metas, estará en la posición de replicar su éxito en cualquier momento porque la perseverancia se habrá convertido en un hábito en su vida. Pero hasta entonces, utilice la siguiente afirmación. Le ayudará a asimilar lo que es perseverancia: "Yo perseveró y me levanto fácilmente de las caídas temporales". Además, convierta en un hábito el uso de las imágenes mentales y véase a sí mismo construyendo su negocio con confianza y coraje.

Capítulo 10

Maneras prácticas de desarrollar un negocio altamente productivo

Valerie Bates

Usted tendrá éxito cuando esté dispuesto a aceptar total responsabilidad por su negocio y por todo lo que él demanda de usted —incluyendo la decisión que tome en cuanto a la compañía con la cual haya decidido asociarse y al equipo de trabajo que va a conformar. Además necesitará ser su propio mentor, adoptar la actitud y las perspectivas adecuadas y desarrollar hábitos profesionales. Bajo ese fundamento, y sabiendo cómo manejar cinco competencias mayores, con el paso del tiempo usted habrá logrado desarrollar un negocio altamente productivo.

Le aseguro que aprender cada una de estas cinco habilidades no es complicado ya que, aunque no se requiere de mucho estudio, sí implica tener una actitud saludable frente al proceso de aprendizaje. Es algo así como cuando usted está empeñado en aprender a manejar bicicleta —también necesita adoptar una buena actitud puesto que será inevitable que, a medida que se vaya perfeccionando en el proceso, caiga, se lastime, se levante, se sacuda y vuelva a querer empezar. La práctica es la que realmente hace al maestro, sobre todo cuando usted tiene un líder o un mentor formidable que lo acompaña a lo largo del camino.

Cinco habilidades esenciales

Para construir un negocio altamente productivo es imprescindible desarrollar la capacidad de:

1. Construir una enorme red de contactos.
2. Invitar a la gente a que les dé un vistazo a sus productos y al negocio.
3. Presentar la historia acerca de su negocio.
4. Hacerle seguimiento a la información y validarla.
5. Sostener y liderar su equipo de trabajo.

Habilidad #1:
Construir una enorme red de contactos

Su lista de contactos es su posesión más valiosa. Constrúyala primero en su mente, visualizando una gigantesca red; luego, irá llenando poco a poco los espacios vacíos con nuevos contactos. Piense a nivel local, nacional e internacional. Hágala lo más expansiva posible y entienda que se necesita de tiempo, de plantar innumerables semillas y de nutrirlas hasta alcanzar una verdadera red gigantesca de personas.

Aunque desde el comienzo hemos estado interesados en mostrarle los beneficios de tener un negocio de mercadeo en red, el valor de construirlo va más allá de tener un grupo de gente a la cual ofrecerle un negocio y unos productos. El grado de cambio y de incertidumbre que atravesamos en esta época hace que la posibilidad de tener una red de contactos personales sea en extremo importante. Piense que el proceso de construirla es "positivo" puesto que usted se está conectando con gente que le agrada, en la que confía y con la cual interactuará a lo largo de su vida. Ensanche su perspectiva con respecto a este tema y piense en términos de un futuro a largo plazo cuando la esté construyendo; y mantenga en mente lo importante que es no discriminar a nadie —¡*nunca!*

La primera regla para construir una red de contactos es tratarlos a todos como si fueran oro, ya sean amigos cercanos, recién conocidos o contactos "fríos". Y recuerde siempre que los contactos "débiles", así sean distantes, con frecuencia suelen ser más poderosos en su red que sus amigos más cercanos. Los estudios han probado el poder de esta clase de conexiones en las redes sociales. El sociólogo Mark Granovetter lo demostró a través de un estudio realizado con cientos de profesionales y trabajadores técnicos en los Estados Unidos mediante el cual observó que la mitad de ellos se enteró de la existencia de su empleo a través de contactos personales, y que solo el 16% de ellos se veía con sus contactos "a menudo" mientras que más del 50% se veía con sus contactos de manera "ocasional". Estas estadísticas muestran que incluso aquellos individuos con quienes usted solo interactúa en forma esporádica representan una fuerza social más poderosa que la que usted tiene con sus amistades cercanas. Su red de contactos personales está conectada a otras redes que son tanto poderosas como débiles. Usted nunca sabe cuándo un contacto tiene su propio contacto que está buscando una solución a su problema financiero y a lo mejor su negocio sea la respuesta a las oraciones de ese contacto en segunda línea.

Existen incontables formas de construir una red de contactos, pero la mejor es la de implementar ciertas estrategias de comprobación que capitalicen sus esfuerzos. Una vez sepa manejarlas, entonces, por todos los medios, agréguele nuevas estrategias a su repertorio. La gente siempre se aventura a utilizar infinidad de métodos cuando se trata de construir una red de contactos, pero falla en desarrollarlos en su totalidad y de manera efectiva porque su aproximación a ellos es demasiado inconstante.

Secretos para construir
una red de contactos poderosa

De nuevo, su lista de contactos es su bien más preciado. Usted no necesita invertir mucho dinero para desarrollar su red, pero sí necesita invertir tiempo, esfuerzo y consistencia. Asegúrese de agregar nuevos contactos a diario para que su lista crezca con dinamismo y constancia. Cuando usted deje de agregar contactos con regularidad, su lista se irá quedando sin valor —y esto equivale a afrontar una bancarrota en el sistema tradicional de negocios.

Secreto #1:
Comience con la lista de sus 25 contactos principales

Primero, elabore la lista de quiénes son las 25 personas más cercanas a usted. Escriba en su agenda de papel o en su computador todos los nombres que se le vengan a la cabeza sin hacer ninguna clase de juicios. Si le parece más fácil, piense que es su lista de invitados a su "boda" o a su "cumpleaños".

Segundo, escriba una nota frente a los nombres de las personas que podrían ser sus socios potenciales del negocio, según el siguiente criterio:

1. Son optimistas. (Los pesimistas, rara vez, por no decir que casi nunca, son exitosos al construir una red de contactos).

2. Tienen influencia y disfrutan de credibilidad en su entorno.

3. Son manejables. (En otras palabras, son abiertos y están dispuestos a aprender).

4. Usted disfrutaría trabajando con ellos porque...

Comience por contactar a quienes vivan en su misma área porque así será más fácil unirse a ellos y formar un equipo que genere energía, lealtad y comunidad. Por supuesto que también es importante contactar a quienes vivan un poco más lejos, pero es preferible comenzar en su "patio de atrás" y construir desde ahí.

Tercero, haga una nota frente a quienes usted piensa que tienen el potencial para ser sus clientes al por menor. Pregúntese: "¿Quién es la gente con la que no quiero hacer negocios, pero se beneficiaría de los productos que ofrece mi empresa?" Ellos tienen el potencial para convertirse en sus primeros clientes.

Usted recibirá pago por el éxito que tenga moviendo sus productos a través de su canal de distribución compuesto por clientes al por menor y de constructores de negocios que utilizan sus productos para promocionarlos. Aunque la mayor parte de lo que discutimos en este libro se enfoca en reclutar socios para el negocio, la venta al detalle es esencial para desarrollar un negocio rentable. Además, usted debe adquirir clientes de manera continua, tanto a través de la promoción directa de sus productos como mediante aquellos que conocen el negocio y desperdiciaron la oportunidad de unírsele, pero aun así quieren usar sus productos en calidad de consumidores.

Cuarto, trabaje con un líder de su línea superior que de verdad le ayude, que esté comprometido en el negocio y tenga conocimiento con respecto a presentarles la oportunidad del mismo a los demás. Practique con él esas habilidades de invitar a la gente hasta que se sienta cómodo con la forma en que lo está haciendo. Luego, haga sus llamadas.

Si hay alguna persona en su lista que estaría dispuesta a ayudarle a perfeccionar sus habilidades, pídale que le permita practicar frente a ella. Determine quién sería preguntándose: "¿Quién me daría una retroalimentación sincera, honesta y motivante?" Luego, contáctela.

Secreto #2:
Todo gorrión conoce a un águila
y toda sardina conoce a una ballena

Una manera muy efectiva de ensanchar su red de contactos es pidiéndole referidos a toda persona que escuche su presentación y no esté interesada en unirse a su negocio. Con ellas usted expandirá sustancialmente su red de contactos. El problema es que la mayoría de los novatos en el mercadeo en red no se toma la molestia de pedirles ayuda a quienes están dispuestos a brindársela.

Supongamos que usted es dueño de un negocio independiente que rueda de manera saludable y goza de bienestar, y acaba de terminar una presentación frente a su amiga Cherie, quien le manifiesta que no está interesada en el momento. Antes de despedirse, pregúntele: "Cherie, ¿me harías el gran favor de ayudarme a desarrollar miles de conexiones? Quiero ampliar mi lista de contactos. ¿A quién contactarías si estuvieras en mi lugar? ¿A quién conoces que esté interesado en el campo de la salud y que quiera convertirse en empresario? ¿Quién es tu quiropráctico favorito? ¿Quién es tu instructor favorito en el gimnasio?" Pregúntele cómo conoció a estos individuos y pídale permiso para utilizar su nombre cuando se ponga en contacto con ellos. Al hacerlo, transformará una llamada en frío en una conversación un poco más cálida debido a que mencionó a Cherie y ella goza de la confianza del referido que usted esté contactando en ese momento. Recuerde el poder de aquellos contactos llamados "débiles" porque pueden convertirse en conexiones fuertes.

Secreto #3:
Use las redes sociales

Las redes sociales combinan tecnologías e interacción social y juegan un papel significativo en la comunicación de hoy.

Algunos dueños de negocios del mercadeo en red utilizan esta plataforma para reforzar a sus contactos y mantenerlos informados; publican fotos, gratifican públicamente a los miembros de su equipo, les dan reconocimiento por cumplir sus metas y además comparten frases y videoclips motivacionales. Todo esto tiene un impacto positivo en la cultura del equipo.

Sin lugar a dudas, las redes sociales son una muy buena forma de conectarnos con gente que comparte nuestros gustos y que tiene algo en común con nosotros. Podemos actualizarlas con respecto a lo que está ocurriendo en nuestra vida y compartir información que nos parezca valiosa para todos. Asegúrese de construir primero una relación, y luego sí inscriba en su perfil el sitio en red de su negocio para que sus visitantes tengan la opción de elegir visitar su página y enterarse más respecto a su empresa y a sus productos. Esto contrasta el enfoque que utiliza la gente al presentarse a sí misma en las redes sociales y promover de inmediato su negocio y productos. Hay quienes utilizan las redes sociales como canal a través del cual bombardear a los demás con propagandas; lo que ellos no se dan cuenta es del hecho de que la esencia de las redes sociales es construir relaciones *antes que nada*. Hoy en día, mucha gente está experimentando un exceso de información y no responderá favorablemente ante el correo no deseado ni a las propagandas.

Haciendo caso omiso de mi consejo, una chica que se vinculó hace poco a mi equipo de trabajo del mercadeo en red publicó el siguiente mensaje en su página de Facebook a sus más de 200 contactos: "¡Hola! Acabo de empezar un negocio y necesito algunos socios. ¿Interesado?" Su desilusión fue grande cuando ni una sola persona le contestó. Es igual que ir a una fiesta y andar por todas partes anunciando eso mismo. La gente está cansada de que quieran "venderle" de todo.

El mercadeo en red también es excelente para reconectarnos al pasado: compañeros de la escuela, de la universidad, vecinos, colegas, proveedores de servicio y familiares que hace tiempo no vemos. Si usted quiere hablarles de negocios, envíeles un mensaje para ponerse de acuerdo y conversar primero por teléfono. Si el mensaje es vía internet, podría decir algo como: "¡Hola, Cindy! ¡Tiempos sin vernos! ¿A dónde te puedo llamar? Me encantaría hablar contigo". Cuando se contacte por teléfono, escuche con mucha atención lo que Cindy tenga para decir, luego —y solo si es apropiado— cuéntele sobre sus productos y su negocio. Inicie su conversación de negocios con ella comentándole que usted comenzó un negocio y pensó en ella porque... (agregue un comentario agradable y sincero). Usted debe utilizar su habilidad social de una manera sabia y mostrar interés genuino sobre lo que sea mejor para los demás. Si procede de esa manera, obtendrá buenos resultados.

Sin tener en cuenta lo talentoso y aficionado que sea usted para conectarse en las redes sociales y hacer publicidad gratuita a través de ezines, blogs, Facebook, Twitter, YouTube o LinkedIn, también querrá hacer un esfuerzo por conectarse fuera de línea e interactuar de manera "directa" con otras personas. Para este fin, procure invitarlas a eventos como conferencias en vivo o vía telefónica, o a webinarios.

De todos los medios disponibles, trate de utilizar las redes sociales como la manera más usual de construir conexiones a diario. Pero le aconsejo que lo haga controlando el tiempo que invierte sumergido en internet y no permitiendo que esa sea la única manera de comunicarse y ensanchar su red de contactos. Existen otras formas —y ya las presentaremos a lo largo de este libro.

Secreto #4:
Recurra a los eventos locales para ensanchar su red

La duplicación es la clave para construir una red de contactos y una de las mejores formas de hacerlo es haciendo pequeñas reuniones duplicables. Aunque en la actualidad la popularidad de la tecnología ha desechado un poco la importancia de hacer reuniones en persona, muchas de las empresas de crecimiento rápido están utilizando las reuniones locales para contactarse lo más eficientemente posible con la gente. Por supuesto que utilizan los dos métodos, tanto la tecnología como las reuniones en persona, pero por lo general, la gente valora la confianza, la energía y el sentido de comunidad que generan los equipos de trabajo persona a persona.

Comience por dar pequeños pasos. Haga reuniones en su casa invitando de cuatro a seis personas; luego, cuando su equipo crezca, sus líderes sabrán cómo duplicar este mismo tipo de reunión en sus casas. Una vez tenga la suficiente cantidad de reuniones en casa en diferentes lugares de la ciudad, piense en auspiciar una reunión más grande cada varios meses con toda la organización al mismo tiempo que continúa con los grupos pequeños.

A la gente le encanta los equipos que están alcanzando metas y muchos se le unirán al ver que sus cifras indican que su negocio está avanzando. Sus prospectos quieren una prueba social, por decirlo así, de que lo que usted hace sí está prosperando —y cuando lo vean trabajando con compromiso y seriedad para seguir adelante— y que una cantidad de gente se une cada vez más a su equipo, ellos también sentirán más motivación por vincularse al programa que usted lidera.

Con el paso del tiempo el negocio prospera y a nivel local se va convirtiendo en una bola de nieve creciente, todo gracias a su esfuerzo y liderazgo. El secreto es seguir haciendo reuniones de manera consistente, positiva e interesante, que produzcan motivación y deseo de cooperar.

Secreto #5:
Emplee entrenadores de memoria

Es sorprendente la manera en que un entrenador de memoria nos recuerda a personas un tanto alejadas de nuestra red de contactos. Dicho artefacto reactiva su memoria y le permite recordar nombres que de otra manera usted no sería capaz de sacar del hoyo negro de su subconsciente. Los entrenadores de memoria le ayudarán a recordar por lo menos a unas 200 personas más, fuera de esos 25 contactos principales que conforman su lista. Los listados de profesionales online o las Páginas Amarillas le ayudarán a recordar a gente a la cual usted ha venido prestándole sus servicios con el paso de los años como por ejemplo: banquero, sastre, estilista, dueño de negocios, instructor en el gimnasio, terapista, masajista, profesor, diseñador de páginas web, plomero, gente de compañías de seguros, consejeros financieros, panadero, portero y otros. Un nombre detonará más nombres y su lista crecerá exponencialmente a medida que su cerebro comienza a hacer conexiones.

Secreto #6:
Incluya en su lista de contactos
a sus clientes potenciales al por menor

Adquiera el hábito diario de agregar a su red de contactos a sus posibles clientes potenciales de su negocio al por menor. Utilice una lista que le ayude a detonar su memoria asociando nombres de unas personas con otras en los diferentes tipos de servicios que hay en la industria y que serían candidatas para adquirir sus productos o servicios.

Una de las mejores formas para devengar en forma rápida un buen cheque es vendiendo sus productos al por menor. Aunque este libro se enfoca sobre todo en cómo reclutar gente que quiera unirse a su negocio, recordemos que todos queremos tener clientes. Algunos dueños de negocios independientes utilizan el internet para hacer sus ventas y ese suele ser un método muy útil para quienes tienen habilidades para ello o están dispuestos a invertir tiempo para desarrollarlas. Conozco a un equipo en particular cuyos miembros compartieron el costo por diseñar un sitio web apropiado para sus productos. Ellos invirtieron para que apareciera al comienzo de las listas de los buscadores y establecieron una base de clientes al por menor bastante extensa. Ellos están comprometidos a hacerla funcionar y su línea de productos se presta para la venta online.

La opción del internet para las ventas al detal está abierta para cada uno de nosotros. Simplemente, asegúrese de investigar a fondo antes de decidir que trabajará en esa dirección ya que este enfoque no es para todas las personas; además, se requiere de una inversión importante de tiempo y dinero para hacerla funcionar. Una de las primeras ideas que vienen a la mente de los nuevos distribuidores es la de mercadear sus productos online. Ellos suponen que tener un sitio web es una opción viable, pero esto no es algo en lo cual se puede titubear. Necesitarán de conocimiento, esfuerzo e inversión financiera para hacerla funcionar.

Todo nuevo distribuidor necesita conseguir por lo menos 10 clientes de mercadeo al por menor lo más pronto posible; luego, debe continuar incrementando su base de clientes y hacerles seguimiento. Es obvio que el grado de énfasis que usted haga en hacer sus ventas dependerá de sus intereses personales, de su plan de compensación, de sus productos, y por supuesto, de su deseo de ganar dinero de inmediato. La mayoría de los dueños de negocios de mercadeo en red de hoy en día hace sus órdenes vía online y programa a sus clientes de mercadeo al detal para que automáticamente reciban sus productos mes a mes. Los clientes tienden a ser muy leales a los productos que aman y consumen consistentemente. En mi caso, he estado consumiendo los mismos productos de una compañía de mercadeo en red desde hace 30 años.

Secreto #7:
Entienda el misterio de
"las necesidades y los deseos"

No se desilusione si alguien a quien usted ha agregado a su red de contactos, y que usted pensó que se uniría a su negocio y a su línea de productos, no lo hace. Recuerde lo que hablamos acerca del tiempo adecuado de cada persona para unirse al negocio y mantenga en mente el modelo del apartamento de cuatro habitaciones: contentamiento, negación confusión y renovación, el cual es aplicable a sus clientes potenciales de ventas al detalle y a los que podrían estar interesados en el negocio.

Aunque ciertos individuos parecen *necesitar* sus productos, esto no implica que los *quieran*. Todos hemos tenido que ver algo con esto alguna vez; por ejemplo: aunque *necesitamos* estar en buen estado físico, es muy probable que no *queramos* levantarnos a las seis de la mañana para hacer ejercicio y levantar pesas. Así que, aunque es claro que el tío Harry necesita perder 30 libras, eso no significa que automáticamente el querrá comprar los productos para perder peso que usted está vendiendo, sin importar qué tan buenos sean. Es probable que él todavía no esté listo para comenzar en este momento un programa de adelgazamiento. Po eso no tome las respuestas negativas de los demás como algo personal en contra suyo, ni los juzgue. Limítese a escribir sus nombres al final de su lista para contactarlos en algún otro momento y continúe su camino.

Secreto #8:
Desarrolle una lista global

Muchas compañías del mercadeo en red funcionan a nivel global hoy en día. Si ese es el caso de la empresa que eligió, usted también querrá añadir contactos internacionales a su red. Una forma de expandirse a nivel global sin dejar su casa es conectándose con gente de su localidad que tenga conexiones en otros países. Anímelos a contactarse a nivel local en sus comunidades e identifique quiénes tienen las mejores conexiones en todas partes. ¿Se acuerda que en el Capítulo 9 mencionamos la experiencia que tuvo Margie Aliprandri con aquel ruso? Al auspiciar a una persona en su país, que conozca a alguien en otro país, usted estará desarrollando potencialmente un negocio internacional sin necesidad de salir de su casa.

Secreto #9:
Mantenga una red de contactos
lo más completa y actualizada posible

Cuando usted se mantiene ensanchando su lista de contactos, es menos apto para presionar a la gente a que haga cosas que ellos no quieren —ya sea unirse a su empresa o comprar sus productos. Como dice Mark: "Una persona que actúa en contra de su voluntad todavía no ha cambiado de opinión". Tener gente que trabaja con convicción propia en su equipo le ayudará a sobreponerse más pronto al rechazo y le impedirá obsesionarse tratando de convencer a un candidato desinteresado en su propuesta. Además, le ayudará a desarrollar una postura confiada que les comunicara a los demás que usted está avanzando con y sin la ayuda de otros. En lugar de sentirse desilusionado cuando alguien rechace sus ofertas de negocios, continúe hacia adelante tratando de contactarse con la siguiente persona que sí se unirá gustosa a su equipo.

Habilidad #2:
Invitar a la gente a que
les dé un vistazo a sus productos y al negocio

Usted pensará que la habilidad de invitar a los demás a hacer parte del negocio es natural en la mayoría de nosotros puesto que durante años hemos estado invitando a cenar, a celebrar cumpleaños, a conciertos, a tomar un café, a compartir alguna festividad, a eventos deportivos y a muchas otras cosas. Hemos estado "invitando" durante tanto tiempo que con frecuencia lo hacemos sin pensarlo dos veces. Simplemente hacemos una llamada o enviamos un correo y le pedimos a alguien que nos acompañe a alguna parte o a algún evento sin que esto nos signifique algún problema, ¿no es cierto?

Sin embargo, una vez entramos al negocio del mercadeo en red y queremos invitar a la gente de nuestra localidad a que le eche un vistazo a nuestro negocio al tiempo que nos acompaña a tomar una taza de café, a almorzar, a una recepción de negocios privada, a un almuerzo de negocios, a una reunión para probar productos, a una fiesta de maquillajes, a una sesión de diagnóstico sobre buen estado físico o a una clínica facial, comenzamos a titubear y nos sentimos inseguros. ¿Por qué? Porque hemos integrado un componente que hace que la invitación pase de ser un acto habitual a convertirse en un acto consciente. La sola idea de invitar a alguien a hacer algo dentro de este contexto produce muchos nervios y titubeos. Muchos pierden su sentido de individualidad, dejan de sentirse libres y empiezan a actuar de manera robótica siguiendo algún manuscrito que les ayude a decir lo que necesitan porque su confianza en sí mismos se desvanece y comienzan a dudar —y después se preguntan por qué las personas declinan una oferta tan sencilla como la de echarles un vistazo a sus productos.

He aquí una manera de sobreponernos a los obstáculos que enfrentamos cuando estamos haciendo una presentación o invitando a alguien a considerar la oportunidad de vincularse a nuestro negocio:

Primero, decida —incluso desde antes del levantar el teléfono— que no dará demasiada información; si lo hace, sus prospectos concluirán que ya tienen suficiente información para tomar una decisión, incluso aunque no conozcan todos los pormenores del asunto. Este enfoque no es justo para ellos, ni para sus productos, ni para el negocio, ni para usted. La mejor forma de aproximarse es diciendo algo como: "Estoy apenas comenzando en esto y no sería conveniente explicárselo por teléfono. Veámonos el martes y le cuento todos los detalles". Si usted está llamando a larga distancia, entonces diga: "Tengo solo unos pocos minutos para contarle que estoy comenzando este negocio. Me encantaría que visitara mi sitio web porque así tendría mayor información que la que puedo darle en este momento". De otra manera, usted estaría echándoles a perder a sus contactos la oportunidad de explorar por sí mismos de lo que se trata el negocio. Prométase a sí mismo que, antes que nada, mantendrá sus llamadas cortas y bajo control.

Segundo, hágase las siguientes preguntas antes de tomar el teléfono: ¿En qué parte de sus vidas están necesitadas estas personas? ¿Cuáles son sus anhelos e ilusiones? ¿Qué las descompone? ¿De qué manera este negocio podría ayudarles a resolver sus problemas o a mejorar su situación? ¿Cuál es la historia de su relación con ellas? ¿Por qué decidió llamarlas? ¿Qué cualidades admira en estas personas? ¿Cuál es su propósito al contactarlas? Sus respuestas a estas preguntas le ayudarán a que sus llamadas sean más significativas y específicas con cada uno de sus contactos.

Tercero, *practique*. Pídale a la persona que más lo apoya que le ayude a practicar su propuesta y que le haga una retroalimentación lo más amplia y honesta posible. Llame a su mejor líder de línea ascendente de mayor confianza y pídale que le ayude a practicar. Mientras más ensaye esta conversación, mejor le fluirá frente a su prospecto; en menos de nada sabrá cómo invitar a la gente a considerar la posibilidad de unirse a su negocio porque se le volverá tan natural como si usted estuviera invitando a una fiesta.

Cuarto, sea muy claro en sus propósitos al hablar con sus contactos. Su objetivo es conseguir que ellos se interesen en lo que usted o los miembros de su equipo quieran presentarles o en reunirse con usted durante 30 a 60 minutos. Después de una breve charla personal, dígales que está llamándolos porque usted ha comenzado un nuevo negocio y pensó en ellos de inmediato debido a que... En este punto, hágales un elogio sincero que tenga que ver con la razón por la cual pensó en llamarlos. Dígales que usted está entusiasmado con su nueva empresa, que ama los productos que está promocionando y que los está llamando a invitarles a... (echarle un vistazo a su sitio web, a charlar un rato o a una reunión, —utilice la estrategia que prefiera). Haga hincapié en que usted tan solo está proponiéndoles que observen cómo funciona su negocio y la calidad de sus productos y que, si quieren más información, con mucho gusto estaría dispuesto a proporcionársela, pero que también respeta su decisión si no están interesados. Mencióneles que solo desea trabajar con personas que estén interesadas de verdad. Esto hace que la gente no se sienta presionada. Por último, si después de todo lo anterior sus contactos están de acuerdo en revisar la información o en reunirse con usted, elijan una fecha conveniente para las dos partes y el tiempo para conectarse.

Si usted ha invitado a una de sus reuniones a personas que no viven cerca, llámelas al finalizar la reunión y pregúnteles cómo les pareció lo que escucharon. A continuación, llévelas al siguiente paso dirigiéndolas a su sitio web para que conozcan la historia de la empresa y vean la presentación de su negocio por completo. Pero antes de discutir el conjunto de habilidades que usted necesita para hacer una presentación, vamos a cubrir primero unos cuantos aspectos importantes de su exposición o de su invitación a sus contactos para que sean parte de su negocio.

Secretos para desarrollar las habilidades necesarias para presentar/invitar

Hace poco uno de mis socios recién vinculados, Juan, me llamó para pedirme ayuda frente a un problema que ya antes había oído muchas veces: "Estoy contactando a un montón de personas y no logro concretar a ninguna", se quejó, "y no identifico qué es lo que estoy haciendo mal. ¿Puede ayudarme a determinar exactamente cuál es mi problema?"

Entonces lo entrené en las siguientes técnicas ya probadas para aumentar el poder de sus exposiciones, después de lo cual él también guio a más prospectos en la forma de hacer una presentación completa. Los siguientes son 10 secretos que también a usted le funcionarán:

1. Mantenga en mente que el objetivo de su exposición es *clasificar*, no *convencer*. Usted está en busca de personas que también lo estén buscando a usted; que estén abiertas a posibilidades de negocios.

2. Límite el tiempo de sus exposiciones iniciales a un máximo de tres minutos cuando contacte por primera vez a su prospecto y muéstrese seguro de sí mismo.

3. Cree la suficiente intriga como para inspirarlo a pasar unos minutos con usted y provocar en él un deseo de saber qué tiene para decirle.

4. Recuerde estas cuatro premisas: "Algunos sí, otros no; así que no importa, ¡alguien sí está esperándome!".

5. Tenga siempre presente que la respuesta de un cliente potencial frente a su exposición se basa sobre todo en el hecho de si es o no el momento adecuado de su vida para este negocio.

6. Si su prospecto es nuevo en la creación de redes, no le haga una presentación completa hasta que él sea quien le muestre interés en obtener más información, al igual que cuando estén conversando vía telefónica.

7. Después de haber hecho su presentación, lleve a su prospecto a darle primero un vistazo a la oportunidad del negocio. En otras palabras, presente primero el *negocio* y luego los *productos* porque de esta manera su prospecto podría considerar la oportunidad de convertirse en un cliente al por menor, incluso si no está interesado en el negocio. Sea consciente de que, si inicia presentando el producto y la persona lo rechaza, no hay manera de que él o ella estén de acuerdo en construir un

negocio con base en un producto que no les interesa.

8. Elija hacer un número de exposiciones, entre 5 y 10, y 30 contactos, y comprométase a cumplir con esa tarea a diario. ¿Por qué no define ahora mismo cuál será su tarea?

9. Recuerde que los dueños de negocios en red exitosos mantienen en la mira una cantidad de exposiciones que sea real y factible y las hacen con mucha más frecuencia que los empresarios perdedores.

10. Deje que las herramientas hablen por usted. Una herramienta puede ser un producto de muestra, una llamada corta, un CD, un folleto, una página web, una llamada para ofrecer la oportunidad del negocio o un seminario.

Habilidad # 3:
Presentar la historia acerca de su negocio

La presentación completa involucra exponer el cuadro completo de las tendencias a las que su compañía está respondiendo (es decir, el posicionamiento); hablar del equipo especial con el que está trabajando; de la credibilidad de la empresa y de los productos; del plan de compensación; y de cómo el negocio y los productos les pueden ayudar a los interesados a alcanzar sus sueños.

Secretos para hacer presentaciones más efectivas

Una vez más, deje que las herramientas hablen por usted, así que su función principal es hacer el proceso con la diligencia debida para asegurarse de que usted está respondiendo a las necesidades de sus candidatos. Los siguientes secretos le ayudarán a hacerlo correctamente. Recuerde que su papel es "dirigir el proceso con la debida eficacia".

Secreto #1:
Ajuste sus presentaciones a las necesidades de sus candidatos

Antes de exponer a sus candidatos a través de toda su presentación, hágales preguntas que le permitan descubrir más acerca de sus necesidades. Después de hablarles de su propia historia y de cómo usted empezó (dos a tres minutos, como máximo), una buena manera de proseguir es preguntar, por ejemplo: "Katrina, si usted pudiera agitar una varita mágica y hacer que ocurriera algo que tuviera un impacto significativo en su vida, ¿qué sería?" La respuesta de Katrina le proporcionará información sobre sus aspiraciones y le permitirá demostrarle que su empresa tiene el potencial para convertirse en la solución que ella necesita. Siempre es posible hacer preguntas diferentes, pero asegúrese de que sean aptas para abrir efectivamente la posibilidad de iniciar una conversación acerca de las aspiraciones de sus prospectos.

Secreto #2:
Aumente su credibilidad personal

Sus prospectos estarán más dispuestos a hablar de sí mismos si usted les comparte su propia historia acerca de por qué usted comenzó su negocio (de nuevo, no más de dos o tres minutos). La forma de contar esa historia es importante pues no son solo las palabras que utiliza, sino también la autenticidad que expresa a medida que la cuenta. La clave es, ser simplemente *usted*; la gente le agradecerá su sinceridad cuando les comparta cómo y por qué empezó, lo que le ha pasado desde entonces y hacia dónde se dirige. Su entusiasmo también atraerá a sus prospectos ya que la mayoría responde a la energía positiva y se conecta más con historias personales que con datos y números. Recuerde el dicho: "Los hechos dicen; las historias venden". Su historia personal es, por tanto, muy importante.

Secreto #3:
Construya credibilidad para su empresa

Cualquiera que sea el estilo de presentación que usted utilice debe ser para establecer la credibilidad de su empresa, de los propietarios, de los productos, del plan de compensación y de las tendencias a su favor. Al igual que en la etapa de exposición, deje que las herramientas hablen por usted todo el tiempo, pero asegúrese de añadir su toque personal para establecer confianza y credibilidad. Las herramientas de presentación pueden incluir un sitio web, un folleto de presentación de la empresa (en papel o digital) o un CD corporativo. Para empezar, muéstreles a sus candidatos solamente uno de estos materiales ya que tanta información podría ser abrumadora y golpearlos como si lo hiciera con una manguera de bomberos. Un goteo lento de sus materiales de apoyo es más eficaz, ya que la mayoría de la gente tiene muy poca capacidad de concentración.

Si va a referir a sus prospectos a un sitio web complejo, dígales exactamente dónde hallar los elementos más importantes tales como el plan de compensación y la lista de productos. Si usted puede conectarse a internet a medida que les va explicando, llévelos por todas las partes de su sitio web y destaque los aspectos más importantes. Más tarde ellos se pasearán por todo el sitio por su propia cuenta, pero, por el momento, usted quiere llegar a conocerlos mejor y presentarles los beneficios básicos de su empresa, productos y plan de compensación.

Secreto #4:
Dele credibilidad y entusiasmo a su producto

Toda su presentación debe centrarse en dos puntos: la *oportunidad del negocio* y los *productos tangibles y/o servicios* y todo lo que benefician a su prospecto. De la calidad de los productos depende todo el negocio. Sin ofertas que valgan la pena y que atraigan a la gente día tras día en los próximos años, su negocio tambaleará. No es posible construir un buen canal de distribución con productos o bienes de segunda categoría. Usted debe estar distribuyendo productos altamente efectivos y a precios justos; nuestro negocio depende del mercadeo boca a boca a través de relaciones interpersonales.

Todas las empresas necesitan por lo menos un producto "estrella" -algo que a la gente le guste tanto que quiera hablar de él con sus familiares y amigos, lo cual elevará su volumen de ventas. Debe ser un producto único, patentado y con un propietario —lo que significa que la gente no debe encontrarlo en las tiendas. Usted se irá a la quiebra si su producto está disponible a través de venta al por menor en puntos de venta. Consiga una buena empresa que lo respalde en ese sentido.

No hay nada más importante que su confianza en sus productos. Sin la capacidad de ofrecer algo que las masas demandan, su negocio simplemente no despegará. La mayoría de las personas tiende a estudiar en exceso los ingredientes de sus productos así como sus componentes y los procesos de fabricación en lugar de utilizarlos y dar sus propios testimonios sobre los *resultados*. Una vez que usted sea su mejor cliente, venderá una gran cantidad de productos y convencerá a mucha más gente a hacer lo mismo.

Secreto #5:
Demuestre cómo ganar mucho dinero y obtener ingresos a largo plazo

Es importante simplificar cualquier discusión acerca del plan de compensación. Piense en lo que realmente necesitan y quieren saber sus prospectos: "¿Cómo ganar dinero? ¿Cuánto ganarán y qué tan rápido?" Ellos también quieren oír hablar de un ingreso residual con un potencial interesante y a largo plazo. Limítese a abordar estas cuestiones; no aburra a la gente con una guía detallada de su plan. Ellos mismos lo revisarán en detalle más adelante y lo llamarán si tienen preguntas.

Tenga en cuenta que las historias funcionan en todos los aspectos de su presentación, incluyendo aquellas sobre la capacidad para ganar dinero. Sin embargo, manténgalas reales; no construya falsas expectativas en cuanto a la velocidad con la que sus prospectos ganarán mucho dinero. Todos sabemos que un negocio legítimo requiere de trabajo duro, del desarrollo de habilidades y de perseverancia. Las empresas de mercadeo en red legítimas no son adecuadas para las personas que quieren dinero fácil y rápido; y si eso es lo que desean, deberán buscar fortuna en otra parte.

Secreto # 6: Continúe avanzando en el proceso

Al término de su presentación, pídales a sus prospectos qué hagan las preguntas que tengan. Respóndalas lo mejor posible y expréseles que le gustaría presentarles a un líder de su equipo que goza de todo su respeto para que él o ella también les dé su propia perspectiva. Si ya les ha dado la cantidad de información necesaria y el tiempo parece el adecuado, no dude en decir en algún momento durante su discurso: "Creo que sería una buena idea que hablen con mi socio ya que él lleva en este negocio el mismo tiempo que yo. Si ustedes tienen unos pocos minutos más, voy a contactarlo vía telefónica". A continuación, explíqueles por qué respeta a esa persona. Usted desea que sus posibles socios sepan que van a ser parte de un gran equipo si deciden vincularse.

No termine esta parte de la presentación sin hablar del alto nivel de compromiso que necesitarán sus prospectos en relación con el siguiente paso, ya sea que se trate de cumplir con su jefe de equipo, visitar sitios web adicionales, escuchar una oportunidad de negocio o que le acompañen a una reunión. En este punto, usted está entrando en la cuarta habilidad crucial en este ejercicio de la creación de redes de contacto: hacer seguimiento o validar información.

Habilidad # 4:
Saber hacer seguimiento y validar información

Las personas generalmente aceptan que para establecer confianza se requiere de varias interacciones y reuniones puesto que ese es un proceso que no sucede de la noche a la mañana. La *validación* es el proceso por el cual usted proporciona una prueba más de la eficacia de la empresa, de los productos y de su equipo, junto con la evidencia de que esta es una aventura para quienes quieran unírsele, *si* están dispuestos a trabajar duro y a adquirir los conocimientos adecuados. Todo el proceso está diseñado para aumentar el entusiasmo de los prospectos hacia lo que están aprendiendo.

Secretos para hacer un seguimiento o validación efectivos

Algunos dueños de negocios descuidan el proceso de hacerles seguimiento a sus prospectos porque no son lo suficientemente disciplinados para programarse y devolver las llamadas que reciben, ya sea al final de su última reunión o dentro de las 24 horas del contacto inicial. Pero los prospectos también son a menudo dispersos en su enfoque y es responsabilidad nuestra como propietarios de nuestro negocio ayudarles a permanecer enfocados y a que ejecuten su labor hasta ver resultados. Cuando usted no les hace un seguimiento puntual, ellos suponen que usted no es serio acerca de su negocio. Durante esta fase es vital mantener en mente la siguiente frase: "La fortuna está en el seguimiento".

Secreto #1:
Aporte más pruebas

La validación implica proveer una "prueba" adicional y para eso se requiere que sintonicemos toda nuestra atención en las necesidades de nuestros prospectos. Podría implicar simplemente dirigirlos a un sitio web diferente, darles un folleto, un CD, testimonios, estadísticas de crecimiento, llamadas para ofrecer la oportunidad del negocio o publicaciones; o podría requerir darles muestras de los productos. Normalmente, se tarda varias reuniones, discusiones y fuentes de información antes de que los prospectos tengan todo lo que necesitan para tomar la decisión de unirse o no al negocio.

Secreto #2:
Organice una llamada de validación
con un líder destacado

Una de las herramientas más importantes que puede utilizar es una llamada de validación mediante la participación del líder principal de su equipo ya que él o ella generan más credibilidad. Los prospectos se sienten atraídos por un equipo fuerte cuando se dan cuenta de que un líder de alta calidad estará disponible para ayudarles con sus llamadas de validación para definir si sus propios prospectos quieren o no unirse al negocio. A través de este contacto ellos entenderán que van a estar en un negocio que es *para* sí mismos pero no *por* sí mismos.

Uno error común que los vendedores de mercadeo en red cometen durante esta fase es tratar de ir por su cuenta en lugar de involucrar a un miembro competente del equipo para que lo asista durante el proceso de validación. Esto es necesario en cualquier punto de su carrera del mercadeo, independientemente de cuánto tiempo lleve usted en el negocio.

Hable con su líder y acuerden si usted debe estar presente en estas llamadas de validación. Algunos líderes prefieren que usted no esté y le pedirán que les deje un mensaje a sus prospectos y ellos mismos serán quienes los contactarán. Esto sería lamentable porque estar presente durante estas llamadas brinda excelente formación. Usted necesita aprender el proceso para que los dos se sientan satisfechos. Si usted participa en esas llamadas, absténgase de hablar demasiado. Presente a su líder y esté dispuesto a participar solo cuando él o ella le pidan que lo haga. Su función es hacer la introducción y luego escuchar y aprender. Una vez que haya participado en aproximadamente 15 o más de estas llamadas, usted ya estará listo para llevar a cabo sus propias validaciones y las de los miembros de su equipo. Sin embargo, siga pidiéndole a su líder en línea ascendente que participe como tercera parte en la validación de sus prospectos.

Secreto #3:
Haga las preguntas correctas para animar a sus prospectos a tomar una decisión

Otro elemento importante del proceso de validación es hacer preguntas. Hay momentos en que es una buena idea "probar las aguas" para ver dónde está su prospecto en términos de tomar una decisión. ¿Cómo hacer para manejar eso? Elija una de las siguientes preguntas basándose en su relación con su prospecto con el fin de determinar en qué necesita ayuda:

- ¿Que te gustaría hacer ahora?
- ¿Qué más necesitas para tomar una decisión?
- ¿En una escala de 1 a 10, qué tan cerca estás en este momento para empezar?
- ¿Qué necesitas para llegar al 10?
- ¿Qué piensas?
- ¿Cómo te sientes en este momento con respecto a esto? ¿No es emocionante?
- ¿Dónde crees que encajarías?
- ¿Estás listo para empezar?

Habilidad #5:
Sostener y liderar a su equipo de trabajo

El liderazgo es absolutamente crucial para apoyar a su equipo, —y sobre esto aprenderá más en los próximos dos capítulos dedicados a ese tema. (Nota: gran parte de este libro trata sobre liderazgo lo cual indica el grado de valor y la importancia que este tiene en el mundo del mercadeo en red). Liderar voluntarios es muy diferente a liderar dentro de una estructura jerárquica.

Secretos para brindar apoyo efectivo

Secreto #1:
Ayúdeles a los nuevos miembros de su equipo a comenzar de inmediato

Su papel como líder es crítico en cuanto a ayudarles a los miembros de su equipo a empezar a trabajar de inmediato y de la manera correcta. Además, les servirá como su entrenador a medida que ellos comiencen a desarrollar habilidades para exponer, invitar, presentar y validar. (El líder de su equipo en línea ascendente se encargará de ayudarle hasta que usted sea lo suficientemente competente para hacerlo. Además, la mayoría de las empresas cuenta con programas de formación que brindan soporte en este aspecto).

No es sabio subestimar la importancia de ofrecer apoyo fiable puesto que la mayoría de los nuevos propietarios de negocios que son dejados a su suerte por lo general fracasa. Su objetivo tiene un doble propósito: enseñarles a "nadar" y ayudarles a desarrollar confianza y resistencia.

Secreto #2:
Conduzca una sesión sobre estrategias

Los nuevos líderes deben pedirle a su jefe de equipo que participe con ellos en una sesión de estrategias que esté enfocada de manera específica en los nuevos socios con el propósito de ayudarlos a aprender a hacer lo siguiente:

- Acceder a entrenamientos bien sea a nivel de empresa o con el líder del equipo.

- Saber encontrar los recursos más importantes y estar listos para cuando reciban sus llamadas y tengan que programarse para visitar a sus propios prospectos.

- Conocer a sus mejores líderes en línea ascendente (pedirles sus números telefónicos y cualquier otra forma de contacto).

- Clarificar su visión, sus "por qué" y sus objetivos para dentro de uno a tres años a partir de la fecha. (Es importante preguntarles: "¿Dónde se ve usted dentro de un año? ¿Qué lo impulsa a hacer este negocio? —si es que usted aún no lo sabe).

- Determinar si sus expectativas son realistas en relación con su compromiso de tiempo y con el nivel de sus habilidades.

- Escribir su lista de sus 25 contactos más cercanos a los cuales deberían agregar y por qué.

- Practicar el proceso de invitación. (Programar sesiones para practicar con usted o con su líder en línea ascendente).

- Seleccionar sus primeros dos o más socios de negocios y luego ayudarlos a hacer lo mismo.

- Utilizar los recursos de este libro.

- Completar el ciclo de sus primeros 90 días, tal y como usted lo está haciendo (Ver la siguiente sección).

Secreto #3:
Enséñeles la importancia de hacer "lo que deben hacer"

Por último, al entrenar a los miembros de su equipo, para ayudarles a reducir su ansiedad y a mejorar las posibilidades de que obtengan resultados positivos a largo plazo, usted debe animarles a adoptar este enfoque: "No estoy aquí para determinar si este negocio es adecuado para usted o no. Eso es algo que a usted le corresponde investigar. Puede o no ser para su beneficio, pero nunca lo sabrá hasta que no haga todo lo que tiene que hacer para que le funcione".

La estrategia de los 90 días

El objetivo de un plan de juego de 90 días es programar un período de tiempo durante el cual usted se concentre en el desarrollo de su negocio. Tenga en cuenta que Sísifo impulsaba siempre la roca cuesta arriba y hacía todo el esfuerzo concentrado que necesitaba para superar la inercia y conseguir que la bola rodara hasta la cima. Eso mismo es aplicable al plan de juego de 90 días. Se requiere de un tremendo esfuerzo para poner en marcha su negocio, pero una vez que esté andando, el impulso lo acelerará y usted podrá seguir adelante.

La gente tiende a responder bien a ciclos de 90 días de esfuerzo concentrado cuando se trata de un plan para bajar de peso o construir un negocio. Para la mayoría, tres meses es tiempo suficiente para adoptar los hábitos profesionales requeridos para construir una red, reclutar socios de negocios y clientes al por menor, y apoyar a su equipo. Una vez que estas habilidades se le vuelvan habituales, usted será capaz de iniciar y mantener un negocio lucrativo.

Cómo sostener su negocio

Este proceso de 10 pasos le ayudará a iniciar su negocio y a mantenerse enfocado y consistente cada 90 días. Utilice este mismo proceso con su equipo:

1. Anote una descripción detallada de cómo será su negocio dentro de 90 días a partir de su fecha de lanzamiento/relanzamiento.

2. Haga su descripción siendo específico en cuanto a cómo se verá en 30 y 60 días a partir de la fecha de lanzamiento. Incluya lo siguiente:

   • La cantidad de dinero que estará ganando.

   • El número de socios que tendrá.

   • El tamaño de su equipo.

   • Su nivel de avance y el de sus socios más destacados.

   • La cantidad de socios y miembros del equipo que lo acompañarán en la próxima reunión o convención de la empresa.

3. Elija un socio al cual usted admire; alguien que también esté haciendo el lanzamiento o relanzamiento de su negocio en un plan de 90 días. Apóyense y hagan rendición de cuentas mutuas.

4. Comparta sus metas con su socio o con alguna persona de su confianza con el fin de que le ayude a comprometerse a cumplirlas.

5. Divida cada una de sus metas en actividades específicas que le ayuden a cumplirlas más fácilmente. Céntrese en el número de exposiciones/invitaciones que hará a diario. Una vez que las haya hecho, lleve también el registro del número de presentaciones, de todos sus nuevos clientes y socios del negocio, así

como un estudio de factibilidad utilizando la hoja de trabajo al final de este capítulo.

6. Programe en su calendario cuáles serán los bloques diarios del tiempo que utilizará en la construcción de su negocio.

7. Use la lista de control de tareas proporcionada en la Tabla 10.1 para hacerle seguimiento a su progreso. Recuerde que la retroalimentación nos mantiene en el camino indicado.

8. Escuche, vea y/o lea materiales que le sirvan de inspiración para mantener su impulso diario.

9. Celebre sus éxitos, meta a meta, y también los de sus asociados.

10. Como líder, demuéstrele a su equipo cómo poner en marcha y reanudar sus actividades cada 90 días.

Se necesitan por lo menos 90 días para establecer firmemente los hábitos imprescindibles para la construcción de un negocio altamente productivo. Una vez usted los haya adquirido e implementado, tendrá todas las habilidades, las perspectivas y la actitud necesaria para conseguir toda la independencia financiera y la vida de abundancia con las que siempre soñó.

MARK YARNELL · VALERIE BATES · DEREK HALL · SHELBY HALL

Tabla 10.1 Lista de control de tareas

Día	Cantidad de invitaciones/ exposiciones	Cantidad de presentaciones	Cantidad de validaciones	Cantidad de clientes	Cantidad de asociados
1.					
2.					
3.					
4.					
5.					
6.					
7.					
8.					
9.					
10.					
11.					
12.					
13.					
14.					
15.					
16.					
17.					
18.					
19.					
20.					
21.					
22.					
23.					
24.					
25.					
26.					
27.					
28.					
29.					
30.					
31.					

Capítulo 11

Cómo identificar gente y circunstancias que minen su potencial

Mark Yarnell

E s sorprendente observar la enorme cantidad de gente tóxica que hay por todas partes del mundo —tanto aquellos que no pretenden herirnos a propósito como quienes se deleitan en el hacerlo. También existen acciones tóxicas, algunas de las cuales muchos de nosotros nunca parecemos recuperarnos. Muchos grandes hombres y mujeres han ingresado a formar parte de nuestra profesión y renuncian tan pronto como se encuentran con lo que estoy próximo a describir en este capítulo con el fin de que sirva como herramienta para ayudarnos a anticipar, eliminar y enfrentarnos a semejantes obstáculos.

Analice la siguiente metáfora, bastante adecuada para lo que quiero decir. La llamo "El campo minado" y hace parte de mi último trabajo con Valerie, *The Holy Grail of Network Marketing*.

Supongamos que usted y yo, junto con otras 20 personas, estamos parados al extremo de un campo maravillo; su verdor es tan extenso como la vista lo permite y largas espigas de trigo se mueven al ritmo de una suave brisa. El día es soleado; la temperatura está en 72 grados; el Arco Iris se dibuja en la distancia y tenemos un guía turístico responsable de asistirnos durante la caminata de una milla hasta atravesar el campo. Al otro extremo, bajo el glorioso arco, está la proverbial olla con monedas de oro —con su nombre inscrito en ella.

Nuestro guía nos entrega un par de binoculares a cada uno de nosotros para que apreciemos más de cerca el arcoíris y es así como nos damos cuenta que la historia de la olla repleta de monedas de oro es cierta. De hecho, hay varias ollas y cada una de ellas contiene $28 millones de dólares. También vemos un grupo enorme de gente muy bien vestida que ya llegó allá; cerca a ellos hay una cantidad de carros lujosos que parecen pertenecerles y están parqueados en un enorme estacionamiento. Cada persona al otro lado del arco está sonriéndonos o saludándonos con la mano y varias sostienen un letrero que dice: "¡Usted también puede lograrlo! ¡Venga con nosotros!"

El guía turístico nos da unas instrucciones muy sencillas: cruzar el campo tan rápido o tan despacio como queramos y reclamar los $28 millones cuando lleguemos. El campo mide una milla cuadrada. Al comienzo, todos nos quedamos mirándonos unos a otros con gran desconcierto hasta que en algún momento alguien comienza a correr, seguido de otros más.

De repente, se escuchan dos pequeñas explosiones. Quienes no habíamos comenzado a atravesar el campo observamos que había partes de cuerpos volando por el aire en medio de una espesa nube de humo. Mientras mirábamos la escena horrorizados, el guía nos dijo: "Oh, se me olvidó decirles que hay unas cuantas minas enterradas en el campo. Es posible que algunos de ustedes sufran amputaciones durante el viaje. Habrán notado que varias personas que ya están al otro lado del campo no tienen brazos, piernas o pies. Pero les prometo que hasta el momento nadie ha muerto —y hubo quienes pasaron ¡sin tropezar con ninguna mina! Y los que perdieron partes de su cuerpo afirman que sus $28 millones valieron la pena. "¡Así que a correr!"

¿Cómo reaccionaría usted ante ese panorama? Es muy probable que la mayoría de la gente se aleje de allí perturbada y que otros se queden reflexionando y midiendo las consecuencias. No hay duda de que unos pocos muy inteligentes invertirán el tiempo necesario para estudiar, reconocer y prevenir dónde hay minas antes de intentar cruzar el campo. Y aquellos que decidan cruzar se asegurarán de que el guía sea un experto en el terreno y que no le haga falta ninguna de sus partes. La mayoría de nosotros no correría el riesgo de ir detrás de una persona que logró llegar viva e intacta al otro extremo tan solo porque "tuvo suerte", —sin tener en cuenta el hecho de que nosotros también podamos cometer algún error en el camino.

Bienvenido al maravilloso mundo del mercadeo en red. Y, aunque jamás he conocido a nadie que haya perdido alguna extremidad trabajando en este campo, sí me he encontrado con más de unas cuantas pobres almas que perdieron su autoestima, sus familias y amistades y que vieron esfumarse todos sus sueños y metas. Algunos eran doctores y abogados altamente educados; otros, ejecutivos exitosos o atletas de renombre y muy bien reconocidos; también había vendedores con muchas habilidades y enormes comisiones; otros fueron dueños de grandes y exitosas empresas. Sin embargo, la mayoría estaba compuesta por hombres honestos y muy trabajadores y por mujeres que estaban procurando progresar. Muchos eran más talentosos que otros y contaban con las capacidades necesarias para triunfar.

Sin embargo, todos fracasaron, y por una simple razón: nadie les advirtió que encontrarían terrenos tóxicos a lo largo del camino y tampoco les explicaron cómo sobrevivir en esos casos. Por lo tanto, partieron hacia sus metas sin la habilidad de prevenir, reconocer y sobreponerse a los obstáculos que enfrentarían durante su jornada por el mercadeo en red.

Mi propósito al escribir este capítulo es que usted aprenda cómo hacer todo lo que acabo de mencionar: prevenir, reconocer y esquivar esos campos minados y no cometer errores; el terreno del mercadeo en red está cargado de minas y solo porque usted no las ve, no significa que no estén allí.

No digo esto para asustarlo ni intimidarlo porque, aunque usted está rodeado de minas, estas son fáciles de enfrentar una vez que ya sepa con exactitud cómo son y cómo prevenirlas.

Piense en lo siguiente: millones de personas jugarán 18 hoyos de golf esta semana. Muchas utilizarán los mejores equipos que el dinero pueda comprar y, sin embargo, no intentarán jamás hacer parte de la PGA ni participar en un torneo, ni nadie va a criticarlas por no tener el deseo de convertirse en profesionales del golf. Con el mercadeo en red ocurre algo bastante similar. Algunos hacen los sacrificios necesarios para ganar grandes cantidades de dinero, pero otros se sienten felices con el simple hecho de disfrutar el juego. Quienes de verdad llegan a la cima de cualquier profesión deben desarrollar las habilidades que la mayoría de la gente nunca intentará perfeccionar.

Este capítulo se enfoca en dos hechos inevitables y bien documentados. El primero es que, como lo afirmé hace un momento, en esta industria existen campos minados por todas partes y tienen forma de personas y circunstancias tóxicas. El segundo es que esos campos minados están programados para detonarse en distintos momentos, según sea el camino que escojamos. Eso significa que cualquiera, sin tener en cuenta su experiencia, podría pararse sobre alguna de esas minas en el momento menos esperado. A eso se debe que, tanto reclutas como veteranos deban aprender a prevenirlas y a esquivarlas, independientemente de dónde y cuándo aparezcan.

Entre los numerosos triunfadores que he conocido a lo largo de los años ha ido quedando definido a nivel mundial la idea aceptada de que hay cinco pasos que deben tenerse en cuenta al construir un negocio de mercadeo en red lucrativo. Fuera del tipo de empresa, de los productos, del plan de compensación y del equipo administrativo, los dueños de negocios en este campo deben saber realizar a la perfección cinco tareas que les ayudarán a triunfar: exponer, presentar, validar, reclutar y brindar apoyo.

La razón por la cual nadie está exento de los campos minados es porque estos pueden reventar durante cualquiera de estos cinco pasos. Mientras más progresamos en el proceso de reclutamiento, mayor es la posibilidad de exponernos a estas bien camufladas bombas —esa es la naturaleza humana. Tendemos a ignorarlas porque parece como si quisiéramos proteger nuestra inversión —todo el esfuerzo y tiempo invertidos con un determinado prospecto.

Los científicos le llaman a esta tendencia *aversión a la pérdida* y es la misma característica que hace que algunos inversionistas racionales quieran conservar sus inversiones aun después de que se han devaluado; se les dificulta desprenderse de sus propiedades y algunos hasta se convencen a sí mismos de que la compañía en la que han invertido se recuperará, incluso después de que sus dueños ya están en la cárcel. Como tal, entre más tiempo invierten en sus nuevos socios de negocios, más dificultad les cuesta reconocer que perdieron y seguir adelante. Sin embargo, si usted quiere ganar grandes sumas de dinero, debe tener la voluntad de alejarse de gente y circunstancias tóxicas tan pronto como las detecte y le sea posible.

Barriendo los campos minados

Mi esperanza es que barriendo estos campos minados y proveyéndole algunas estrategias de sobrevivencia lo motivaré a esquivarlas y continuar adelante. Debido a que algunos de estos campos son más difíciles de identificar a medida que avanzamos en el proceso de los cinco pasos, es muy frecuente que algunas personas no los descubran hasta llegar a la última etapa, la de brindar ayuda o soporte. Es allí donde las minas suelen estallar y causar mayores daños, incluso a veteranos en el campo. Mi propósito a este punto es protegerlo lo mejor posible de estos campos tóxicos.

Campo minado #1:
Las actividades irrelevantes

El cerebro y la conducta del ser humano son tan enredados como los de otros animales. Nos encantan los premios y repetimos conductas, sobre todo cuando ellas nos generan esos premios que tanto nos gustan. Desde el punto de vista científico, cuando experimentamos el placer producido por la dopamina que genera nuestro cerebro, buscamos esa misma recompensa repitiendo la conducta que la produjo. Muchos especialistas en adicciones han aprendido con el paso de los años que la gente con una capacidad de autocontrol saludable también tiene la capacidad para alejarse de sustancias que alteren su conducta, como el alcohol y la cocaína; por desgracia, muchas otras no pueden. Y allí está el peligro.

Las drogas y el alcohol parecen ser una gran "terapia" hasta que quienes los usan pierden el control de su voluntad, y esto ocurre con frecuencia cuando ellos necesitan más de lo que sea que están consumiendo para experimentar ese mismo nivel de euforia. Sin embargo, la sustancia adictiva que causa mayores estragos en los profesionales de hoy no es una droga ni ningún tipo de bebida en particular; se trata de los teléfonos celulares. Estos son medios de comunicación maravillosos hasta que la gente pierde la habilidad de usarlos sabiamente. El problema es sencillo: cuando alguna clase de ruido —una campana o una vibración, por ejemplo— anuncia una llamada entrante, esa señal genera determinada cantidad de dopamina en el cerebro o el deseo de un premio. Es decir que, entre más sonidos y vibraciones recibamos, más tendemos a repetir la conducta que amerita ese premio. De hecho, necesitamos repetirla continuamente con tal de recibir el tan anhelado premio.

Sin tener en cuenta su utilidad ocasional y su valor, muchos artefactos inalámbricos tienden a causar un problema evidente: le hacen perder su tiempo y afectan su nivel de productividad; a cambio, lo premian por involucrarse en las que yo llamo *actividades irrelevantes*. Nadie tiene una necesidad real de comunicarse con las mismas 3 o 10 personas 200 veces al día; el único valor de hacerlo es sentir la satisfacción producida por la dopamina generada ante esa conducta.

Le haré un reto: apague su celular durante un par de horas diarias y comuníquese en persona con sus prospectos para compartirles la oportunidad de negocio. Si usted cree que esta tendencia a darles valor a estas actividades irrelevantes no es un problema, préstele atención a la gente en un centro comercial, en un aeropuerto o en un lugar público durante una hora. Rápidamente observará que los más adictos no le prestan atención a otra cosa que que no sea la pequeña pantalla de su celular o de su artefacto electrónico favorito. Estos artefactos tienen la capacidad de viciar su carrera —pero solo si usted los deja.

Cualquier profesión con el potencial de un ingreso ilimitado requiere de enfoque. Por esto es tan importante apagar a diario sus artefactos inalámbricos durante un horario específico. Apáguelos todos al mismo tiempo y no se extrañe si se siente incómodo al hacerlo. Esa es la naturaleza de una adicción. Se llama ansiedad, pero la superará —se lo prometo.

Campo minado #2:
El relinche de las mulas

Utilizo "mula" para describir a los individuos que desde el ámbito de sus carreras se dedican a relincharles a los novatos en el mercadeo en red. Son gente que no tiene nada que aportar, ni cuenta con el coraje de admitir que no sabe triunfar si no se adhiere a alguna clase de estructura laboral impuesta. Las mulas intentan robarles sus sueños a los demás haciendo comentarios negativos con el único propósito de desanimarlos. Algunas lo hacen porque sienten envidia cuando se dan cuenta de que no tienen el coraje que se requiere para, por lo menos intentar, hacer mercadeo en red.

Cuando esta clase de individuos —ya sean extraños, miembros de la familia o amigos— comiencen a relincharle, solo hay una cosa que usted debe hacer: no prestarles atención y seguir adelante. Este tipo de personas está cargado de la frustración que le produce su falta de voluntad para aprender las habilidades necesarias para triunfar sin tener que estar recibiendo palazos para avanzar. Los dueños de negocios independientes que apenas están comenzando tienen que saber cómo reconocer el bombardeo de las personas con mentalidad de mulas o de lo contrario se dejarán confundir por ellas.

El problema de una mula es bastante sencillo: necesita una estructura sobre la cual moverse y motivación externa. Las mulas humanas responden a sus jefes, a sus lugares de trabajo, a sus compromisos prestablecidos y a sus sueldos fijos; se sienten extremadamente asustadas ante la idea de adquirir responsabilidad propia y libertad. Y lo que es peor, sienten mucha envidia hacia quienes se atreven a convertirse en caballos de carreras. Y en lugar de tomar la valiente decisión de actuar como un empresario triunfador e intentar surgir afrontando riesgos, sacrificios y esfuerzos, las mulas suelen encontrar comodidad procurando incomodar por todos los medios a quienes sí se atreven a soñar.

Algunas mulas creen que de alguna manera son mejores cuando derriban a un caballo de carreras. La buena noticia es que, una vez que los novatos del mercadeo en red están preparados para identificarlas y evitarlas, nunca se dejarán vencer por ellas.

Todas las mulas parecen tener en común la cualidad de la terquedad. Incluso si no saben absolutamente nada acerca de nuestra industria, de nuestros productos, ni de las compañías que forman parte del mercadeo en red, de alguna manera están en contra de todo lo que nosotros promovemos. Las mulas no saben ser racionales porque solo quieren ser ruidosas, negativas y abrasivas. Su única meta es pararse en algún lugar y tratar de hacer caer a todo el que pase por allí desprevenido.

MARK YARNELL · VALERIE BATES · DEREK HALL · SHELBY HALL

Las mulas también se conocen por morder a sus propietarios cada vez que tengan la oportunidad. Por eso es que los novatos obviamente inexpertos necesitan estar alerta con respecto a trabajar cerca de ellas: incluso las que se unen al negocio y pretenden estar interesadas también pueden resultar nocivas para todo el equipo debido a su negativismo y a su costumbre de atacar por la espalda.

Quienes se gozan matándoles sus sueños a los demás son una pérdida de tiempo para todo el mundo. Cuando usted se encuentra por primera vez con esta clase de gente tan negativa, la única opción que tiene es alejarse lo más pronto posible puesto que esa personas, no solo son incapaces de triunfar en esta industria, sino que disfrutan causando el caos y generando dudas entre los demás.

Yo crecí en los campos de Missouri y estuve toda mi niñez entre mulas; son animales tercos y frustrantes. Pero lo que más me molestaba de ellos no tiene nada que ver con su terquedad. Para mí, lo peor de las mulas era que yo nunca podía predecir cuándo alguna de ellas me iba a morder en la cola sin razón alguna. (Quizás muerden porque están molestas por su realidad biológica de no poder reproducirse). Lo mismo ocurre con las mulas que existen en el campo del mercadeo en red. Mientras usted las premie con palabras amables, ellas comerán de la palma de su mano, pero, si les da la espalda, aténgase a las consecuencias.

Quédese en el campo del mercadeo en red durante el tiempo suficiente y encontrará mulas de pura sangre, créame. No se asombre con la cantidad de mulas que se encuentre por el camino. Ellas no aceptan que nacieron mulas; y nosotros debemos recordar que jamás podremos entrenarlas para que participen, ni mucho menos para que sean ganadoras del Kentucky Derby.

Campo minado #3:
El que no está neurológicamente
dotado para el mercadeo en red

Según aquellos que le han dedicado toda su carrera a los estudios neurológicos y al conocimiento del cerebro, tanto como el 50% de los seres humanos no está cableado desde el punto de vista cognitivo para convertirse en empresario. Ellos no pueden —ni *podrán*— construir un negocio de mercadeo en red.

El reconocido sicólogo de Stanford, Dr. Albert Bandura, nos confirmó esta opinión a mis socios y a mí en alguna ocasión en la que pasamos todo el día con él en Palo Alto, California. Disfrutamos de toda su atención durante ocho horas en las cuales aprendimos mucho con respecto a lo que lleva al ser humano a conseguir su fortuna personal y a ser eficaz. Lo que nos pareció más interesante fue la conclusión que él obtuvo de su investigación, la cual sostiene que no es solamente cuestión de elección personal, sino que además tiene que ver con la manera en que está ensamblado nuestro cableado neurológico.

Los empresarios novatos deben tener en cuenta dos aspectos con respecto a sus prospectos, si quieren evitar la mina neurológica. Primero, la mitad de la gente a la cual ellos se aproximan jamás va a ser parte del mundo del mercadeo en red. Segundo, la mayoría de aquellos que no pueden lograrlo culparan a la profesión antes que admitir sus propias falencias y temores. Comprender esos dos puntos les permitirá a los dueños de negocios anticipar y reconocer lo que en realidad está ocurriendo cuando la mitad de la gente que ellos contactan de inmediato se resiste o se niega a conocer este negocio.

Así es como funciona: digamos que nos aproximamos a una mujer que parece muy conversadora y extrovertida. Ella está usando un Rolex o ropa muy costosa y da la impresión de ser exitosa. Entonces pensamos que es una candidata fija para formar parte de nuestro negocio y que sería un miembro de mucho valor para el equipo, ¿correcto? No necesariamente. Ella es una mujer con un Rolex que a lo mejor no está capacitada para ejecutar ninguna tarea sin recibir instrucción o supervisión. Es posible que se trate de una representante muy capaz en el área de mercadeo; que pertenece a una compañía de *Fortuna 500*; que ha triunfado debido a unas citas previas y unos líderes efectivos; que cuenta con una oficina muy cómoda en un territorio asignado.

A simple vista nos es fácil concluir que ella está cableada neurológicamente para triunfar como empresaria debido a su apariencia y a la confianza que proyecta. Primero, ella no sabe que no sabe cómo ser una empresaria —lo cual se conoce como *incompetencia inconsciente*. E incluso si ella pudiera aceptar por completo sus limitaciones, no sería capaz de admitirlas frente a un extraño, y ni siquiera frente a un amigo, sino que mantendría su postura de autoconfianza, junto con su pose, hasta el fin; y, para evitar que los demás fijen su atención en sus debilidades, dirá que los esquemas de pirámide o los negocios en casa no van de acuerdo a su nivel profesional ni a su profesionalismo. En cambio, sí despreciará este enfoque y se reirá de él con indiferencia.

Y eso no siempre termina allí. De vez en cuando, tales detractores suelen sentir la necesidad de ridiculizar a los usuarios del mercadeo en red durante las conversaciones que sostienen sobre esta clase de oportunidad, como si de alguna manera, al hacerlo encubrieran los defectos de su propio carácter, sus temores e insuficiencias. Más que todas las otras minas terrestres, los nuevos usuarios de redes deben estar preparados para dejar de lado esta clase de mina porque inevitablemente saldrá a la superficie cuando ellos estén exponiéndoles la posibilidad del negocio a muchos de sus prospectos.

Como un nuevo miembro del mercadeo en red, acepte que la mitad de las personas a las que usted se acercará le dirá que no por el simple hecho de que no sabe cómo operar dentro de nuestro negocio. De la otra mitad, la que sí está cableada neurológicamente para ejercer nuestra profesión, la mayoría se sentirá muy cómoda en sus propias ocupaciones y rechazará su oferta. No deje que esas cifras y proporciones lo alteren porque un buen líder sabe cómo marcar una gran diferencia. Eso me pasó a mí, y les ha pasado a todos en mi línea ascendente.

Campo minado #4:
Las reuniones entre usuarios de redes

Durante los últimos años ha venido surgiendo un nuevo estilo de usuarios de las redes. No me estoy refiriendo a personas involucradas en el mercadeo en red, sino a usuarios comunes y corrientes de las redes. Debido a la reducción de empleos y a la enorme cantidad de gente que ha tenido que comenzar a trabajar subcontratada, muchos empresarios ingeniosos decidieron que sería rentable hacer reuniones para interactuar con otros empresarios que estuvieran en sus mismas circunstancias y de esta forma tener la opción de intercambiar información de mutuo interés e importancia para todos, como por ejemplo, cuál es la redacción efectiva de una hoja de vida. Fue así como fueron dándose cuenta poco a poco de que, si además invitaban a esas reuniones a algunos empleadores que estuvieran buscando personal, mayor sería la cantidad de gente que asistiría.

De hecho, este era un concepto viable puesto que las reuniones servían para planear actividades y concentrar a un grupo de individuos desempleados y vulnerables que tenía la esperanza de hacer conexiones que le permitiera encontrar trabajo. Por lo tanto, las empresas que estuvieran buscando personal de calidad también enviaban a sus representantes puesto que no había tanta competencia a la hora de contratar —dado que la cantidad de empleados en potencia por lo general excedía al número de empleadores en una proporción de cinco a uno respectivamente. Así como suele ocurrir en los concursos de belleza proverbiales entre niñas de cinco años, si usted pone pompones coloridos por todas partes, la gente se irá acercando.

Luego surgieron los usuarios de redes para empresarios bien calificados. Todo el que asiste a estas reuniones llevando a la mano una buena cantidad de tarjetas de negocios tiene la oportunidad de distribuirlas durante tres minutos entre todos los asistentes. Sin embargo el problema es que la mayoría llega con la misma intención: reclutar gente de otras empresas. Y por alguna razón, todos creen que son lo suficientemente astutos para reclutar a los demás sin que nadie los reclute a ellos. ¡Impensable!

Una de sus mejores decisiones en este campo del mercadeo en red es evitar esta clase de mina a toda costa. No se deje tentar por la curiosidad de asistir a esas reuniones en las cuales los usuarios de las redes vienen a establecer contactos con otros usuarios. Usted debería alertar a sus nuevos reclutas a huirles a esas reuniones como si fueran una plaga.

Las reuniones entre usuarios de redes fueron diseñadas con el propósito de ganar dinero, no de ayudar a la gente. Quienes las lideran no se despertaron una mañana con un deseo repentino de ayudar a los demás a establecer nuevas conexiones. De hecho, tan pronto como uno de los socios presentes consigue un empleo, jamás vuelve a tener la necesidad de asistir, lo cual es problemático para los organizadores que ganan dinero con base en el número de asistentes —no por la cantidad de gente que decidió no asistir.

Hablo desde mi propia experiencia. Yo asistí a varias de estas reuniones antes de darme cuenta de lo absurdas que son. Jamás logré reclutar a un profesional exitoso para que triunfara haciendo un gran trabajo en mi empresa. En pocas palabras, si usted quiere conocer sin ninguna intención a gente muy capacitada que asista a estas reuniones, mejor asista a la iglesia o a la sinagoga.

Campo minado #5:
El experto en los productos

Muchos creen que para tener éxito se requiere de un conocimiento bastante detallado de los productos o servicios que promueven. Eso es cierto en términos de utilizar los productos y de escuchar testimonios de otras personas que también los estén utilizando. Sin embargo, este criterio se convierte en un problema cuando los dueños de negocios exageran en querer aprender hasta los más mínimos detalles de sus productos o servicios y luego pretenden enseñárselos a sus equipos para que hagan lo mismo.

Tener conocimiento de lo que usted promueve es esencial. Sin embargo, no se vuelva obsesivo al respecto hasta llegar al caso de emplear su tiempo aprendiendo todos y cada uno de los detalles técnicos. Utilice los productos y familiarícese con ellos a través de su propia experiencia; luego hable de los grandes resultados que obtuvo. Los testimonios que usted dé con respecto a su eficacia tienen mucha importancia; pero tratar de convertirse en un experto en explicar cómo están formulados es una total distracción.

No todo el mundo está interesado en ganar arrumes de dinero. Algunos se unen a nuestra profesión para ser entrenadores o consejeros. A lo largo de los años he conocido muchos hombres y mujeres que se sienten muy contentos de conformar un pequeño grupo de miembros que aman sus productos y que disfrutan de una corta interacción social cada semana. El mercadeo en red también es un vehículo para este tipo de personas porque ellas tienen la oportunidad de socializar y compartir sus historias y anécdotas personales con respecto a sus experiencias con los productos.

Pero ¿qué ocurre cuando aquellos que se sienten motivados por ganar grandes sumas de dinero son reclutados en este tipo de grupo al que le encanta el "conocimiento sobre el producto"? Se frustran y renuncian o se revelan. Esto es problemático no solo para el líder del grupo, sino que también es una mala experiencia para el nuevo miembro que desea saber con avidez cómo conformar una enorme red y ganar sumas de dinero gigantescas.

Este campo minado es paradójico porque está disfrazado de fórmula para el éxito. El concepto de pequeños grupos que se reúnen una vez por semana, y que están enfocados de forma exclusiva en el producto, suele ser muy importante para la persona que entra al mundo del mercadeo en red como usuario del producto —alguien que ha experimentado resultados sorprendentes— o que ingresa sin el deseo desbordado de obtener monumentales sumas de dinero. Sin embargo, usted no necesita saber ni explicar todos los pormenores de cómo es el proceso mediante el cual los azúcares de la fruta se fraccionan y penetran la membrana celular cada vez que su cliente se toma un jugo producido por su empresa. Todo lo que usted necesita saber es que el producto funciona, que está marcando una diferencia en la vida de muchas personas y que además sus distribuidores están ganando ingresos interesantes mediante su distribución.

La cuestión es esta: es de conocimiento general que los productos que se venden a través del mercadeo en red con frecuencia son superiores a los que se encuentran en los almacenes de venta al por menor; que son producidos para gente que está dispuesta a unirse a nuestra industria recomendándoselos a otros posibles clientes. Infinidad de individuos se unen a este campo con el propósito de conseguir su fortuna y disfrutar de su tiempo libre, por lo tanto no están dispuestos a perder su tiempo aprendiendo datos técnicos que los conviertan en expertos del producto; ellos saben que un buen cheque surge de reclutar y vender al por menor y no de desarrollar un conocimiento complejo del producto. Sí, es vital sentir pasión por sus productos o servicios, pero esa pasión debe provenir de utilizarlos y no del conocimiento estricto de la manera en que están hechos y funcionan.

Usted necesita conseguir clientes. Entre más gente reclute, más clientes consigue. Si usted está frente a una verdadera oportunidad para construir un negocio de mercadeo en red, debe saber que, mientras más amplio sea su grupo, mayor será la cantidad de productos que lleguen a los hogares de sus clientes. Los distribuidores deben entender que, mientras más tiempo inviertan en adquirir conocimiento técnico sobre los productos, menos tiempo tendrán para reclutar nuevos empresarios de negocios independientes; y entre menos tiempo inviertan reclutando, más pequeño permanecerá a su grupo. Y los grupos pequeños distribuyen menos productos a los usuarios —lo cual genera cheques de cantidades menores para todos.

Si la meta es generar un buen cheque al final del mes, lo que usted tiene que hacer es muy simple: reclute más gente. Si la meta es socializar y adquirir todos los conocimientos posibles acerca del producto, organice un horario de sesiones semanales para cumplir con ese propósito.

Ya sea que usted ingrese a este negocio para experimentar un cambio de vida utilizando estos productos o que necesite generar un ingreso mayor, aun así sus productos llegarán a las manos de la gente que de verdad los necesita. Entonces, sin tener en cuenta cuáles sean sus motivos personales, su deseo de ayudarle a la gente es lo que le ayudará a construir su negocio. Así que aléjese del campo minado del conocimiento objetivo de los productos porque disminuirá sus ingresos y se retrasará en el cumplimiento de sus metas.

Campo minado #6:
Los métodos simplificados

De todos los campos tóxicos que minan el mundo del mercadeo en red, los métodos simplificados son el campo minado más peligroso porque se esconden *por todas partes* —sobre todo online. No importa qué tan brillante, exitoso y experto se vuelva usted en nuestra industria; esta bomba intentará bloquear de manera continua su camino al éxito hasta que usted no tome la firme decisión de eludirla.

No existen métodos simplificados para hacer empresa a través del modelo de mercadeo en red. Ni uno solo. Punto. Final de la historia. Esto no impide que mucha gente se pase toda una noche tratando de armar esta mina para instalarla frente a cualquier distribuidor vulnerable que todavía piense que de verdad hallará algún atajo para volverse rico más pronto. Tristemente, muchos son bastante ingenuos y creen en el cuento de hadas de que los métodos simplificados los ayudarán a triunfar más rápido que siguiendo la vía adecuada.

Habrá quien quiera presentarle estos métodos de manera que parezcan tan brillantes y fáciles de ejecutar que solo un tonto despreciaría la oportunidad de utilizarlos —y, como suele suceder, muchos caen en la trampa. En aras de prevenirlo para que no se convierta en uno de esos incautos, permítame informarle acerca de estas minas llamadas métodos simplificados, sobre las cuales algunos equipos han terminado cayendo.

En primer lugar, se produjo el método simplificado del infomercial. Luego fueron los estand de las ferias de la salud, seguidos por el concepto de las recaudaciones de fondos. Después fueron los vendedores vía telefónica instalados en sus atractivas cabinas dotadas de teléfonos a su disposición. Y después surgió el plan del regalo navideño corporativo y el plan de "venta al por menor en la vitrina de una farmacia". También surgieron las redes formadas por las listas genealógicas en línea descendente y los sitios de internet con dibujos animados. Después de esto, fueron los campamentos de fines de semana para hacer mercadeo en red que costaban $ 5.000 dólares y las celebridades que les hacían propaganda a determinados productos. Ni uno solo de estos métodos funcionó. Así que recuerde, la distancia más corta entre dos puntos es una línea recta. ¿La más larga? ¡Un zigzag!

El negocio del mercadeo en red demanda que usted establezca una enorme organización de empresarios dedicados y dispuestos a trabajar duro para distribuirles a los usuarios productos y servicios legítimos. No existen *atajos*. Hace algunos años le ofrecí una cantidad significativa de dinero a todo el empresario que estuviera vinculado en el mercadeo en red y que lograra construir un grupo del mismo tamaño del que teníamos en ese momento utilizando métodos simplificados. Nadie ni siquiera ha intentado cobrar el premio. ¿Por qué? Porque todos sabemos que los atajos no funcionan en este negocio. Hay muchas maneras de cortar camino para hacer una venta, por supuesto; lo que ocurre es que ninguna de ellas funciona.

Es difícil convencer a la gente nueva en el negocio para que evite los atajos porque, como su líder, usted todavía no tiene ningún poder sobre la fuerza de voluntad de los nuevos miembros de su equipo y los atajos suelen ser muy atractivos. Por eso, insístales que sigan *únicamente* a los líderes de su empresa.

Recuerde esto por encima de todas las cosas: no existen atajos para conseguir una fortuna en el mundo del mercadeo en red. La única manera de disfrutar de los beneficios de este negocio es hacer todo el trabajo arduo que se requiere para triunfar.

Campo tóxico #7:
El exceso de preparación y organización

No hay nada de malo en querer prepararse y ser organizado. Sin embargo, en nuestra profesión, para alcanzar éxitos y disfrutar de una buena fortuna no se requiere del uso extremo de ninguna de estas dos cualidades. Algunas personas se atascan en el momento de comenzar su negocio y en lugar de dedicarse a trabajar de inmediato muchos nuevos dueños se consagran a estudiar e investigar; a programar sus computadores, organizar sus oficinas, escuchar sus CD, legajar su papelería;

su objetivo primordial se les convierte en aprender cada vez más y organizarse cada vez mejor en lugar de enfocarse sobre todo en reclutar y hacer ventas al por menor.

Por supuesto que hay cantidad de empresas dedicadas a vivir de ese tipo de empresarios que prefieren estudiar y especular que ejecutar. De esas hay bastantes en internet. No es sino que le eche un vistazo a nuestra industria y encontrará empresas que ofrecen todas las herramientas organizacionales que este tipo de empresario cuya manía de organizar y prepararse le hace perder dinero, tiempo y esfuerzo.

Los nuevos empresarios del mercadeo en red necesitan prestarles mucha atención a dos aspectos. Primero, si las herramientas organizacionales ayudaran de verdad a generar fortuna, quienes las desarrollaron estarían utilizándolas para ganar millones de dólares. Segundo, los nuevos dueños de negocios independientes deben estar alerta frente a sistemas organizacionales que no tienen ningún valor.

Repito: no hay nada de malo en prepararse ni en ser organizado. Pero en nuestra industria no se requiere de ninguna de estas dos cualidades en exceso para tener éxito y conseguir una buena fortuna.

Algunos de los empresarios que he entrevistado son muy exitosos en este campo, pero también suelen ser desorganizados. Uno de ellos cargaba su lista entera de líderes con sus respectivos números telefónicos y otras formas de contactarlos al reverso de dos tarjetas de negocios las cuales embutía entre el papel celofán de su cajetilla de cigarrillos. Aunque tenía una empresa de más de 200.000 personas, él decía que a los únicos que necesitaba saber cómo contactar era a sus 12 colaboradores más cercanos. Cuando le pregunté cómo organizaba y mantenía el récord de sus prospectos, me respondió: "¿Para qué? Mis prospectos: o se vinculan a mi empresa y se ponen a trabajar o simplemente no lo hacen. Yo les doy la oportunidad. Si ellos trabajan, yo escribo su número de teléfono en una de mis tarjetas de negocios y me la guardo en mi bolsillo.

Si no, ¡yo no necesito su número telefónico!" Un buen punto, por cierto.

A lo largo de mi carrera infinidad de empresarios me han pedido que les ayude a comprender por qué razón no logran construir su negocio de mercadeo en red. Muchos están vinculados a empresas pujantes, tienen sitios web actualizados, técnicas sofisticadas de reclutamiento y seguimiento, listas extensas de contactos, celulares de última tecnología y cómodas oficinas en casa. Entonces comienzan contándome lo bien organizados y metódicos que son, pero al final se lamentan de tener que llamarme para pedir mi consejo porque, a pesar de todas sus estrategias organizacionales, el negocio no les está prosperando. Algunos se sienten frustrados cuando les digo que son *demasiado* organizados acerca de aspectos que no necesitan de tanta organización. Otros entienden cuando les sugiero que dejen de organizar y hacerles tanto seguimiento a sus prospectos y en lugar de eso comiencen a buscar nuevos clientes y asociados para su negocio.

El mercadeo en red es ideal para quienes odian los detalles, las normas, la estructura y la organización. Eso no significa que la gente organizada no vaya a triunfar en esta profesión, pero la verdad es que muchos organizados no triunfan porque para tanto orden y organización se requiere de una gran inversión de tiempo y energía que bien podrían estar utilizando en reclutar y en vender al por menor. La cruda realidad es que nos pagan por trabajar, no por ser eficientes y organizados.

Esta es mi recomendación: trate de reclutar gente que sea *productiva* y no necesariamente organizada. Una vez que usted tenga todo el dinero y el tiempo libre que quiere, entonces sí está bien llevar una vida organizada. Enséñeles a sus socios a resistir la tentación de invertir su tiempo organizando hasta que no se estén ganando $50.000 dólares mensuales. Hasta que no hayan alcanzado ese nivel de ingreso no pueden darse el lujo de gastarse la vida enfocándose en averiguar cuáles son los últimos artefactos y suplementos diseñados para mantenerse organizados.

Para evitar el campo minado del exceso de organización, deles a sus asociados una tarea que no requiera de organización. Sugiérales que hagan la lista de sus 25 contactos más cercanos a convertirse en sus asociados y clientes, y que una vez la terminen se pongan en contacto con usted. Si ese proceso les resulta demasiado complicado, unos días más tarde le darán la excusa de que ya casi están lo "suficientemente organizados" para empezar a crear su lista; en ese momento, le sugiero que busque otros asociados puesto que, para hacer una lista de 25 contactos, no se requiere de ninguna organización.

Campo minado #8:
Dar demasiada información a destiempo

Los seres humanos somos animales sociales y nos encanta comunicarnos. Esa es una de las razones por las cuales los grandes entrenadores siempre les advierten a los nuevos dueños de negocio que se cuiden de sobrecargar de información a sus prospectos durante el enfoque inicial puesto que se autosabotearán hablando demasiado y durante demasiado tiempo.

En el mercadeo en red, la mina de arrojar demasiada información en el momento menos indicado por lo general se manifiesta durante los dos primeros pasos: exponer y presentar. Con frecuencia los nuevos dueños de negocios hacen una "descarga" exagerada de información sobre sus prospectos durante el paso de la exposición. Tenga presente que el propósito de este paso es brindar información interesante sin agregar datos innecesarios que generen investigación adicional.

Usted no necesita revelar detalles durante su aproximación inicial. Si lo hace, muchos de sus prospectos nunca lo volverán a contactar debido a que usted los sobrecargó de información. Si ellos tienen la opción de averiguar en internet acerca de su empresa, lo harán. Ellos harán todo lo que sea necesario para descubrir por su propia cuenta todos los detalles que les interesen, pero eso es durante el paso de la presentación y usted tiene que estar en control del proceso para que pueda responder a las preguntas adecuadas y a las objeciones que ellos tengan.

Prevenga siempre a sus miembros novatos para que no cometan ese error porque entre más información les arrojen a sus prospectos durante la fase de la exposición, menor será la posibilidad de que se les unan a la empresa. Además, ellos también necesitan saber que los prospectos utilizan maneras muy astutas de obtener desde el principio tanta información como les sea necesaria. Los prospectos pueden parecer muy interesados y por lo general comienzan con comentarios como: "¡Eso suena interesante! ¿Cuál es el nombre de su empresa?" O "¡Esto era justo lo que yo estaba buscando! ¡Cuénteme más sobre sus productos!"

Algunos prospectos reaccionan ofendidos cuando un dueño de negocio no les da toda la información que ellos piden. He escuchado comentarios como: "Vea, yo soy muy bueno para los negocios. Y si usted no me puede dar más información acerca de su negocio, no estoy interesado. Así que ¿cuál es el producto?" No se deje intimidar.

Los nuevos distribuidores necesitan entrenamiento para no caer en este campo minado y saber cómo resistir la tentación de arrojar información que debería ser suministrada durante la presentación y no en la exposición.

Además existe otra muy buena razón para adoptar esta actitud: muchos prospectos se darán cuenta de que, si ellos pueden tomar control de la conversación convenciendo al dueño del negocio para que siga sus instrucciones, entonces no tienen frente a sí a un líder. Y aunque nunca lo admitan, los prospectos respetan a los líderes que insisten en hacer un proceso ordenado en lugar de acceder a los requerimientos de quienes los rodean.

Sí, somos animales sociales y nos encanta hablar, pero el tiempo adecuado para hablar de negocios es durante la presentación y no en la exposición. Si los miembros de su equipo revelan la información de la presentación durante el momento de la exposición, se estarán negando a sí mismos la posibilidad de tener éxito parándose sobre la mina de dar demasiada información a destiempo.

Campo tóxico #9:
El banquero

Todo el que trata de triunfar en esta profesión —y especialmente quienes lo logran— en algún momento se parará sobre esta clase de mina —y usted también. Pero se herirá menos si aprende a conocerla y la identifica desde el principio. Manténgase alerta porque, si sabe identificarla, se ahorrará la posibilidad de perder miles de dólares.

Así es como funciona: digamos que usted está prospectando con mucho entusiasmo a varias personas día tras día y de repente se encuentra con un hombre muy exitoso en su profesión. Se trata de alguien adinerado y muy a gusto en su trabajo actual, y que además está interesado en el negocio que usted le ha propuesto. Entonces accede a estudiar todos los materiales que usted le brinda. Y como es natural, usted se emociona porque este hombre es alguien exitoso y con muchos contactos. Es obvio que es un verdadero triunfador, ¿correcto? Puede que sí. Puede que no.

Si este hombre se ofrece a financiarle sus esfuerzos y le propone que usted constituya una empresa junto con él —una combinación entre el dinero que él tiene y el esfuerzo que usted hace— ¡tenga cuidado! Esa es la mina del banquero. Recuerde que el mercadeo en red es cuestión de *esfuerzo* y no de tener un capital para invertir.

Primero que todo, los banqueros no son líderes. Ellos son gente de negocios que tiene demasiado dinero para invertir en cualquier empresa que parezca rentable. Pocas veces aportan más dinero del que pueden darse el lujo de perder y cero esfuerzos. En otras palabras, no están haciendo un verdadero sacrificio cuando se ofrecen a financiarlo a usted para que construya un grupo para ellos. Y como no hacen un esfuerzo personal, jamás se toman el negocio en serio. Su único motivo es obtener una buena ganancia —una muy buena ganancia. En muchos casos, este tipo de personas le ofrecerá una buena cantidad de dinero en efectivo para que usted se asocie con ellas en un porcentaje de ganancia de 50-50. Y mientras usted hace todo el esfuerzo para generar ingresos de por vida, su socio banquero no hace nada diferente a aportar algo de dinero para comenzar el negocio; en ese caso, usted siempre se arrepentirá de haberse asociado con él y estará resentido —y quizás hasta terminé demandándolo cuando se dé cuenta de lo poquito que este sujeto aportó.

Segundo, los socios silenciosos jamás permanecen en silencio por mucho tiempo. Si, por ejemplo, usted tiene éxito al generar ingresos de $1 millón de dólares o más al año, es bastante probable que su socio decida adentrarse en el negocio y procure ser el centro de atención. Y también es posible que decida abandonar todos sus otros negocios para trabajar con usted tiempo completo. Este puede convertirse en un problema significativo si él no tiene ni la menor idea de cómo construir el negocio y nadie dentro de la organización lo reconoce como autoridad. Los banqueros creen con mucha frecuencia que ellos son más inteligentes que los demás. Así que, si su socio decide integrarse al equipo para trabajar de tiempo completo y ayudarle, usted estará perdido —porque, incluso si él fuera un mequetrefe, también sería el dueño de la mitad del negocio.

Tercero, usted estará resentido con su socio porque se sentirá engañado. Todo lo que él hizo fue aportar $5.000 dólares mensuales durante un año. Y ahora que los cheques exceden los $30.000 por mes usted se da cuenta de que este payaso recibirá la mitad de todos los cheques que usted genere por el resto de su vida; fuera de eso, usted se olvidará de que durante los primeros tiempos esos $5.000 que recibía eran muy significativos, y le parecerá que, a pesar de ese aporte, las ganancias que él recibe actualmente son injustas.

A este punto es muy probable que usted intente comprarle su parte; sin embargo, él no considerará su propuesta y su actitud podría generar situaciones molestas que lleven a extremos de terminar en los estrados judiciales. En ese caso, usted tendrá pocas posibilidades de ganar porque un trato es un trato. Incluso si todos los miembros de su organización están dispuestos a testificar y jurar que solo usted hace todo el trabajo, la mitad de sus cheques le pertenecen a su socio —fin de la historia.

Le sugiero lo siguiente: no tome dinero de gente que, como resultado de su aporte, podría beneficiarse de la mitad de los ingresos que usted genere de por vida. Olvídese de los socios inversionistas porque usted no necesita dinero para triunfar. Esta clase de negocio se construye con *esfuerzo*, no con inversión de capital. He visto padres e hijos, esposos y esposas, y mejores amigos desde kindergarten terminar en un pleito porque se resienten al compartir sus cheques, especialmente cuando están en juego grandes cantidades. Si alguien le ofrece dinero para que usted construya una organización, no lo acepte; no se pare sobre la mina de los banqueros. Decline esas propuestas con mucha gentileza —y dedíquese a construir su negocio propio. Es por eso que, al entender cómo funciona esta bomba, usted podrá ahorrarse millones de dólares.

Estas situaciones nocivas y personas contraproducentes por lo general surgen en la carrera de todo profesional del mercadeo en red. Hay otras, pero estas son las más problemáticas y frecuentes. Haga sociedades con esta clase de gente y perderá una gran cantidad de su precioso tiempo. Sus asociados son la clave de su negocio, pero no aquellos a quienes usted tiene que hacerles todo el trabajo y fuera de eso lo drenan emocionalmente. Lo animamos a estudiar este capítulo de una manera muy especial hasta que se familiarice con ese tipo de circunstancias que le generarán inconvenientes.

Capítulo 12

Herramientas sencillas para un liderazgo exitoso

Mark Yarnell

E n este capítulo me refiero a todos aquellos aspectos que son esenciales para los líderes a medida que ellos cumplen sus sueños y metas. Comenzaré por hacer las siguientes consideraciones:

- Usted es miembro de una gran empresa que ofrece productos y servicios efectivos.

- Usted tiene un deseo inmenso de disfrutar de bonanza financiera y tiempo libre.

- Los vientos de cambio soplan cada vez más duro y hacen más difícil liderar de manera efectiva. En los negocios ocurre lo mismo.

- Usted está listo para considerar todas las nuevas ideas, conceptos, percepciones y estrategias que le ayudarán a desarrollar la quinta habilidad del mercadeo en red: ser un líder efectivo.

Si todas estas consideraciones le parecen acertadas, entonces este capítulo es para usted. Una vez que haya aprendido todos los conceptos de los cuales nos ocuparemos a lo largo de este capítulo, usted estará mejor equipado para reclutar, liderar, motivar y servirle a su equipo de trabajo. Aprenderá los secretos de los líderes de este modelo de mercadeo y logrará que su equipo se mantenga motivado. También le alertaré para que identifique cuáles son los obstáculos que a menudo impiden que los nuevos dueños de negocios independientes triunfen, y que además debilitan la determinación de muchos recién llegados que no han desarrollado la habilidades de pensamiento esenciales propias de este negocio ni las herramientas que les ayudan a mantenerse en el camino indicado para triunfar. Usted descubrirá cómo ayudarles a ellos y cómo ayudarse a sí mismo si es usted quien se encuentra perdido; se dará cuenta de que nunca es tarde para corregir el rumbo y encontrar la forma de hacerlo.

Existen habilidades específicas y perspectivas que le ayudarán a liderar de manera más efectiva —y que no son difíciles de aprender. El liderazgo es una habilidad que todos y cada uno de nosotros tenemos la capacidad de desarrollar. De hecho, cada uno de estos capítulos tiene como propósito esencial ayudarle a convertirse en un mejor líder en algún aspecto determinado. Colectivamente, entre nosotros —los cuatro autores— hemos invertido más de 100 años aprendiendo cómo liderar. No siempre ha sido fácil zarpar y hemos chocado contra algunos arrecifes a lo largo del camino. Sin embargo, hemos encontrado que, como escribió Napoleón Hill en su clásico *Piense y hágase rico*: "Cada adversidad, cada fracaso y cada dolor traen consigo la semilla de un beneficio igual o mayor". Cada vez que una ola derrumba a un buen líder, él o ella resurgen y aprenden una mejor manera de sobrevivir a la siguiente tormenta —contando con que tenga la actitud correcta frente al fracaso y la dificultad.

Hemos trabajado con muchos empresarios que nos han preguntado: "¿Cómo debo hacer para mantenerme motivado y liderar a pesar de los obstáculos que estoy enfrentando?" En pocas palabras, quieren saber cómo levantarse de la cama todos los días sintiendo pasión por su trabajo a pesar de lo que haya pasado el día anterior e inspirar a los demás a hacer lo mismo. También quieren saber qué tienen que hacer para evitar que su bote se hunda en medio del mar tormentoso de sus distracciones y retos personales. Hay quienes nos cuentan que a medida que comienzan a reponerse de sus adversidades vuelven a adentrarse en aguas más turbulentas, y que a veces esas olas son demasiado altas y difíciles de enfrentar. Muchos líderes que logran obtener éxito quedan exhaustos por todo el esfuerzo que tuvieron que hacer para mantenerse a flote y necesitan retomar fuerzas y energías; por otra parte, muchos otros afrontan dificultades ante el simple hecho de comenzar su negocio o lograr permanecer en él. Las ideas expuestas en este capítulo servirán de guía con respecto a todos esos asuntos propios del liderazgo.

Comencemos con la primera herramienta. En el Capítulo 8 Valerie escribió sobre la importancia de que usted conozca sus propósitos, sus "porqués". Si todavía no ha logrado identificarlos, hágalo ahora. Tómese el tiempo necesario para seleccionar cuáles son esos motivos esenciales que lo llevan a querer construir su negocio porque tener claridad en ese aspecto le ayudará a prepararse para utilizar esta herramienta como líder del equipo cuando esté trabajando con sus nuevos miembros, ayudándoles a encontrar cuál es la raíz de sus propósitos o "deseos más ardiente". Pídales que escriban un asterisco (*) al lado de sus tres a cinco razones *más* importantes para construir su negocio. La que aparece a continuación es una lista de posibilidades; motive a los recién llegados a su equipo a elegir solo aquellas sobre las cuales se sientan más motivados.

- Experimentar libertad —tener el tiempo para hacer lo que yo quiero.
- Disfrutar de nuevos retos.
- Tener la habilidad de marcar una diferencia.
- Distribuir productos que cambien vidas alrededor del mundo.
- Invertir más tiempo en mi familia.

- Asegurar la educación de mis hijos.
- Tener una vivienda mejor.
- Pagar la hipoteca.
- Comprar un auto mejor.
- Tener un plan de salud óptimo.
- Viajar a donde y cuando yo quiera.
- No tener jefes y ser mi propio jefe.
- Experimentar un mejor sentido de comunidad y conexión con los demás.
- Hacer amigos.
- Practicar la filantropía.
- Tener mejor balance financiero.
- Trabajar desde casa.
- Ser reconocido por _____.
- Retirarme del empleo que tengo en este momento.
- Otra: _____.

Fuera de implementar esta herramienta con los nuevos miembros de su equipo, utilícela como una guía para hacerles preguntas a sus prospectos con el fin de que ellos también sepan cómo determinar sus "porqués". Y una vez que usted haya captado qué es lo que en realidad ellos quieren y necesitan, podrá hacer sus presentaciones de tal manera que resulten más relevantes para ellos. Usted necesita motivar a los demás, ya sea liderándolos para que se involucren en su negocio o convenciéndolos de usar sus productos y servicios. Hable con la gente; escúcheles sus "porqués" durante sus conversaciones con ellos; aprenda a conocerlos, y, cuando sea el momento indicado, invítelos a darle un vistazo a la oportunidad que su compañía les ofrece. Es posible que usted sea la respuesta a lo que ellos buscan —sobre todo si están afrontando situaciones económicas inciertas.

Antes de examinar cuáles son los temores que suelen paralizar a algunos individuos, consideremos algunos enfoques sobre cómo liderar y mantener motivados a los miembros de su equipo de trabajo. El punto más importante como líder es aprender a respetar las aspiraciones de cada uno de ellos. A algunos dueños de negocios independientes les encanta vender muchos productos y no pasan de ahí con su negocio porque no tienen deseos de apadrinar a nadie y se sienten cómodos ganándose unos cuantos cientos de dólares al mes. Si ese es el caso, no los presione para que se dispongan a reclutar o terminará por perderlos. Simplemente, recuérdeles que al hacerlo se están abriendo a la posibilidad de llegar a ser mucho más exitosos; pero no les sugiera que dejen de ser vendedores al por menor y comiencen a reclutar gente, si no es esta la actividad en la que ellos están interesados.

Muchos líderes no se dan cuenta de que una de sus mayores responsabilidades es ayudarles a los demás a trabajar en sus propias perspectivas. La cuestión consiste en saber motivarlos para que se enfoquen en sus prioridades de tal manera que se sientan empoderados para hacer lo que sea más conveniente para lograr sus metas. Al hacerlo, usted está sembrando una semilla positiva que se esparcirá a lo largo y ancho de su organización. Por ejemplo, cuando los distribuidores pierden a sus socios de negocios, a sus clientes o prospectos, recuérdeles que ellos no son sicólogos y que no es su trabajo tratar de entender por qué los demás se comportan como lo hacen; enséñeles a aceptar las decisiones de otros y a continuar implementando su propio plan. Cuando las cosas vayan mal, ayúdeles a buscar la mejor manera de mejorarlas. Explíqueles que, por ejemplo, es tanto una bendición como una maldición ser parte de una nueva empresa que va a lanzar al mercado un producto cuya literatura de promoción contiene errores de deletreo. La bendición está en toda la emoción y el potencial que genera el hecho de comenzar una nueva empresa; la maldición está en todos los errores que aparecen en sus primeros folletos y en su sitio web.

Esté siempre al acecho de líderes emergentes. Manténgase en sintonía sobre lo que está pasando en su organización. Comprométase con sus asociados; descubra qué es aquello que más los desafía y ayúdeles a moverse a través o alrededor de los obstáculos. Dedíqueles tiempo a los que lo llaman a hacerle preguntas interesantes sobre el negocio y que dan prueba de estar avanzando hacia sus metas. Es muy importante motivarlos y girarles "buenos cheques sicológicos".

Los mejores maestros lideran con su ejemplo. Ellos reclutan y venden al menudeo dos horas al día. Recuerde que los miembros de su equipo imitarán lo que usted haga, no lo que usted diga. Y aunque ahora usted tenga un equipo para apoyar, debe seguir reclutando y vendiendo al menudeo —y liderando con su actitud. Cualquiera puede ser positivo cuando todo va bien, pero los cambios erosionan sin lugar a duda su resiliencia emocional. Pero recuerde, como líder, usted debe liderar con su actitud de manera consistente. No tiene por qué actuar como Pollyanna e ignorar la realidad de las situaciones agravantes con el fin de demostrar siempre una mente positiva; pero mantenga una sana perspectiva. Tenga presente que un líder demuestra que las metas se pueden lograr.

Las mejores herramientas para liderar son aquellas designadas para preparar a la gente a enfrentar los retos inevitables que surgirán a lo largo del camino al éxito   —de entre los cuales el más urgente es ayudarles a los miembros del equipo a comprender sus temores y a enfrentarlos. Mucha gente descarta nuestra profesión porque tiene miedo de ella; sin embargo, unos cuantos de esos temores son infundados por completo. Y los temores que se asocian con problemas irreales terminan convirtiéndose en fobias. Recuerde que una de sus funciones primordiales como líder es ayudarle a su equipo a identificar sus perspectivas.

Antes de escribir *Self-Wealth*, a finales de la década de 1990, mis coautores y yo estuvimos todo un día con el Dr. Albert Mandera, quien originó la teoría de aprendizaje social y la teoría de la autoeficacia, y aprendimos un hecho importante en cuanto a los temores *versus* las fobias: los temores son preocupaciones emocionales que surgen como resultado de miedos legítimos mientras que las fobias son miedos irrealistas que brotan de percibir temores que a lo mejor no existen. El triunfo es aprender la diferencia entre los dos. Por ejemplo, muchos dueños de negocios de mercadeo en red le temen al rechazo a pesar del hecho de que cualquier temor percibido que resulta del rechazo es simplemente una fobia irrealista. En 22 años de prospectar a miles de amigos, miembros de la familia y extraños, ni siquiera una sola persona me ha golpeado en la cara ni me ha amenazado de incendiar mi casa. Algunos se han reído de mí; otros se han burlado de nuestra industria; y otros se han limitado a escucharme y a alejarse sin decir nada. Otros se han atrevido a discutir conmigo acerca de la habilidad real de ganar $30.000 dólares al mes. Pero jamás he tenido que experimentar ni una sola vez una sola reacción o consecuencia irreparable que haya estado relacionada a un rechazo.

De nuevo, el nombre del juego es mantener una perspectiva sana. Pregúnteles a los miembros de su equipo: "¿En dónde está el peligro de una risa, un silencio, una crítica o un debate?" En *ninguna* parte. Entonces veamos la trampa del temor desde otra perspectiva —porque no existe un temor real en el proceso de reclutar nuevos distribuidores o vender productos o servicios, y porque las recompensas al hacerlo resultan en grandes ingresos y en el tan deseado tiempo libre.

¿Qué podría provocar que alguien quedara atrapado en la trampa del miedo? Existen dos razones —y una vez usted y sus socios las entiendan, la mayor parte del problema desaparecerá.

Asumimos equivocadamente que:

1. No podemos controlar ni manejar las falsas impresiones que otros tienen acerca de nosotros o de nuestro negocio.
2. Somos demasiado frágiles para enfrentar las reacciones de los demás.

No existe ningún peligro relacionado con cualquiera de esas posibilidades —y muy rara vez alguien se queda pensando en usted o en sus negocios cinco minutos después de que usted se ha ido.

Enfrentemos los hechos: la trampa del temor en el mundo del mercadeo en red no es otra cosa sino una fobia ilusoria que no tiene la capacidad real —*ni la tendrá*— para poner a nadie en un peligro real. Sin embargo, esta fobia mantiene alejados de lograr sus sueños y metas a miles de potenciales millonarios. Quienes ya hemos amasado una buena fortuna no somos psicópatas inmunes al dolor del rechazo personal. Simplemente, somos pensadores racionales y críticos que hemos llegado a la conclusión de que no es posible manejar las impresiones ni las reacciones de la gente; y aún si pudiéramos, no ganamos dinero por hacerlo. La gran noticia es que no existe peligro de dolor en el rechazo. Por lo tanto, si el inconveniente no causa dolor y el resultado es prosperidad ¿por qué dejaría usted que una tonta fobia le impida triunfar?

Los puntos de vista que estoy a punto de expresar con respecto a las zonas de confort son mi propia opinión. Para comenzar, siento verdaderamente que la gente pierde demasiadas oportunidades, que muchas relaciones se destruyen y que la ética es socavada debido a la mentalidad de "la zona de confort". Demasiada gente anda por ahí en comas funcionales, haciendo multitareas automáticamente a lo largo del camino y de forma improductiva. Y lo peor es que están ajenos al hecho de que se encuentran en su zona de confort, realizando múltiples tareas en lugar de centrarse en una sola cosa y hacerla bien. El cerebro humano no está cableado para hacer multitareas. Usted no puede enfocarse en A y B al mismo tiempo. Sí, usted puede pasar su enfoque de un asunto al otro con la suficiente rapidez como para engañarse a sí mismo pensando que está llevando a cabo dos tareas al mismo tiempo e igual de bien, pero la verdad es que usted solo puede enfocarse en una sola labor al mismo tiempo.

Un obstáculo se convierte en una trampa cuando la gente queda confinada a una conducta repetitiva e improductiva. Permítame cerrar mi punto de vista con respecto a las trampas que ocurren en la zona de comodidad afirmando lo siguiente: la clase media de Norteamérica está desapareciendo a grandes velocidades. Según las mejores mentes en el campo de los negocios, la ciencia y la tecnología, cada uno de nosotros seremos ultraricos o ultrapobres en los siguientes 15 años. Así que, por favor, por el bienestar de su familia, encuentre alguna pasión o actividad que le ayude a eliminar las trampas que ocurren en la zona de confort. Si quiere triunfar, deberá escaparse de esos hábitos que le generan seguridad. Comience ya; apague los timbres y el vibrador de su celular y póngase a trabajar.

Otra herramienta que también es efectiva para ayudarles a los buenos líderes a llegar a ser exitosos es admitir sus deficiencias. Un viejo dicho entre los vaqueros del suroriente de Missouri, donde yo crecí, tuvo mucho sentido para mí durante mi niñez a pesar de su incoherencia gramatical (en inglés), y todavía lo tiene: "No hay caballo que no pueda ser domado, ni jinete que no sea derribado". Ni siquiera los campeones son perfectos. Uno de los rasgos de personalidad primordiales de los triunfadores que he conocido es su voluntad para disponerse a aceptar sus imperfecciones. Si usted quiere convertirse en un empresario del mercadeo en red exitoso, deje de pretenderle al mundo su perfección y dispóngase a admitir sus deficiencias. Todos las tenemos y reconocerlas frente a los demás no le hace parecer incapaz, sino *relacionable*.

En 1980, me encontraba sentado en la Sala Verde durante una charla sobre pensamiento positivo con el Dr. Norman Vincent Peale, el "Padre del Positivismo" y escritor de *El poder del pensamiento positivo*, y su esposa. Me sentí maravillado frente a este gran hombre. Y aunque en ese tiempo él ya era bastante mayor, no había perdido "nada del pensamiento positivo" que lo hizo tan famoso. No resistí la tentación de preguntarle si un hombre de su relevancia todavía tenía problemas o alguna vez había hecho algo de lo cual se lamentara. Tanto él como su esposa se echaron a reír al escuchar mi pregunta y luego ella procedió a relatarme una historia inapreciable para responder mi inquietud mientras que él se sentó aún riendo, al tiempo que movía su cabeza.

La Sra. Peale me explicó que el Dr. Peale en un tiempo fue muy desordenado. Después de 10 minutos de haber llegado a casa de pronunciar algún discurso o del servicio en la iglesia, la casa lucía como si la hubiera golpeado un tornado. Camisas, pantalones, vestidos y corbatas colgaban por todas partes y él se escabullía a su estudio a mirar televisión o a leer.

Pero antes de que ella terminara la historia el Dr. Peale la interrumpió para destacar que fue ella quien lo curó de semejante problema. Cuando yo le pregunté cómo, pensé que jamás pararían de reírse hasta que por fin él dijo: "Mi amada esposa llegó a casa un día tan enojada que decidió tirar toda mi mejor ropa de hacer deporte al suelo ¡y yo tuve que volver a colgarla!"

La trampa del perfeccionismo ha distraído a una gran cantidad de empresarios del mercadeo en red; pero usted no tiene por qué estar entre ellos; ni tiene por qué impresionar a nadie con su brillantez; ni tampoco tiene por qué aprenderse unas líneas a la perfección, palabra por palabra; ni que estar vestido para triunfar (sea lo que sea que eso signifique). Tampoco necesita la última tecnología inalámbrica para probar que es exitoso; ni tiene que hacer alardes de "grandeza" frente a su equipo de trabajo. Lo que sí necesita hacer a diario es preguntarle a tanta gente como sea posible —de la manera más educada y sincera posible— si quiere comprar sus productos y echarle un vistazo a su negocio. Algunos lo harán; otros, no. Esta sí es la actividad más importante que usted debe realizar.

Cualquiera puede aprender a ganar millones de dólares al año en esta industria. Pero cuando usted logra ganarse el dinero que quiere y obtener el tiempo libre que tanto deseaba, y todo en su vida es totalmente maravilloso, créame que tampoco estará ni una pulgada cerca a ser perfecto. Así que no pierda tiempo tratando de lograr lo imposible.

El mercadeo en red es similar en algunos aspectos a cualquier otro juego capitalista: solo hay unos cuantos jugadores y una multitud de espectadores. Sin embargo, existe una gran diferencia: en nuestra profesión, cualquiera está en la capacidad de bajar por las gradas, descender al juego y convertirse en un profesional del mercadeo en red —en el momento que quiera. Todo es cuestión de tomar la decisión y enfocarse. Usted tiene la habilidad para liderar, inspirar y motivar.

Primero, necesita tomar la decisión de convertirse en un líder y luego tiene que ignorar a sus espectadores. Eso lo aprendí de uno de los grandes jugadores de todos los tiempos del fútbol escocés. Él se había unido a mi línea descendente y yo viajé a Edimburgo a reunirme con él, pero sin tener ni la menor idea de esto hasta que llegué y me lo encontré en la reunión. A todas partes que fuimos, la gente le pedía un autógrafo o una foto.

Luego fuimos al estadio vacío donde él había jugado muchos partidos frente a 35.000 espectadores fanáticos. Estando allí me llevó hasta el campo de juego y fue entonces cuando me sentí intimidado frente al tamaño del estadio, así que le pregunté de qué manera lograba permanecer enfocado frente a semejante cantidad de seguidores. "Permítame mostrarle algo", me dijo. "Caminemos por el campo juntos".

Así lo hicimos. Caminamos a lo largo de la línea blanca que marca los límites del campus, y cuando llegamos al final, él hizo esta afirmación tan significativa: "Lo único que me importa es lo que ocurre dentro de esas líneas. Cuando entro a este campo, toda mi atención está puesta en lo que está ocurriendo dentro de este rectángulo y para mí no existe nada más. Durante todo el juego, no hay otra cosa en mi cabeza". Lo entendí a la perfección y puedo decir con total honestidad que su explicación también aplica de una manera perfecta al juego del mercadeo en red.

Todo mundo quiere ganar, pero solo unos pocos están dispuestos a convertirse en profesionales, y todavía menos pocos tienen la voluntad para enfocarse en las dos únicas maneras de ganar —reclutar y vender. Ese es un campo pequeño con unos límites muy claros. Reclute y venda, y anotará; dedíquese a cuidar gente que no esté comprometida y lo más seguro es que usted otra vez retornará a las gradas a tomar cerveza al tiempo que les hace barra a los jugadores verdaderamente comprometidos.

Sería maravilloso si los golfistas de fin de semana pudieran decidir convertirse en profesionales y solo fuera cuestión de comprar la tarjeta de la PGA; pero no pueden. También sería maravilloso si los ejecutivos de Microsoft pudieran decidir convertirse en los presidentes de la empresa y ganar tanto dinero como Bill Gates; pero tampoco pueden. Me encantaría manejar un Fórmula Uno en las 500 millas de Indianápolis; pero no puedo. Sin embargo, en 1986 me encontraba enfrentando la reposesión de mi carro y el remate de mi casa; había fracasado y estaba en bancarrota. Un año más tarde me encontraba ganando $30.000 dólares al mes y vivía en un chalet en Aspin. Y estoy convencido que esa posibilidad tan real es la que hace de la industria del mercadeo en red el mejor juego que existe sobre el planeta.

Si usted de verdad quiere ayudarle a su equipo de trabajo, demuestre lo que se puede lograr — día tras día. El tema más candente en cuanto a liderazgo es la importancia de "obrar conforme a lo que se predica" demostrando liderazgo al hacer lo que usted dice que va a hacer y lo que les está diciendo a los demás que hagan. La credibilidad es el atributo #1 de un líder. Usted es el líder, el reclutador y el motivador —no el administrador. De hecho, cuando usted deje de liderar y comience a administrar, se habrá metido en serios problemas —y tanto usted como su grupo estarán acabados. La mayor causa de fracaso entre aquellos que tienen grandes habilidades de liderazgo es la tendencia infortunada de ser víctimas de la trampa de la administración ya que decirle a la gente lo que tiene que hacer es mucho más fácil que *demostrar* todo lo que es posible alcanzar.

Aunque las herramientas de motivación y liderazgo personal que he descrito aquí puedan parecer obvias, son altamente significativas. Muchos las leerán y pensarán: "Yo ya sé eso". Sin embargo, solo los triunfadores, las *aplicarán*.

Capítulo 13

Liderazgo de servicio

Lealtad duradera y satisfacción personal

Derek Hall

Las mayores bendiciones que he experimentado en mi vida han provenido de servirles a los demás y de ver el gozo y entusiasmo que otros sienten cuando alcanzan sus metas. Por eso contribuir al cumplimiento de los sueños de otras personas se vuelva adictivo. Una vez usted comienza a ver los resultados de sus esfuerzos personales a favor de la gente ya no quiere dejar de ayudar.

Nadie ha llegado a ser exitoso ni a acumular riquezas construyendo un negocio de mercadeo en red sin además haber contribuido al bienestar de los miembros de su organización. Esa es la naturaleza de este modelo de mercadeo: que mientras más se dedique a ayudarles a otros a triunfar y haga todos sus mejores esfuerzos para ayudarles, más exponencialmente se elevarán sus ingresos personales y los de todo su grupo de trabajo. ¡Y es cierto! Este es un modelo de negocio capaz de producir una fortuna inimaginada cuando usted decide servirles a quienes lo rodean.

Por el contrario, si usted no está dispuesto a practicar un liderazgo de servicio, jamás alcanzará el nivel de éxito al que aspira —ni siquiera haciendo parte del tan lucrativo mundo del mercadeo en red.

Recuerdo un evento que tuvo lugar hace ya años, cuando mis dos hijos estaban a punto de cumplir 11 y 13 años de edad. Fue al comienzo de un verano y el clima estaba bastante seco y caliente. En ese tiempo vivíamos en Utah. Los dueños del vecindario solían usar refrigeradores de pantano a manera de aires acondicionados. Una de nuestras vecinas, una madre soltera, no tenía ni la menor idea de cómo utilizar el suyo ni contaba con el dinero para contratar a alguien que le ayudara a instalarlo. Así que mis hijos y yo nos subimos al techo de su casa, reemplazamos algunas partes de la unidad, soltamos el agua y el sistema quedó listo para enfriar durante todo el verano. El proceso nos tomó menos de una hora.

Después de terminar nuestra labor íbamos camino a nuestra casa cuando uno de mis hijos hizo un comentario que se quedó en mi mente durante ya casi 30 años. Me dijo: "Papá, me siento muy bien de haber ayudado a hacer ese trabajo; me embarga un grato sentimiento". Me agradó que mis dos hijos estuvieran experimentando conscientemente la satisfacción que proviene de servirle a otra persona. Ellos estaban sintiendo lo mismo que yo y por la misma causa —ayudarle a una amiga y vecina que consideró que nuestra ayuda fue gigantesca.

Origen del liderazgo de servicio

El concepto de *liderazgo de servicio* no es nuevo; sin embargo, fue durante los últimos 40 años que adquirió ese nombre. El término fue acuñado por Robert K. Greenleaf en su ensayo *El servidor como líder*, publicado en 1970. Dice:

"El servidor-líder, primero *es* servidor… Comienza con el sentimiento innato de querer servir. Eso es lo primero para él. Luego, surge la aspiración y el deseo de liderar. Este tipo de persona es completamente distinto a quien primero es *líder* quizá debido a la necesidad que tiene de darle uso a su capacidad innata para dirigir o para adquirir posesiones materiales. El que primero es líder es muy diferente al que primero es servidor. Son los dos extremos y entre ellos existen infinidad de mezclas que son parte de la infinita variedad de la naturaleza humana".

Conozco muchas organizaciones, entre esas la mía, que han hecho del concepto del servidor líder el eje de su cultura corporativa revolucionando la misión del Departamento de Recursos Humanos —pues ya no está encargado solamente del proceso frívolo de contratación y despido que hacía que la rotación de personal convirtiera las relaciones humanas en un factor secundario y casi inexistente.

Pero, sin importa qué nombre le ponga, usted necesita sobreponerse a su necesidad de ser el centro de atracción para enfocarse en los demás pues es este enfoque el que lo llevará a tener verdadero éxito. Quienes se han ganado una reputación en el negocio del mercadeo en red le dirán que el arte en generar un ingreso residual implica hacer todo lo que usted pueda por los miembros de su línea descendiente para que su organización cumpla sus metas. Mientras más exitosos sean ellos, y más ingresos generen, mayores serán los ingresos que usted obtendrá. Por lo tanto, le aconsejo estudiar este capítulo muy de cerca ya que el mensaje que contiene es crucial en su éxito como dueño de un negocio de mercadeo en red.

Los servidores genuinos con capacidad de liderazgo son empresarios exitosos y en este capítulo le cuento con exactitud por qué y cómo. Además, lo reto a ser un ejemplo de líder en este modelo de negocio; que su capacidad para generar millones de dólares como entrada residual se base en su habilidad para servir y motivar a su equipo de trabajo. Le aseguro que no hay mayor recompensa que ver triunfar a la gente a la cual usted le ayuda, al mismo tiempo que usted también goza de bienestar y riquezas para sí mismo. Si procede de la manera correcta y por las razones correctas en el manejo de su negocio, la fortuna lo seguirá. Como escribió el sicólogo vienés Alfred Adler en su libro *What Life Should Mean to You*:

> "Es el individuo que no está interesado en el bienestar de los demás quien sufre de las mayores dificultades en su vida, y quien mayor daño les causa a quienes lo rodean. Es debido a todos ellos que la raza humana no termina de florecer".

Mi viejo amigo Jerry Campisi es un ejemplo maravilloso de alguien que aprendió el verdadero valor del servicio dentro del liderazgo. Jerry ha estado involucrado en el negocio del mercadeo en red durante más de 30 años y en la actualidad sirve como distribuidor maestro en una compañía de este modelo de mercadeo; como tal, él tiene decenas de miles de distribuidores dentro de su organización. Comenzó su carrera en este campo con Nu Skin, una empresa extremadamente exitosa que hace negocios alrededor del mundo. Jerry ha ganado decenas de millones de dólares durante estas tres décadas y durante todo ese tiempo ha llegado a representar la filosofía del servicio dentro del liderazgo, la cual sigue practicando en la actualidad.

Los líderes de su organización lo admiran como su mentor, y lo que es más importante, como a un experto; Jerry está disponible las 24 horas del día para asistirlos en todo lo que ellos necesiten. Es claro que Jerry disfruta de las recompensas de ayudar a los miembros de su equipo a alcanzar sus metas. Él mismo se ofrece a contestar las llamadas que buscan asesoría y les brinda a todos los recién llegados a su empresa la consejería que ellos necesiten a medida que inician su jornada en el mercadeo en red. Siempre está presto a recordarles a los nuevos empresarios que ellos nunca encontrarán otro modelo de negocio en el cual tengan que trabajar tan duro por tan pocas recompensas durante los dos o tres primeros años, y luego trabajar tan poquito para recibir tan grandes privilegios a lo largo de la vida.

Jerry también enseña cómo liderar utilizando los principios del liderazgo de servicio y les exige a sus nuevos líderes que ellos también dupliquen este modelo. Él ha sido exitoso en extremo porque entiende la esencia de lo que es ser un servidor con capacidad de liderazgo.

Características del liderazgo de servicio

Larry C. Spears, quien sirvió como Presidente y Gerente General de Robert K. Greenleaf Center for Servant Leadership durante 17 años, extractó las siguientes cualidades esenciales del liderazgo de servicio. Estas son:

- Saber escuchar
- Tener empatía
- Brindar sanidad
- Ser consciente
- Emplear la persuasión
- Tener capacidad de compromiso en el crecimiento de la gente
- Construir comunidad

Cada una de ellas es un componente esencial del modelo de mercadeo en red.

Saber escuchar

Hasta hace apenas unos pocos años mi capacidad para escuchar había sido bastante fiable; sin embargo, mi esposa comenzó a quejarse de que yo no siempre la escuchaba cuando ella me hablaba. Parece que me estaba perdiendo de mucho de lo que ella decía y este hecho estaba comenzando a convertirse en un inconveniente para ella. Les mencioné este asunto a algunos de mis amigos que pertenecen a mi misma "cosecha" y descubrimos que este problema es bastante común entre los hombres de mi generación —y que incluso ha alcanzado unas proporciones epidémicas (lo cual produjo risas), motivo por el cual decidí tener una conversación de corazón a corazón con mi esposa respecto al asunto. Fue así como llegué a la conclusión de que no era mi oído el que se estaba deteriorando, sino mi capacidad para escuchar con interés y atención.

Mi intención al compartir esta historia personal es afirmar que los líderes con capacidad de servicio deben poner en práctica en gran manera el arte de escuchar. Como dijo una vez Henry Ford: "Si existe algún secreto para tener éxito, este reside en la habilidad para comprender el punto de vista de nuestro interlocutor, y para ver las cosas, tanto desde su perspectiva como desde la nuestra".

Yo me atrevería a ir más allá para afirmar que la habilidad de saber escuchar es un talento dado por Dios —y que todos tenemos, pero que solo pocos lo ponemos en práctica y lo sabemos capitalizar. Escuchar con atención es crucial para alguien que desee maximizar su capacidad de liderazgo bajo el modelo de servicio. Dicho esto, no es solo cuestión de escuchar con sus oídos. A medida que hace contacto visual con su interlocutor, usted recibe señales no verbales que también son igual de importantes —e incluso más importantes— a las ideas expresadas verbalmente. Todos hemos aprendido a través de diversas experiencias de la vida que no es solo cuestión de lo que digamos, sino de *cómo* lo decimos. Los verdaderos líderes de servicio entienden muy bien este concepto y lo demuestran en todo lo que hacen.

Tener empatía

Un verdadero líder al servicio de los demás no se cansa de escucharlos con atención e interés; siempre busca entender cómo se sienten sus interlocutores y les expresa su empatía. Esta habilidad es invaluable en el mundo de los negocios. Un líder profesional que entiende las preocupaciones de los miembros de su equipo se destacará por su agilidad para advertir posibles obstáculos y así mismo se las ingeniará para evitarlos. Los líderes deben elevarse a tal nivel que puedan percibir posibles problemas entre los miembros de su equipo. De otra manera, tienden a fracasar, no solo como líderes influyentes, sino que también podrían afectar su negocio.

La habilidad de tener empatía con la gente con la cual usted interactúa los empodera tanto a usted como a sus interlocutores, motivo por el cual es una herramienta tan importante para establecer lo que yo llamo el "legado del negocio". Los dueños exitosos de negocios independientes siempre terminan identificando quiénes son los verdaderos líderes dentro de su organización y trabajan hombro a hombro con ellos con el fin de entender qué es necesario hacer para alcanzar el éxito, tanto individual como colectivo, por el cual todo el equipo se está esforzando.

Brindar sanidad

Este componente de las características del liderazgo de servicio se relaciona muy de cerca con la empatía ya que se requiere que los líderes sepan comprender muy de cerca a las personas a las cuales están tratando de asistir o aconsejar.

El servidor con capacidad de liderazgo le brinda sanidad a su equipo resolviendo inconvenientes entre sus miembros y actuando como mediador entre las partes que están en discordia haciendo el esfuerzo de mitigar los conflictos. Los servidores líderes que perfeccionan esta habilidad se ganan la confianza y la lealtad de quienes trabajan con ellos. Como consecuencia, el ambiente de trabajo es libre de temores y por lo general la gente se siente empoderada en el desempeño de su cargo. El negocio del mercadeo en red suele ser muy competitivo y trae implícita una alta carga de conflicto. Además, un servidor con capacidad de liderazgo debe aprender cómo intervenir para aliviar tales conflictos y que las partes afectadas se sientan a gusto.

Ser consciente

A este punto es obvio que para sobresalir como líder usted debe tener conciencia de todo lo que está pasando a su alrededor. Tan sencillo como eso. Si usted está desconectado, ¿cómo espera saber cómo se sienten los demás y de qué manera guiarlos? ¿Cómo podría solucionar un problema si no está conectado con el grupo? Hay una variedad de maneras para cumplir con esa importante función.

Los líderes del mercadeo en red se apoyan en los miembros de su negocio para generar las ventas que beneficien a todos los involucrados en la empresa. Ellos planean reuniones semanales con el propósito de mantener unido a su grupo y analizar qué les funciona y qué no les está funcionando. Es así como desarrollan su capacidad de entender, no solo las posibilidades que le ayudan al grupo a cumplir sus metas, sino también los obstáculos que les impidió triunfar; además, le sirve para guiarse y le permite trabajar con todos y cada uno de los miembros de su equipo en la resolución de problemas y para capitalizar cualquier oportunidad que valga la pena.

Solo cuando los líderes saben escuchar y prestar atención a lo que los demás opinan, logran establecer una comunicación genuina. Mi esposa suele decir que una de las grandes ilusiones acerca de la comunicación es pensar que sí se logró. En otras palabras, el hecho de expresar lo que queremos comunicar no significa que necesariamente hayamos hecho un buen trabajo y que nuestro interlocutor entendió el mensaje.

Emplear la persuasión

Todos los hombres y mujeres exitosos entienden el valor de ser persuasivos. Durante nuestra adolescencia aprendemos con gran rapidez la importancia de persuadir a nuestros padres, por ejemplo, para que nos presten el carro o para que nos permitan llegar un poco más tarde de la hora convenida. Como adultos también nos damos cuenta de que el arte de la persuasión es una herramienta maravillosa que nos ayuda a ir por la vida y a progresar en la carrera que elegimos. Más importante que tener poder y autoridad es aprender a usarlos para buenos propósitos.

Por fortuna existe más de una manera efectiva para impartirlos. Sin embargo, muchos líderes utilizan estas dos herramientas para exhibir su *posición de poder* —que es más conocida como enfoque autoritario. Todos hemos escuchado decir: "No me importa lo que usted opine; yo estoy al mando de la situación y vamos a hacerlo a mi manera". Este enfoque funciona y la mayoría de veces, bastante bien; pero yo pienso que debería emplearse como un último recurso. Quienes reciben tal declaración deben dar por entendido que lo que ellos piensan no tiene importancia para el que hace tal afirmación. Y ese líder no es en ningún momento el mejor candidato para ganarse el premio anual del servidor con capacidad de liderazgo.

Una mejor forma de hacer lo que haya que hacer sin necesidad de ejercer este tipo de autoridad es utilizando el *poder personal*. Este enfoque consiste en animar a cada persona a tomar ventaja de sus dones, talentos y habilidades para convencer a los demás de hacer lo que necesitan hacer o para ayudarles a ver las cosas desde su punto de vista. Al utilizar su poder personal como líder, aquellos a quienes usted está ayudando no se sentirán amenazados, sino participantes de la solución y compañeros en el proceso. Por lo tanto, desarrollarán un sentimiento de autoempoderamiento porque su líder los está invitando a opinar y a participar.

Durante años he pensado que este concepto es la forma de "lograr que alguien haga lo que es necesario que haga sin que se dé cuenta de que lo está haciendo". Tener tacto y diplomacia son quizás los más esenciales de todos los componentes del liderazgo de servicio porque son los que marcan la diferencia entre un enfoque tradicional autoritario y el liderazgo de un verdadero servidor.

Este capítulo deja en claro que un enfoque gentil y relajado —que utiliza el *poder personal*— contribuye en gran manera a que sus prospectos observen que en usted existe un elemento positivo diferenciador que le permitirá hacer más fácil el proceso de convencerlos para que escuchen la presentación de su negocio.

Tener capacidad de compromiso en el crecimiento de la gente

Los servidores con capacidad de liderazgo creen que su recompensa al ayudarles a los demás a hacer exitosos no solo es emocional sino también financiera. Ellos tienen fe en la gente y practican el principio de que no hay nadie inferior a ellos; la única diferencia está en los títulos, en las responsabilidades que cada uno desempeña y en la descripción del cargo.

Los servidores con capacidad de liderazgo se interesan por su equipo y están comprometidos a ver a todos sus miembros triunfar. Para tal efecto, les proveen educación profesional continuada, entrenamiento personal y consejería, en la medida en que el horario se los permita.

El Dr. Taylor Hartman, autor del *best seller The Color Code*, ha sido mi amigo personal, maestro y confidente durante más de 20 años. Así es como él explica esta característica de los líderes:

> "Ayudarles a los demás a sentirse importantes eleva la calidad de nuestra propia vida. Es así

como generamos una relación ganar-ganar puesto que desarrollamos y practicamos la capacidad de 'hacernos a un lado' para escuchar a los demás y lograr que ellos a su vez sientan escuchados".

Luego describe lo que significa eso de "hacernos a un lado" utilizando una muy buena analogía:

"Si usted es el dueño de un perro (o mejor dicho, si tiene un perro que es el dueño suyo), entonces usted vive con un experto en hacer que otra gente se sienta importante. ¡Qué bueno es este modelo innato! ¿Se ha dado cuenta de que el perro es el único animal que no necesita trabajar para sobrevivir? La gallina tiene que poner huevos; la vaca da leche y el canario tiene que cantar, pero el perro no hace otra cosa que no sea dar amor y cariño. Tenemos un perrito callejero llamado Dusty, y él solo vive para mi hijo T. J. Todos los días, cuando el bus de su escuela está próximo a llegar a nuestra casa, Dusty se escapa por la puerta trasera y corre hasta la parada del bus a esperar que mi hijo descienda del autobús.

¿Cómo lo hace? ¿Cómo sabe que ya es hora? El perro no tiene reloj y, sin embargo, día tras día sale a buscarlo a la hora indicada. Dusty sabe intuitivamente lo que todos los perros saben —que usted puede hacer más amigos en dos minutos al mostrarles a otros su genuino interés por ellos, que en dos años tratando de convencer a los demás para que se interesen en *usted*.

Los servidores con capacidad de líderes con frecuencia ponen sus habilidades al servicio de los demás como una manera de abrir la puerta a la posibilidad de que haya alguien que necesite de su mentoría. Ellos conocen los nombres de todos a quienes lideran y los utilizan en su presencia para brindarles confianza e inspirar la lealtad que se requiere para trabajar en equipo; también buscan puntos en común con ellos y les hacen saber que ellos también están contribuyendo al éxito empresarial.

Construir comunidad

Cuando pienso en este rasgo, lo que viene a mi mente de inmediato es el desarrollo de una cultura empresarial. Construir comunidad es la segunda naturaleza de un servidor líder; esa es la base del desarrollo de un ambiente en el que todos los involucrados crecen, disfrutan de éxito y se ganan la vida trabajando en equipo. La cultura empresarial es un aspecto importante que anima a los jugadores o empleados a tomar riesgos calculados basados en investigaciones sólidas. Los servidores líderes son abiertos a estas oportunidades de riesgo, y cuando triunfan, el premio es para todos.

También reconocen que, en la vía al éxito, el fracaso es inevitable, y son extremadamente comprensivos cuando el riesgo termina en derrota. A este respecto de la cultura empresarial le denomino "permiso para fracasar". Este concepto empoderador erradica el temor al miedo de entre los miembros del equipo y genera un ambiente propio para la libre expresión de ideas y conceptos —que en últimas contribuyen al éxito de la organización.

La cultura empresarial de este tipo de líderes no consiste en tener "el programa del mes", sino que es un compromiso de por vida que tanto las organizaciones como los individuos deben adquirir para adoptar un nuevo paradigma que les ayude a lidiar unos con otros. En mi propia experiencia como líder de más de una entidad comercial y de miles de trabajadores he visto equipos de empleados hacer una transición en su manera de pensar, y en el proceso generar una ética de trabajo mucho más creíble y flexible. Esta actitud, y el tipo de cultura que la genera, conllevan a relaciones de mejor calidad con los clientes e incrementa el nivel de lealtad y confianza en el liderazgo de la empresa. Después de todo, tendemos a tratar a los demás como nos tratamos a nosotros mismos, ya sea bien o mal.

Otra forma de expresar este cambio de paradigma es decir que los miembros del equipo pueden relacionarse mejor a la cultura empresarial y adoptarla como propia al mismo tiempo que adquieren una comprensión más profunda de la totalidad del panorama y de la estrategia laboral. Los miembros de su equipo de mercadeo en red apreciarán más el valor que le aportan a la organización y además estarán más dispuestos a contribuir al éxito de la empresa en general.

De la misma forma, los líderes con capacidad de servicio se definen a sí mismos por la forma en que los miembros de su equipo los aprecian y se refieren a ellos, pues los líderes también necesitan amor y aprecio. Ellos se merecen un gran respeto por, literalmente, hacer girar al revés la pirámide de los organigramas tradicionales. Por su estilo de liderazgo, ellos se esfuerzan para que, en lugar de que la base les sirva a los pocos que se encuentran en la parte superior, ocurra lo contrario y los pocos que están en la parte superior les sirven a los muchos que forman la base. Después de todo, como ya se ha indicado antes, una empresa de mercadeo en red tiene la misma forma piramidal que cualquier otra estructura corporativa. Sin embargo, esta pirámide invertida es revolucionaria cuando se implementa desde el modelo de liderazgo de servicio.

Cómo aplicar el liderazgo de servicio a su negocio

En este momento usted debe estar pensando: "Todo esto suena muy bien, pero ¿qué tiene que ver con el mercadeo en red en general, y más específicamente con mi negocio en casa?" Esa es una gran pegunta. Y aquí va la respuesta.

El negocio de comprar y vender no es ninguna otra cosa que el acto de determinar en quién usted confía y cree. Cada uno de nosotros hacemos una serie de juicios de valor cuando miramos los comerciales en la televisión y nos sentimos atraídos por algún producto o servicio. Nos preguntamos: "¿Ese producto o servicio sí valdrá ese precio?" "¿Sí cubrirá mis necesidades?" "¿Sí está fabricado por una empresa respetable y fiable?" Muchas otras preguntas vienen a la mente durante ese proceso en fracción de un minuto —y las respuestas no se hacen esperar.

Tomamos un riesgo cada vez que compramos algo; y dependiendo del costo del producto o servicio, el riesgo puede ser monumental o minúsculo. Por supuesto, el riesgo es mucho mayor cuando la inversión también es mayor, como la compra de una casa o de un auto, que cuando estamos pensando en comprar un par de gafas o un electrodoméstico. Sin embargo, en cualquier caso, estamos sopesando el factor confianza: ¿podemos confiar en el fabricante o en el representante de ventas que está sentado frente a nosotros?

La belleza del modelo de mercadeo en red es que con mucha frecuencia usted está sentado al otro lado de la mesa frente a un individuo que tiene mucho que ganar si acepta su oferta de vincularse al negocio. Pero la desventaja es enorme si desperdiciamos la oportunidad de presentárselo. Todos los empresarios dueños de negocios y los profesionales del mercadeo en red exitosos entienden el valor de vivir y respirar la mentalidad y la cultura de liderazgo de servicio. Cuando usted también se sumerge en este concepto, hace todo lo posible para convencer a su prospecto para que se convierta en su socio de negocios pues no es tan solo una oportunidad financiera para dicha persona ya que el éxito que él obtenga le beneficiará también a usted.

A medida que hemos ido educándonos como consumidores también se han vuelto más y más difícil engañarnos. Hoy en día nos preparamos y estudiamos bastante abordando temas de investigación controversiales y profundos para averiguar si existen falencias en alguna oportunidad que se nos presente antes de dar el salto y aceptarla. Hemos llegado a ser muy astutos, gracias en parte a la proliferación del internet y a la facilidad del acceso ilimitado de datos que ahora tenemos a nuestra disposición. Además, hoy en día leemos las etiquetas de los productos con más cuidado y estamos siempre alertas y en busca de todo lo que debemos evitar, sobre todo cuando se trata de productos para nuestro cuerpo y la salud.

Los verdaderos servidores con mentalidad de líderes prosperarán en el mundo del mercadeo en red más que cualquier otro tipo de líder. Ellos cosecharán los beneficios de este modelo de distribución al cual, quienes pertenecemos a él, cariñosamente llamamos negocio de *relaciones interpersonales o mercadeo en red.*

Parte III

Sus herramientas de mercadeo
—Después de los primeros 90 días

Estrategias de mercadeo de última generación

Antes de tocar el tema de las avanzadas estrategias de mercadeo que conforman la Parte III, hablemos un poco de tecnología. Como todos sabemos, la tecnología continúa cambiando a pasos agigantados. Los artefactos inalámbricos de hoy se convierten rápidamente en la basura del mañana. Pero, ninguna de estas herramientas evolucionará lo suficiente como para que un profesional del mercadeo en red construya todo su programa estratégico basado en ellas sin parecer que estará "fuera de moda", dentro de muy corto tiempo. Esa es la desventaja de basarse en la tecnología. La ventaja consiste en que nos permite agilizar el flujo de información entre una cantidad mucho mayor de clientes potenciales y en mucho menos tiempo.

Sin embargo, aunque algunos opinan que es conveniente utilizar los mensajes de texto y las redes sociales para construir relaciones, el mercadeo en red siempre ha funcionado bajo el concepto de relaciones de mercadeo. Nuestra opinión es que las relaciones interpersonales pueden ser mucho más profundas y confiables cuando la gente se comunica cara a cara y que siempre habrá la necesidad de formar verdaderos grupos sociales para interactuar en persona o vía telefónica en tiempo real. Si la tecnología llegara a reemplazar alguna vez a las relaciones de mercadeo cara a cara, boca a boca, el mercadeo en red dejaría de existir al poco tiempo de que esto sucediera. ¿Por qué habría de pagarle una compañía a unos dueños de negocios independientes la mitad de cada dólar por reclutar y hacer ventas si ella misma puede mover sus productos y servicios a través de canales de distribución, y además pagarle tarifas mínimas a un grupo pequeño de gente?

No me malentienda; no se trata de denigrar ni subestimar las ventajas que ofrecen los sitios web, los artefactos inalámbricos y otra inmensa cantidad de nuevas tecnologías. Nosotros también contamos con ellas para mejorar la velocidad, el alcance y la efectividad de la información. Sin embargo, no creemos que la tecnología llegue a reemplazar alguna vez al contacto social genuino ni a la publicidad boca a boca. Lo que sí sabemos es que una de las grandes ventajas de nuestra profesión es que las máquinas jamás podrán remplazarnos. En otras palabras, los profesionales del mercadeo en red no tendrán que pasar por procesos como disminución de personal, *outsourcing*, ni remplazo de empleos por aplicaciones tecnológicas. Nosotros no estamos frente a una línea de ensamblaje de bombillitos, ni sentados en un cubículo de una oficina calculando cifras; nosotros somos seres humanos que hablamos con otros seres humanos. Así que, sí, la tecnología nos provee herramientas maravillosas; pero, no, ellas no son el reemplazo suyo ni mío —ni nunca lo serán.

En cuanto le sea posible, utilice los contactos de las redes sociales para mantenerse actualizado, para generar conexiones con otra gente y para reencontrarse con personas que fueron parte de su pasado. Pero resérvelas para conectarse y no para exponer y presentar su negocio. Desarrolle relaciones, recolecte información de sus contactos, y después, hable con la gente directamente. Así es como se construyen las relaciones interpersonales genuinas.

Tanto en el capítulo anterior como en este encontrará unas cuantas estrategias de mercadeo que le servirán para mantenerse en la cima del juego.

Capítulo 14

El juego de herramientas para ganar millones

Mark Yarnell

L as herramientas que hacen posible ganar mucho dinero al mes en el mercadeo en red son tan obvias que cuando usted se las explica a la gente, por lo general se avergüenzan de no haberlas visto antes. (Por supuesto, nunca es una buena estrategia ridiculizar a nuestros prospectos por no evidenciar lo que es obvio).

Muchos de nosotros hemos visto programas de televisión en los cuales el promedio de la gente ha pagado algunos pesos por obras de arte horribles, solo para descubrir que los expertos en antigüedades las consideran como tesoros y las avalúan en astronómicas cantidades de dinero. Aunque siempre es posible volverse millonario a punta de suerte, la productividad, acompañada de sabiduría, es la mejor forma de asegurar nuestra seguridad financiera. Este capítulo le dará la sabiduría y las herramientas que usted necesita para sacar la bola del estadio; su nivel de productividad en cuestión suya.

Herramienta #1:
El enfoque unilateral

Ninguno de nosotros ha conocido jamás a nadie que haya surgido hasta llegar a la cumbre del éxito de alguna empresa como resultado de un esfuerzo parcial. ¿Puede usted imaginarse a un *quarterback* del Supertazón entrenando nada más medio tiempo? ¿Y qué tal un cirujano, un líder corporativo, un político o un profesor que trabajen solo a veces con el fin de llegar a la cima de su profesión? Muchos de nosotros nos sentimos cómodos frente al hecho de que existan numerosas leyes diseñadas para protegernos de inescrupulosos que solo practiquen su profesión de vez en cuando. Después de todo, ¿quién querría entregarle sus bienes a un corredor de bolsa que trabaja medio tiempo; o ahorrar dinero para hacerse una cirugía de corazón con un cirujano que solo practica su profesión durante medio tiempo y que además es asistido por unas enfermeras principiantes? ¿Cuándo fue la última vez que un golfista que haya jugado medio tiempo ganó el Masters? ¿O que un corredor de autos que entrena medio tiempo ganó el Daytona 500? ¿Alguna vez han escuchado sobre un maratonista que practicando medio tiempo ganó una medalla de oro durante las Olimpiadas? ¿Ha sabido usted acerca de algún colaborador desconocido de Wikipedia que haya escrito un *bestseller* internacional?

Lo que quiero decir es esto: quienes sobresalen en lo que hacen se enfocan únicamente en su labor hasta *convertirse* en expertos. La esencia del mercadeo en red no es diferente a la de cualquier otro campo. De hecho, dada nuestra habilidad para ganar enormes cantidades de dinero, es muy probable que esta sea una de las profesiones que requiere de *mayor* enfoque que otras. Me he devanado el cerebro y sin embargo no recuerdo a nadie que haya entrado a esta profesión y alcanzado unos ingresos dignos de mencionar haciendo el esfuerzo de trabajar tiempo parcial —a nadie. Lo que sí ha sucedido es que ha habido gente que comenzó a trabajar en este negocio medio tiempo, ganó una pila de dinero reclutando a un puñado de triunfadores y luego tomó la decisión de dejar su empleo y dedicarse a trabajar en su empresa tiempo completo. Otros han decidido vincularse tiempo completo después de trabajar un par de años de tiempo parcial durante los cuales lograron remplazar los ingresos que les producía su empleo anterior. Pero nadie ha logrado cheques desorbitantes realizando multitareas ni enfocándose en una docena de cosas a la vez.

No le estoy sugiriendo que trate de convencer a sus prospectos para que dejen de hacer todo lo que han estado haciendo hasta el momento y empiecen a trabajar tiempo completo desde el primer mes. Esa no es su función. Lo que sí le recomiendo es que le eche un buen vistazo a su espejo. ¿Está usted tratando de ser un líder de medio tiempo? Si es así ¿de verdad piensa que la gente no se dará cuenta de su falta de enfoque? ¿Habrá alguien que quiera ingresar a su empresa y se sienta satisfecho al observar que usted trabaja solo una parte de su tiempo? ¿Está usted trabajando tiempo parcial porque en el fondo de su corazón se ha dado cuenta de que su empresa actúa de maneras que le preocupan, como por ejemplo cambiarlo de su línea descendente (del equipo que estaba debajo de usted) o efectuar cambios en el plan de compensación? ¿Los productos carecen de validación científica o no están patentados? ¿Su pareja se rehúsa a apoyarlo en sus esfuerzos para construir un negocio propio? ¿Está asustado porque carece de las motivaciones personales que necesita para triunfar? ¿Es su líder en línea ascendente una persona incompetente, sin ética y le falta acción? Si ese es el caso ¿ha buscado a alguien más que pueda asesorarlo y todavía no encuentra a nadie apropiado? ¿Los recién ingresados a su empresa están dejando sus trabajos de tiempo completo porque están recibiendo iguales o mayores ingresos que en esos empleos?

Sus razones para involucrarse en su negocio durante medio tiempo son inconsecuentes y una excusa le resultará tan buena como las demás, pero seguirán siendo excusas. Sin embargo, le diré: la herramienta principal para hacer una fortuna con un negocio independiente de mercadeo en red es que usted se *enfoque unilateralmente* para lograrlo. En algún momento todos tenemos que afrontar la gran pregunta: ¿Estoy dispuesto a hacer esta labor tiempo completo y darle a esta oportunidad el esfuerzo que merece para triunfar? Está bien si su respuesta es negativa, pero tenga en cuenta que nunca sabrá si en realidad sí hubiera podido ganar esos $100.000 dólares al mes que tanto quiere siguiendo los pasos de aquellos que se han enfocado unilateralmente en este campo. Muy pocas personas que le han dedicado tiempo parcial a este negocio han llegado a ganar el dinero que desean.

Herramienta #2:
La exposición como plataforma de lanzamiento

Como ya usted sabe, los prospectos deben pasar por ciertos pasos antes de decidir vincularse a este negocio. El primero —el paso de la exposición— es el más crítico porque es la parte del proceso en la que usted debe animarlos a unirse a su empresa. Y para lograrlo, usted necesita llamar su atención y motivarlos para que se interesen en el negocio. La forma más eficaz de utilizar esta herramienta de reclutamiento es sabiendo dar una breve y a la vez completa explicación; una que sea informativa, fácil de entender, motivante, y que esté disponible en diversos formatos.

Y cuando su encuentro con sus prospectos sea cara a cara, vaya lo mejor preparado para su exposición. Si el encuentro es vía online o por teléfono, tenga a mano esta misma información en su sitio web y envíeles su link de inmediato. Haga que cada herramienta que va utilizar durante este paso esté disponible en todo formato para que pueda darles a sus prospectos toda la información que ellos necesitan lo más pronto posible.

Existen dos clases de herramientas para exponer: genérica y específica. Encontrará un ejemplo de una exposición genérica en www.yournewbusimessplan.com. Le recomiendo que, bien sea usted o el líder de su equipo, cree esta herramienta, ya sea específica o genérica, ya que esta se convertirá en un componente necesario para cualquiera que desee obtener muy buenos ingresos. Mientras más efectivo sea ese CD o sitio web que usted les recomiende a sus prospectos, más dinero ganarán, asumiendo que usted tiene acceso inmediato a la siguiente herramienta —el maestro de validación.

Herramienta #3:
El maestro de validación

La mayoría de empresarios "exitosos" tiene una ventaja estratégica sobre los demás dueños de negocios independientes que todavía no lo son, pero algunos no quieren hablar de ella porque temen que su propio sentimiento de grandeza se vea disminuido. Se trata de los grandes maestros del mercadeo que existen en cada empresa legítima de mercadeo en red. Son individuos con habilidades excepcionales para vender, motivar y reclutar. Ellos han hecho grandes cantidades de dinero escuchando toda clase de objeciones, pero sabiendo cómo manejarlas a todas y cada una de ellas. No hay prospecto que ellos no hayan logrado convencer para que se unan al negocio. En alguna parte de su línea ascendente siempre existe un hombre o una mujer que estén interesados en que usted tenga éxito. Algunos de nosotros hemos sido entrenados personalmente por esta clase de maestros. Por lo general, estamos bien debajo de ellos en su línea descendente. El truco consiste en ir ascendiendo hasta encontrar a ese maestro que lo acompañará al llamar a sus prospectos junto con usted —la llamada que se conoce como el *paso de validación*.

Es indispensable que usted tenga acceso a por lo menos un distribuidor maestro, de lo contrario, se encontrará en muchas dificultades. ¿Por qué? Porque todo profesional del mercadeo exitoso fue primero un fracasado —y usted no es la excepción. El mayor beneficio de nuestra profesión es que nos permite ser aprendices bajo la dirección de un gran maestro del mercadeo. Si desde el principio usted no se dispone a aprender, fracasará. Esto no significa que los dueños de negocios independientes que apenas comienzan no serán capaces de triunfar a menos que no tengan a un maestro que los guíe; lo que significa es que sus posibilidades de llegar a la cima disminuirán en gran manera si no se dejan guiar por los expertos. A eso se debe que muchos dueños de empresas que están comenzando estén dispuestos a pagarles enormes bonos a distribuidores maestros para que se unan a su equipo puesto que su sabiduría y habilidades son sencillamente incalculables.

Si no hay alguien en su línea ascendente que sea a la vez exitoso y de fácil acceso, usted estará enfrentando esa desventaja. Es así de sencillo —aunque le aseguro que no encontrará esta afirmación en casi ninguno de los libros relacionados con esta industria. De hecho, si usted no encuentra a alguien con este perfil, tenga cuidado porque esa es una señal que indica varias cosas, cada una de las cuales significa un gran problema. Primera, que en la empresa que usted eligió no hay nadie ganando una cantidad de dinero realmente significativa. Segunda, que no hay nadie que esté ganando esa gran cantidad de dinero y que a la vez tenga el deseo de servirles de entrenador a aquellos que lo necesitan. O tercera, que todos los líderes están jugando al juego del ego y tienen la mentalidad de "usted no vale la pena y por lo tanto no se merece mi valioso tiempo". Ninguna de estas razones es válida. (Muéstreles este capítulo a aquellos que se rehúsan a entrenarlo y observe si cambian su manera de pensar. Si no, lo más probable es que le haya llegado el momento de buscar un lugar donde de verdad lo asesoren y valoren como miembro del equipo).

Herramienta #4:
La motivación inicial

Es sorprendente ver que muy poca gente entiende la enorme importancia que tiene la motivación inicial en la conformación de una empresa. La razón por la que muchos soñadores con grandes capacidades para haber tenido una gran fortuna en este negocio renuncian llenos de frustración es porque se les olvidó qué fue lo que les interesó al comienzo. Por alguna razón, muchos se sienten tan emocionados por los excelentes comentarios sobre los productos, el equipo y la empresa —que se vinculan a ella, compran su kit y hacen su lista de quienes consideran como sus primeros posibles contactos. Luego, se aprenden de memoria la literatura que les ayuda a aproximarse a sus contactos y se dedican a llamarlos de inmediato. Pero después de unas cuantas llamadas, se les olvida cual fue su "motivación inicial". En este punto, al sentirse rechazados van cambiando su manera de pensar y comienzan a moverse bajo un concepto muy distinto al que los motivó inicialmente. Allí es cuando todo tambalea.

El siguiente es un ejemplo de la vida real: Bob se sentía inconforme en el lugar en el que trabajaba y durante varios meses se dedicó a buscar otro trabajo hasta que recibió una llamada de alguien que le propuso vincularse a una empresa de mercadeo en red. Bob necesitaba ganar mucho dinero y quería tener tiempo disponible para él y su familia así que, al escuchar sobre los productos y la propuesta del negocio, decidió vincularse. Probó los productos (eran productos para la salud) y se enamoró por completo de su valor terapéutico. Dejó de tener dolores de cabeza y pudo volver a dormir como un bebé después de 20 años de insomnio. En menos de nada, Bob había creado un sitio web y un blog con el propósito de conseguir clientes que estuvieran interesados en beneficiarse de los resultados de esta maravilla de productos.

¿Cuál fue su error? Sencillo. Bob se olvidó de su motivación inicial —aquello que lo impresionó en el primer momento— y cambió la estrategia de reclutamiento que consiste en hablar de la oportunidad de ganar independencia financiera y tiempo libre y se dedicó a enfatizar en el hecho de que sus productos eran buenos para curar el dolor de cabeza y la falta de sueño. Ese fue su gran error.

Recuerde esta herramienta: tenga siempre en cuenta qué fue lo primero que lo motivó para querer iniciar su empresa. Solo unos pocos sufren de dolor de cabeza mientras que muchos buscan por todos los medios adquirir seguridad financiera.

Si usted se une a una empresa por razones como las de Bob —es decir, porque le ofrece estabilidad financiera y tiempo libre— no trate después de convertirse en un doctor (ni en un gurú del bienestar físico, ni en un experto en moda, ni en cualquiera otra profesión que esté relacionada con sus productos o servicios). ¡Manténgase enfocado en la que fue su *primera motivación*! Tenga la seguridad de que será muy válida también para los demás.

Herramienta #5:
Estrategia para evitar sentirse insignificante

Hace algunos años un pequeño grupo de líderes y entrenadores pertenecientes a nuestra industria realizaron la que ellos llamaron "una autopsia del mercadeo en red". Su objetivo principal era acumular una lista de profesionales que hubieran renunciado a nuestra industria durante sus primeros meses sin haberse dado una verdadera oportunidad para tener éxito en este campo. Ellos querían determinar si era posible identificar cuáles fueron las causas específicas de su fracaso. Y encontraron una: temor a sentirse insignificantes. En pocas palabras, una de las primeras leyes de la naturaleza humana es que todos tenemos la honesta necesidad de ser valorados, relevantes y significativos. Los hombres y mujeres que se distinguen en determinados campos disfrutan del respeto de sus contemporáneos y con frecuencia este respeto les genera aún mayor importancia que la que produce el dinero.

Observe el siguiente escenario: Nancy es la dueña de una franquicia altamente productiva, pero el estado de la economía le ha impedido que su empresa siga creciendo. Entonces comienza a buscar una alternativa que le genere ingresos adicionales y un buen amigo la conecta con una compañía de mercadeo en red cuyo futuro es bastante prometedor. Entonces ella decide documentarse e investigar lo suficiente con respecto al asunto y en últimas decide vincularse. Su entrenador en línea ascendente le sugiere que haga la lista de sus 25 mejores contactos, y ella la hace. Entonces, armada de cierto entusiasmo, Nancy comienza a llamar a sus contactos —primero a sus mejores amigos—, a la gente que la respeta por ser la dueña de una franquicia exitosa. Muchos de ellos no demuestran ningún interés en pertenecer al mercadeo en red; y en lugar de tratarla con el respeto al que ella está acostumbrada, la rechazan. Como consecuencia, por primera vez en toda una década, su autoestima sufre un "golpe" mayor. Lo último que ella quiere o necesita en este momento es sentirse marginada por sus amigos. Después de unas pocas llamadas durante sus primeros días, Nancy se siente aplastada por un sentimiento de insignificancia y falta de respeto, y decide renunciar.

El caso de Nancy no es inusual. Se repite una y otra vez en esta industria. ¿Cuál es la solución?

Es enseñarles a los nuevos dueños de negocios independientes a permanecer alejados de sus amigos cercanos y de sus familiares *hasta* que hayan practicado el proceso de hacer contactos con personas que no les generen tanta carga emocional. Nancy debió haber sido entrenada para comenzar por contactarse con personas no tan cercanas a sus afectos, sobre todo cuando se tratara de reclutar. Si ellas firman, magnífico; pero no debió haber comenzado por sus mejores prospectos. La razón para esto es que ella, al igual que todos los recién ingresados al mercadeo en red, necesita experiencia para responder a las objeciones. Todo mundo tiene distintos puntos de vista con respecto a nuestra industria y cada quien está dispuesto a expresárnoslos desde el principio basándose en muchos de los prejuicios estereotipados que se han difundido de manera viral.

Procure tener en mente lo siguiente: quienes recién comienzan en este negocio creen que tienen por lo menos dos amigos que se vincularán a su empresa de inmediato y que les ayudarán a ganar mucho dinero. De lo que no se dan cuenta es del hecho de que, incluso sus amigos más cercanos, les responderán con dos o tres argumentos en contra —por lo general, ridículos. Las Nancys de este mundo no están preparadas para enfrentar todos esos argumentos; ellas asumen que sus amistades sienten tanto respeto hacia ellas que se vincularán de inmediato a su negocio y comenzarán a trabajar. Pero la verdad es que se resistirán al mercadeo en red y hasta lograrán que el novato en el campo se sienta ridiculizado por primera vez en mucho tiempo.

Mi consejo es el siguiente: asegúrese de que Nancy se acerque a sus mejores amigos hasta la segunda semana de haber comenzado a practicar y de haber enfrentado infinidad de objeciones. De otra manera, ella se alejará de este negocio convencida de que a la propia gente que ella esperaba que le ayudará a triunfar y a conseguir dinero no le interesó la posibilidad de tenerla como su socia.

Las conjeturas de Nancy, de que sus encantos e inteligencia serían suficientes para reclutar mejores amigos, eran tristemente incorrectas. Ella —como todo novato en el mercadeo en red— necesitaba prepararse para las reacciones iniciales de sus amigos *antes* de enfrentarse a ellos.

Valerie y yo tenemos grandes amigos que nos han visto ganar millones de dólares en esta industria. Ellos nos invitan a sus eventos sociales y nos aman inmensamente. Pero cuando nosotros traemos el tema del mercadeo en red, ellos salen despavoridos. Es muy claro que ese no es el lugar para comenzar a hablar de mercadeo.

Herramienta #6:
La póliza de seguro

Usted no necesita reclutar gente la primera vez que conoce a alguien. Pero *siempre* querrá plantar la semilla que en algún momento germinará en determinado prospecto que desee saber más del negocio. Mucha de la gente a la cual usted se acerca estará o ya ha estado vinculada a una compañía de mercadeo en red. Eso significa que están molestos de haber fracasado o pretenderán estar felices en su actual empresa, incluso si se sienten miserables. No trate de discutir con ellos. Todos los prospectos estarán en determinado momento en la posición de renunciar a lo que están haciendo y cambiar de empresa. Cuéntele a toda la gente que conoce que usted quiere estar en sus pólizas de seguros. Aquí está el manuscrito:

"James, estoy feliz de que estés vinculado a mi profesión. Por favor, recuerda una cosa: ahora tienes una póliza de seguros y esa póliza soy yo. Si alguna vez te das cuenta de que estás ganando menos dinero del que vales, o alguien en tu empresa te miente o se niega a proceder éticamente, llámame. Prométeme que me llamarás a mí primero cuando quieras hacer un cambio en tu vida".

Use esta estrategia con toda la gente que conozca. La gente cambia de empleo cada 3.6 años y por una gran variedad de razones. Siembre en la mente de todos sus prospectos la semilla de que usted es la respuesta a todos sus problemas.

Ahora, son todas suyas. Todas estas son las herramientas secretas de muchos empresarios exitosos del mercadeo en red. Todas están calculadas para ayudarle a ganar $100 mil dólares al mes. Funcionan —y de manera muy efectiva.

Capítulo 15

Estrategias avanzadas de reclutamiento libres de rechazo

Mark Yarnell

Como ya hemos dicho antes, el miedo al rechazo causa que, con mucha frecuencia, la gente se paralice frente a la posibilidad de hacer mercadeo en red. Y aunque todos sabemos que ser rechazado no implica daños físicos ni lesiones personales, mucha gente siente tanto temor al rechazo que se paraliza tanto en su trabajo como en su vida personal. Pero ¿qué si no hubiera posibilidad de rechazo? ¿Qué si no existiera *nada* de qué temer? Esa es una posibilidad bastante real si usted utiliza las estrategias que le describiremos en este capítulo.

Para proseguir, usted necesitará una mente abierta. No se niegue a ningún método en particular solo porque no le agrada de inmediato; por el contrario, tampoco asuma que aquellos que *sí* le agradaron en un comienzo les funcionarán a todos los miembros de su organización. Todo es cuestión de preferencias personales, así que revise la información que le daremos desde una sola perspectiva: la suya.

Estas estrategias fueron desarrolladas por muchas clases de líderes que se ingeniaron sus propias formas de conseguir prospectos y les funcionaron muy bien. ¿Por qué, pensaban ellos, habría alguien de intentar forzar a otros a emplear sus tácticas preferidas únicamente porque les funcionan a ellos? Es un reto para el ego de un líder aceptar que nadie tiene la clave de alguna estrategia específica y que no existe un enfoque universal efectivo que le funcione a todo el mundo de la misma manera. Esto no contradice la idea de duplicación en términos de aplicar un sistema como el de los cinco pasos que mencionamos antes. Me estoy refiriendo a *estrategias y tácticas* dentro de un sistema duplicable de mayor envergadura —al proceso de construir su negocio.

Por eso es tan esencial darle a cada miembro de su organización la oportunidad de seleccionar y emplear sus estrategias de reclutamiento favoritas. Como ya hemos dicho, los profesionales del mercadeo en red se mueven a diario entre dos actividades primarias: vender y reclutar. Este capítulo se enfoca en la segunda.

Para comenzar, analice lo siguiente: los profesionales del mercadeo en red, no los prospectos, causan rechazo. Se sorprenderá al saber que los dueños exitosos de negocios no enfrentan virtualmente ningún rechazo mientras que los fracasados parecen no lograr evitarlos. Esta infortunada realidad es primero que todo el resultado de un malentendido general en cuanto a lo que es en realidad el rechazo, y cómo y por qué ocurre. Entonces, antes de comenzar a explorar las herramientas específicas para hacer mercadeo en red libre de rechazo, examinaremos el fenómeno del rechazo definiéndolo y entendiendo de qué manera los profesionales del mercadeo mismos —no los prospectos— lo causan, bien sea por su enfoque o por su respuesta interna a la decisión del prospecto.

Entendiendo el rechazo

Los profesionales del mercadeo millonarios evitan lo que los profesionales del mercadeo pobres generan. La mayoría de los seres humanos está cableada para ser escéptica y a la defensiva. Nos guste o no, los seres humanos poseemos esos dos rasgos. Por esta razón la gente tiende a ponerse a la defensiva cuando es confrontada por preguntas inapropiadas o con aire de quejas. A eso se debe que surja el rechazo cada vez que un profesional del mercadeo le dice algo equivocado a la persona equivocada, de la manera equivocada y en el momento equivocado. Y es por eso también que debemos interesarnos en aprender a desarrollar la habilidad de evitar el rechazo.

Por desgracia, muchos de nosotros negamos nuestro papel con respecto al rechazo; también es importante definir qué es negación y así incrementar nuestra comprensión del papel que esta juega en el mercadeo en red. La negación es un mecanismo autoimpuesto diseñado para proteger el ego contra información que no sabemos o no queremos manejar. Por supuesto, nadie quiere creer que ha causado reacciones negativas en sus prospectos. Como empresarios brillantes, que estamos *realmente involucrados* en nuestro negocio, pensamos que ¿cómo es posible que esos prospectos tan afortunados rechacen nuestros esfuerzos por querer ayudarlos a escapar de su carrera de ratas? ¿Cómo es eso de que su rechazo sea nuestra culpa? ¿Cómo pueden ser tan crueles y antagonistas? La única forma en que todas estas preguntas tengan sentido para nosotros es negando nuestro papel antagónico frente a quienes estamos tratando de ayudar. ¿Correcto? *No, no es correcto.*

Esto es lo que ocurre: Joe Novato recibe un enfoque de ventas que se supone que es adecuado para todo mundo; o lo que es peor, se inventa uno que a él le parece "agradable". Ejemplos:

"Discúlpeme, señor/señora, ¿tiene usted todo el dinero y tiempo libre que desea?"

"Discúlpeme, señor/señora, si yo pudiera mostrarle una manera de ganarse $2.000 dólares extra cada mes en un empleo de medio tiempo desde su casa ¿le interesaría?"

Este tipo de enfoques generalizados, que se supone que funcionan en toda clase de encuentros, generan, de hecho, *demandan una respuesta a la defensiva.*

He escuchado muchos de estos enfoques a lo largo de los años y todos me parecen igual de patéticos. Yo no sé usted, pero yo no estoy dispuesto a admitir frente a un total extraño en la calle o en su centro comercial que estoy quebrado y viviendo una vida estresante y miserable. De hecho, no estoy dispuesto a admitírselo ni siquiera a mi psicoterapeuta durante nuestras primeras sesiones. La gente detesta las preguntas personales inadecuadas; por eso yo opino que estos enfoques generan rechazo. ¿Quién está dispuesto a admitirle a un extraño, e incluso a un amigo, que necesita dinero? Lo digo en serio, cualquier prospecto que *no* rechace esa clase de enfoque podría estar patológicamente delirante.

Otra versión es el repentino y gentil asalto en el supermercado de alguien que pertenece a su línea ascendente ("línea ascendente" hace referencia al líder o líderes de su equipo; por lo general, es la persona que lo introdujo en el negocio). En este escenario, Joe Novato recibe la propuesta de hacer su lista de las 10 personas que podrían ser sus mejores prospectos en el supermercado para que de esta manera su líder ascendente pueda acompañarlo a lo que podría describirse como un "asalto repentino a un prospecto". Me estoy refiriendo, por supuesto, a una llamada en triple línea durante la cual su prospecto desconoce que dos personas están a punto de bombardearlo al mismo tiempo.

Digamos que Joe se conecta con su prospecto por teléfono, le hace este tipo de preguntas inadecuadas respecto a sus finanzas, y antes de que él pueda siquiera defenderse, Joe le presenta a su líder en línea ascendente quien a su vez procede a hacerle toda una inquisición. Al igual que lo hace Hulk Hogan cuando lleva a alguien a las cuerdas superiores, el líder de Joe arremete contra el prospecto y tratar de interesarlo en el negocio del mercadeo en red mediante enunciados estereotipados y haciendo uso de una sinceridad visiblemente falsa. Al final, el prospecto rechazará la oferta, a lo mejor con mucha amabilidad, pero jamás volverá a invitar a Joe a su fiesta navideña, ni jamás pensará en la posibilidad de unirse alguna vez a su equipo de trabajo. Y lo que es peor, alertará a sus amigos en común sobre el hecho de que Joe está tratando de involucrar a todos en su "esquema piramidal".

El rechazo es una respuesta apropiada a un enfoque inapropiado. Por el contrario, cuando nos acercamos a alguien mediante un enfoque sano e inteligente, por lo general, no recibiremos rechazos (a menos que se trate de un sociópata). La gente tiende a reaccionar a la defensiva cuando se siente acosada. Esa es la realidad que los profesionales del mercadeo millonarios entienden. Cuando tratamos de presentarle nuestro nuevo negocio a la gente que más amamos, queremos hacerlo de tal forma que no nos resulte intimidante. En muchos casos los líderes de línea ascendente no necesitan estar involucrados desde la primera llamada, y si lo están, debería ser de una manera tan discreta que no amedrente a nuestros familiares y amigos.

Puedo decir con toda honestidad que no he experimentado un rechazo durante las dos últimas décadas, ni tampoco mis asociados veteranos. ¿Me ha dicho alguien que no está interesado? ¡Por supuesto! Pero nunca me han atacado ni rechazado debido a mi enfoque personal.

Estrategias libres de rechazo

Los profesionales del mercadeo millonarios entienden el poder de las cifras. Los profesionales del mercadeo pobres se enfocan en venderles a muchas personas y luego intentan administrarlas.

Tenga en mente que existen numerosas formas de evaluación de los adultos —o medidas del éxito. Sería ingenuo de mi parte darle un valor máximo a alguna de ellas. Cierta gente se siente más motivada por el dinero; otros, por los títulos; hay quienes buscan celebridad; otros, propiedades; unos dicen que darles a sus hijos la mejor educación es su mayor prioridad, mientras que hay quienes no quieren tener hijos porque sus carreras significan todo para ellos; algunos son observadores; otros, hacedores. Yo respeto todas esas prioridades de cada persona. Sin embargo, para el propósito de este capítulo voy a enfocarme en un premio que motiva a la mayoría de los profesionales del mercadeo en red: el dinero. La mayoría de la gente está interesada en esta industria porque quiere ganar dinero. No sería honesto pretender que no es así.

Hay quienes ignoran nuestro sistema porque no están de acuerdo en que el dinero es importante. Otros se molestan y se quejan porque les parece que estamos demasiado enfocados en las posesiones materiales. Lo siento, amigos, pero ese no es el caso. El propósito de este libro es ayudarle al lector a alcanzar el nivel de riqueza y bienestar que él desea lograr una vez haya decidido triunfar desde el punto de vista financiero. Ganar dinero es una manera de ser evaluado, pero, como suelo decir, ese es un enfoque cándido de la mayoría de empresarios. Aquellos que se unen a nuestra profesión deben entender esto: el mercadeo en red es un juego de cifras. Entre más se acerque usted a la gente, más recluta; entre más gente reclute, y más venda productos y servicios, más dinero ganará. Punto. Final de la historia.

No es cuestión de "arrojar una cantidad de barro contra la pared y esperar que alguna se quede pegada". Más bien es cuestión de creer firmemente en su producto y en la oportunidad que usted *quiere* contarle a la gente respecto a ganar una buena fortuna, compartiendo la forma para ganarla con todo aquel que quiera escucharlo. He revisado infinidad de planes de pago de muchas compañías y ninguno tiene un tope. Si usted quiere ganarse $1 millón de dólares a la semana, nadie lo va a detener de lograrlo —excepto usted mismo. De nuevo, la clave está en las cifras. Los profesionales del mercadeo exitosos entienden que este es un juego de números. Los pobres, no parecen entenderlo.

Ciertamente, algunos quieren reconocimiento mientras que otros se sienten satisfechos pagando su carro; otros solo quieren ser parte de las redes sociales. Eso está bien. Pero, si su motivo es tener su propia fortuna, las cifras son definitivas.

Es muy importante darse cuenta de que muchos en su equipo en línea descendente —la gente que firmó en la organización a la cual usted pertenece y está debajo suyo— tendrán las mismas metas suyas. Si usted se pasa todo su tiempo ayudándole a gente que no está interesada en construir una gran organización, no alcanzará metas financieras sustanciales en su negocio de mercadeo en red. No es cuestión de tener o no la razón, ni de ser inteligente o estúpido, sino de hacer a un lado los juicios de valor y simplemente hacer lo que sea necesario para convertir sus sueños en realidad. Y más importante aún es no dejar que los "aprendices" lo retrasen criticando sus motivaciones.

Antes de darle una fórmula numérica para el éxito quiero asegurarme de que usted entienda la diferencia entre "líderes" y "aprendices" porque tendrá de los dos en su organización. Un líder es alguien que demuestra consistentemente que las cosas se pueden lograr. Un aprendiz es alguien que busca información. Las estrategias de reclutamiento que propongo a continuación funcionan para estos dos grupos.

Estrategia de reclutamiento libre de rechazo #1: La tarjeta de anuncio color verde lima

Para implementar esta estrategia usted necesita conseguir 100 o más tarjetas de 4×6, color verde lima. Al frente, en letra negra, escriba uno de los siguientes mensajes impresos de manera muy profesional y en letra mayúscula fácil de leer:

GANE $30.000 AL MES
USE ROPA DISEÑADA
MANEJE UN MERCEDES NUEVO
ESTAMOS ENTREVISTANDO INTERESADOS
PREGUNTE, PERO SOLO SI
ESTÁ SERIAMENTE INTERESADO
(Su número telefónico)

Muchos dueños de negocios de mercadeo al por menor cuelgan en sus negocios algunas carteleras donde la gente pueda dejar tarjetas de negocios o avisos. Su tarjeta verde lima atraerá la atención de inmediato y su mensaje generará curiosidad. Reparta esas tarjetas por toda la ciudad y prepárese a recibir muchas llamadas. (Nota: Aunque escribir en tarjetas, calcomanías del guardabarros de los carros y en carteleras, la cifra $30.000 a $50.000 por mes, estimulará más la curiosidad y parece una cifra más interesante, la gente pasará derecho y las ignorará. Más explicación sobre este tema en la estrategia de mercadeo libre de rechazo #5).

Para hacer seguimiento, asegúrese de que el mensaje de voz que grabó en su máquina contestadora sea bastante breve, amigable y profesional. Solicite que le dejen el nombre y el número telefónico y comprométase a devolver la llamada. Luego, agradézcale a la persona por haberlo contactado y agregué un mensaje divertido (una corta grabación que genere intriga e interés en su negocio) y su sitio web.

No grabe un mensaje de ventas, ni mencione a su empresa, ni a sus productos en su mensaje de voz. Si lo hace, perderá a la mitad de sus prospectos antes de que ellos siquiera le dejen sus nombres y números telefónicos.

Estrategia de reclutamiento libre de rechazo #2: Listas de datos específicos

Su lista de datos específicos es su mayor recurso al querer conseguir prospectos. Al decir "datos específicos" me estoy refiriendo a una lista en la cual aparezcan los nombres de la gente con la cual usted tiene cosas en común. Pueden ser agentes de bienes raíces, pilotos, escaladores o golfistas; en realidad no importa. Lo que sí es importante con respecto a esos datos específicos es que le permitan construir un enorme mercado en un corto periodo de tiempo.

Una empresa que provee listas de datos específicos es SRDS y la encontrará si ingresa a www.srds.com. Esta compañía representa a miles de comerciantes de todo el mundo. Lo único que usted necesita es adquirir una lista específica de individuos que tengan algo en común con usted. Si le parece muy costosa, haga un equipo y compartan los costos y las listas.

El siguiente es un ejemplo concreto de cómo utilicé una lista de datos específicos para reclutar, junto con un discurso que yo mismo grabé:

> "Soy piloto de parapente y adquirí una lista de pilotos de parapente de United States Hang Gliding Association. Tan pronto la recibí, tuve acceso inmediato a 30.000 personas que hacen parapente en este país. Lo emocionante de esto es que tengo algo en común con cada una de ellas".

Es bastante simple utilizar listas de datos específicos: es cuestión de comprar una y después llamar una a una a toda la gente que aparece en ella. Luego, usted se presenta resaltando el hecho de que usted hace lo que ellos hacen. Por ejemplo, yo llamaba a otros pilotos y les decía: "Hola, mi nombre es Mark Yarnell; soy piloto de parapente y entiendo que usted también lo es". Esta afirmación generaba un punto en común instantáneo cada vez que lograba conectarme con otro piloto. Luego decía: "Esto va a parecerle una locura, pero creo que encontré la manera en que nosotros, los pilotos de parapente, nos ganemos de $30.000 a $50.000 dólares por mes y podamos volar cinco días a la semana. Tome un lápiz y le daré el link de mi sitio web para que usted vea a lo que me refiero". En la mayoría de los casos, ni siquiera les preguntaba si el negocio les interesaba. Simplemente, les decía algo como: "Tome un lápiz, rápido. ¡Quiero darle un link de un sitio web en el que usted se informará sobre algo que yo estoy haciendo!"

Las listas de datos específicos son herramientas maravillosas; ellas hacen posible que individuos que tienen cosas en común —pasatiempos, profesiones, intereses culturales o deportes, por ejemplo— se conecten con otros que también estén interesados en los mismos temas. Supongamos que usted es una enfermera y consigue una lista de enfermeros que viven y trabajan a miles de millas de su hogar. Usted llama a cada uno de ellos y se identifica como enfermera. Luego, destaca el hecho de que ha encontrado una manera en que los enfermeros ganen una buena cantidad de dinero. Luego les pide que tomen un lápiz para que puedan escribir la información de contacto y revisen lo que usted les está ofreciendo. Así de sencillo es usar las listas de datos específicos para prospectar.

Mucha gente me ha dicho que no tiene contactos; dicen no tener ninguna clase de intereses, ni pasatiempos, ni pertenecen a una iglesia ni a otras organizaciones, por lo tanto dudan que puedan generar una lista de personas que se conviertan en sus prospectos. Pero, cuando continúo haciéndoles preguntas, en algún momento se dan cuenta de que sí tienen cosas en común con otras personas. Y usted también. Usted tiene un enorme potencial de personas que responderá favorablemente a su presentación una vez se den cuenta de que comparten con usted intereses en común. Todo lo que usted tiene que hacer es conseguir sus listas y comenzar a llamar; identifíquese y explique que usted se ha dado cuenta de que "gente como nosotros" tienen el potencial para ganar dinero en abundancia y así pasar más tiempo con sus seres amados.

Otros métodos interesantes —y subutilizados— para conseguir prospectos son las agencias de empleos, bien sean fijos o temporales, las cazatalentos y las reclutadoras. Una joven llamada Dionee, de Knoxville, Tennessee, empleó esta estrategia para prospectar, y en un año descubrió una mina de oro. Específicamente, encontró una agencia de empleos en su ciudad natal e invitó a almorzar a sus dueños, que eran una pareja. Durante el almuerzo les explicó que había comenzado un negocio y que tenía una idea que quería participarles a los dos. Naturalmente, frente a la posibilidad de asegurar a un nuevo cliente, la pareja aceptó la invitación.

Durante el almuerzo, Dionee hizo una pregunta muy importante y provocadora: "¿Sería mejor para los dueños de las agencias de empleo ganarse el 5% del ingreso mensual de sus clientes por el resto de la vida? ¿O la tarifa normal equivalente a un mes de ingreso cada vez que ellos ubiquen sus candidatos en sus trabajos? Dicho en otras palabras ¿les iría mejor recibiendo una sola comisión de por vida al ubicar a una persona en un empleo o el 5% de lo que haga esa persona durante el resto de su vida?" Haga la cuenta.

No hay necesidad de decir que este concepto intrigó a la pareja. De inmediato ellos respondieron que sería mucho mejor recibir un ingreso correspondiente al 5% de todos los cheques mensuales de aquellos a quienes ellos les encuentren un empleo. Esta respuesta marcó el comienzo de una relación bastante lucrativa entre ella y los dueños de la agencia de empleo.

Acto seguido, Dionee ubicó a los dueños de la agencia de empleos en su línea del frente y ellos programaban entrevistas entre ella y las personas interesadas en conseguir un empleo en su lista de datos. La meta era encontrar personas extrovertidas y entrevistarlas para una posición en ventas que pagaba comisiones directas. El acuerdo entre Dionee y los dueños de la agencia de empleos estipulaba que la gente que ella reclutara también estaría ubicada en su línea del frente. En otras palabras, ella personalmente reclutaría y entrenaría a todas las personas para que la agencia de empleos se beneficiara recibiendo la lealtad en las ventas de todo aquel que ingresara a su organización.

En todas las ciudades existen agencias de empleo. Algunas son parte de una cadena nacional y es muy difícil trabajar con ellas de esta manera. Otras, sin embargo, pertenecen a dueños locales, y esas son las que a usted le interesan. De nuevo, es tan sencillo como permitir que los dueños sepan que usted tiene una idea que le hará ganar dinero a todos ustedes, los involucrados. Invítelos a almorzar y ofrézcales la oportunidad de ganar entre el 5% y el 10% mensual del cheque de cada persona, *versus* una tarifa única de por vida. Observe cómo se les iluminan los ojos.

Recuerde, las agencias de empleo se benefician tremendamente cada vez que ellas ubican a alguien en un empleo. Si usted encuentra la manera de formar una alianza con una de esas agencias (que es la base de la estrategia de reclutamiento libre de rechazo #6), usted habrá encontrado la oportunidad de tener referidos de por vida que están literalmente en el negocio de entrevistar gente que necesita trabajar. Además, usted estará construyendo una organización liderada por gente profesional que cuenta a diario y semanalmente con un flujo de nuevos prospectos.

Usted solo necesita de una agencia de empleos que le ayude a llenar una parte de su organización con gente muy efectiva en el campo de las ventas. Nada más esa alianza estratégica le representará una buena suma de dinero ya que la agencia es rica en recursos para prospectar y reclutar gente efectiva en el mundo del mercadeo en red.

Estrategia de reclutamiento libre de rechazo #3: El quiosco y el CD

¿Se ha dado usted cuenta que todos los centros comerciales en todas las ciudades de Estados Unidos cuentan con pequeños quioscos en los que la gente vende toda clase de artículos, desde celulares hasta joyería, velas y condimentos? Muchos de esos quioscos son administrados por gente que los renta y no por los empleados que trabajan en ellos por un sueldo mínimo. La clave de esta estrategia es la siguiente: lo único que usted necesita es reclutar a una persona que rente un quiosco en cualquier centro comercial.

Esa persona por lo general interactúa con muchos miles de personas por semana, e incluso más durante los fines de semana. Lo único que tendría que hacer sería elegir gente que parece responsable y amigable, y darle un CD gratis que hable de su negocio. Usted enrola al administrador del quiosco en su línea del frente y acuerda con él que todos los contactos que se generen de su trabajo irán directamente bajo su línea descendente con el fin de construir un grupo poderoso.

¡La estrategia del quiosco y el CD es absolutamente maravillosa! La cantidad de prospectos será ilimitada si usted puede reclutar a solo tres o cuatro administradores de estos quioscos en su comunidad con el fin de acceder a sus clientes a medida que ellos se acercan; luego es cuestión de conversar con ellos y darles el CD a quienes les parecen confiables. Esta es una manera bastante efectiva de filtrarse a través de los miles de personas que asisten en un determinado fin de semana a un centro comercial en Estados Unidos.

Fuera de eso, algunos administradores también verán en esta propuesta una tremenda oportunidad de ganar dinero en efectivo y aumentar su productividad y ganancias. Algunos le encontrarán sentido y valor a participar en esta estrategia para conseguir prospectos, pero otros dirán que no; de todas maneras, usted no necesita de muchos de ellos para prosperar.

Acérquese a estos individuos con una pregunta muy sencilla: "Si usted tuviera la oportunidad de ganarse $10.000 dólares al mes aquí mismo, sin necesidad de dolores de cabeza adicionales ¿valdría la pena aceptarme una invitación a almorzar para explicarle cómo lograrlo?"

Estrategia de reclutamiento libre de rechazo #4: El enfoque del destino

Laura Kall es una de las jóvenes más brillantes en la historia del mercadeo en red, y su padre, Richard Kall, es uno de los mejores mentores que alguien pueda tener. Cuando Laura terminó sus estudios universitarios, desarrolló la estrategia que ella misma llamó "el enfoque del destino" —una táctica fácil de emplear para una mujer tan extrovertida como ella. El método consistía en lo siguiente: Laura —quien es oriunda de Long Island— se ubicaba en distintos lugares alrededor de Manhattan y Long Island, donde estuviera rodeada de mucha gente —como en la línea de espera de Grand Central Station, en la fila para ver una película o una obra de teatro en Broadway. Luego, Laura le preguntaba si creía en el destino a un hombre o a una mujer que estuvieran parados cerca de ella. Su objetivo era generar una conversación con gente que tuviera un aspecto profesional y que pareciera un poco cansada y desmotivada. Y como esa es la apariencia de la mayoría de la gente que trabaja en el mundo de los negocios de hoy, este tipo de personas era muy fácil de encontrar.

En respuesta a la pregunta de Laura, por lo general la gente decía algo como: "Bueno, ¿qué significa esa pregunta?" Y ante esa respuesta, ella agregaba: "¿Usted cree que las cosas pasan por alguna razón? Por ejemplo, usted y yo estamos en una ciudad de 10 millones de habitantes. ¿Qué posibilidades teníamos de encontrarnos en la misma línea de espera a la misma hora? De todos los lugares de la ciudad de Nueva York en los que podríamos estar en este momento entre millones de gentes, a lo mejor el destino nos unió". Luego, ella les entregaba un CD o una grabación en casete o una de sus tarjetas de negocios y les decía: "Me gustaría que lo pensara; yo sí creo en el destino y siento que nos permitió encontrarnos por alguna razón".

Laura me contó que adquirió a uno de sus mejores distribuidores de esta manera y como resultado de una conversación al subirse a un taxi. Un hombre se bajaba de un taxi frente al Hotel Plaza en Manhattan y Laura se dio cuenta de que estaba bastante estresado por la manera en que lo vio pagarle el taxista mientras sostenía su maletín. Cuando él estaba todavía esperando que el taxista le devolviera el cambio, Laura estaba esperando para subirse al mismo taxi; entonces ella aprovechó la espera y le preguntó si creía en el destino. El hombre le respondió: "¿De qué me está hablando?" Ella le respondió: "Bueno, de todos los taxis que hay en Nueva York, ¿cómo es que los dos elegimos el mismo? Heme aquí, yo, una persona que les enseña a los hombres cómo desestresarse, abandonar la carrera de las ratas que llevan y dedicarse a ganar una fortuna trabajando desde su propio hogar; y aquí está usted, un hombre maduro y probablemente muy exitoso. ¿Qué posibilidad había para que, de tantos taxis que hay en esta ciudad, yo me subiera en el mismo taxi que usted se acaba de bajar? Yo creo en el destino y a lo mejor nos puso juntos por alguna razón. Le diré algo: permítame darle este CD y usted me llama si lo que encuentra allí le parece que tiene sentido". Luego subió al taxi y se fue.

Cuando llegó a su casa, el hombre del taxi, quien ya estaba hospedado en el hotel, sintió curiosidad e interés en la idea del destino y decidió llamarla. Se hicieron amigos. Luego, él se vinculó a la empresa y se convirtió en un exitoso distribuidor en su línea del frente, y el resto es historia.

El enfoque del destino es considerablemente efectivo para aquellos con el coraje y la personalidad de utilizarlo. Le funcionó a Laura Kall. ¿Por qué no a usted? Pregúnteles a varias personas si ellas creen en el destino. A lo mejor ocurra que, cuando algunos lleguen a su casa, se hayan quedado pensando en esa pregunta y les cause tanta curiosidad que terminen llamándolo para averiguar qué fue eso que usted les quiso decir.

Estrategia de reclutamiento libre de rechazo #5: Las vallas publicitarias

Incluyo esta estrategia porque es una manera maravillosa en que un equipo de profesionales del mercadeo en red gane dinero generando una larga lista de nombres de posibles prospectos que todos puedan compartir. Admito que no es un enfoque que la mayoría de los lectores utilizaría debido al costo. Las vallas por lo general requieren de un mínimo de entre $800 y $1.000 dólares por mes. Eso es así si por lo menos entre 8 y 10 personas de su organización están de acuerdo en unirse para instalar una enorme valla en una vía importante y de mucho tráfico en la ciudad.

Si usted puede financiarse esta estrategia, siéntese con un grupo de personas de su organización que también estén dispuestas a invertir un dinero en una valla en un lugar de tránsito público y unan esfuerzos para comprarla. Solo asegúrese de tener el mecanismo para acordar de antemano cómo van a hacer para compartir los prospectos que surjan de esta estrategia publicitaria.

El truco aquí consiste en publicar un aviso simple y sencillo. Recuerde, la gente va manejando —a veces, a una gran velocidad— y pasará rápido, así que el mensaje debe ser breve, directo y fácil de leer. Dos ideas efectivas son las siguientes:

"Sálgase de la carrera de ratas para siempre. Gane $$$$ mensual desde su propio hogar. (Número telefónico)"

"¿Detesta el tráfico? Trabaje desde su casa. Vuélvase millonario (número telefónico)"

Responda la siguiente pregunta: usted, que lleva manejando a lo largo y ancho de su ciudad durante dos o tres años —o incluso seis meses— ¿ha visto vallas que promocionen la oportunidad de un negocio? Lo más probable es que no, entonces ¿por qué no aprovecha la ausencia de estas vallas y compra la suya?

Hubo una época en que se encontraban de 8 a 12 vallas publicitarias en ciudades como Atlanta y Denver. Los distribuidores de una compañía de seguros decidieron colocarlas, y como consecuencia, ganaron millones de dólares; otras fueron ubicadas por distribuidores que trabajaban en el mundo del mercadeo en red. Algunos de ellos eran miembros de un programa de dietas que les prometía a los clientes perder peso a una gran velocidad y todo lo que tenían que hacer era llamar a un número telefónico que aparecía en el aviso. Los avisos fueron altamente efectivos.

Sin embargo, lo importante con esta estrategia para prospectar es lo siguiente: al igual que muchas otras que funcionan de manera bastante efectiva, esta estrategia se ha ido olvidando a medida que la gente se ha enfocado en las rutas cibernéticas. Hoy en día pareciera como si todas las personas estuvieran intentando disputarse para tener un sitio web que les produzca bastante dinero. La gente de todas partes del mundo está buscando maneras de atraer a los líderes a través de internet y de tecnologías digitales. Por supuesto, estas herramientas de alta velocidad son maneras incomparables de transferir información, pero no son particularmente efectivas para prospectar a una gran cantidad de gente interesada en un negocio en casa. Y a medida que se eleva la cantidad de personas utilizando internet para conseguir prospectos, muchas de las estrategias tradicionales y bien pensadas, que todavía son efectivas, se han quedado abandonadas.

En la actualidad, hay muy pocas, si las hay, vallas publicitarias en los Estados Unidos que inspiren a la gente a investigar cómo puede ganar ingresos radicales y tener más tiempo libre trabajando desde casa. Ahora que usted tiene la posibilidad de dar a conocer su negocio por $800 a $1.000 dólares por mes, ¿por qué no tomar ventaja de esta gran oportunidad? Reúna a un grupo de amigos o compañeros de su organización y consigan el capital necesario para instalar una valla. Verán que, al hacerlo, conseguirán una cantidad ilimitada de prospectos para compartirlos entre todos los que participaron en su instalación.

Asegúrese de que la valla diga que usted está buscando gente que esté interesada en ganar buen dinero. Sin embargo, tenga cuidado con lo siguiente: no se emocione con respecto a mencionar el potencial de ingresos. Cifras en el rango de $10.000 a $15.000 dólares por mes captarán la atención de la gente. Si, de otra parte, usted menciona ingresos por encima de $15.000 por mes en una valla publicitaria, la persona promedio seguirá manejando e ignorará el aviso porque no se relaciona con esas cifras. Mantenga sus cifras a un nivel que produzcan motivación, pero que sean realistas. Además, los reguladores tienden a tomar acción solo contra aquellos que generan, e incluso implican, unas ganancias irreales, así que no sugiera en su valla que usted está ganando una enorme cantidad de dinero.

En conclusión, las vallas son una muy buena estrategia para atraer a grandes cantidades de gente, si usted está en capacidad de rentarlas durante varios meses en una zona de alto tráfico.

Estrategia de reclutamiento libre de rechazo #6: Las ferias de empleos

¿Sabía usted que docenas de ferias de empleos surgen cada día en todas las ciudades de los Estados Unidos? Si usted está pensando en asistir a uno de esos lugares como un medio de buscar prospectos, su propósito no debe ser el de rentar una cabina y pagar por tener el privilegio de tener acceso a la gente que pase frente a ella. Lo mejor que usted podría hacer en ese caso es llevar consigo una gran cantidad de CD relacionados con su empresa, pagar su entrada a la feria y luego dedicarse a contactar a tanta gente como le sea posible y distribuir sus CD.

Se calcula que en la feria del empleo realizada hace poco en mi área el promedio de asistencia fue de 38.000 personas que estaban buscando la posibilidad de conseguir otro trabajo. Si usted logra describir un mejor ambiente para reclutar gente que uno en donde todos están buscando una nueva ocupación, me gustaría saber a qué se refiere. Como dije antes, hay ferias del empleo por todas partes y vale la pena hacer el viaje por los alrededores y asistir a ellas. Allí encontrará a miles de miles de cazadores de empleo cansados y deseosos de encontrar soluciones a sus dificultades financieras. Conozco gente en el mundo del mercadeo en red que creó una base completa de datos de prospectos simplemente participando en ferias del empleo y conociendo allí a muchas personas.

Sin embargo, me han contado que algunos profesionales del mercadeo en red se sienten "inadecuados" participando en las ferias del empleo porque no están pagando una cabina y sugieren que este es un acto poco ético. No estoy de acuerdo. Hay que tener en cuenta dos cosas importantes en lo referente a las ferias de empleos. La primera, es el hecho de que allí participan una cantidad de empresas ofreciendo posiciones y trabajos con un salario fijo. La segunda, es el hecho de que miles de personas van por un lado y otro a la espera de encontrar una mejor alternativa para su situación actual de empleo. En realidad no importa si usted está en una cabina repartiendo información o es parte de la multitud y también está repartiendo información. Los dos métodos de hacer contactos en una feria de empleos son éticos.

La estrategia para reclutar libre de rechazo que mejor funciona en una feria de empleos es conocer gente, pedirles sus tarjetas de negocios y llamarlos más tarde. No ande por ahí presentándose a sí mismo ni dando su tarjeta de negocios. No deje folletos por allí en los baños ni en zonas públicas durante la feria.

Conozco a un distribuidor de Denver que viajó hasta San Diego para participar en la que se suponía ser una gran feria de empleos. El hombre llegó a casa con cientos de nombres de posibles prospectos. Otro caballero fue a Las Vegas para asistir a una feria de tecnología que no tenía nada que ver con conseguir empleo. A su regreso a casa llevaba 500 tarjetas de negocios que consiguió después de solo dos días de haber asistido a la feria llevando consigo un botón que decía: "Mi empresa está buscando contratar a tres personas importantes". La moraleja: ¡no se pierda las ferias de empleo! Son minas de oro repletas de oportunidades de hacer mercadeo en red.

Estrategia de reclutamiento libre de rechazo #7: El portador de féretros

He reservado la estrategia de reclutamiento libre de rechazo del millón de dólares para lo último. Preste atención porque esta lo va a salvar de tener que competir con las masas de gente que conforman esta industria. La llamo la estrategia del *portador de féretros* por esta razón: requiere que usted contacte a todas las personas que se conviertan en sus prospectos cada seis meses hasta que ellas se vinculen a su organización o usted se convierta en el portador de sus féretros durante su funeral.

Usted debe llevar el récord de sus contactos activamente para poder beneficiarse de los resultados de esta estrategia. Puede hacerlo comprando un software especial para llevar récords o también a través del siguiente sistema, que es menos complicado:

1. Consiga una caja en la que pueda guardar tarjetas de 4 × 6 e inserte en ella divisores con los meses de enero a diciembre. Ahora ya tiene una caja dividida en 12 secciones para poner sus tarjetas.

2. Inserte 30 tarjetas en blanco, numeradas del 1 al 30 detrás de cada divisor.

3. Cada vez que hable con alguien acerca de su negocio (asumiendo que esa persona está de acuerdo) llene una tarjeta que corresponda a esa persona e incluya allí toda la información que logró obtener, junto con algún detalle que le ayude a mantenerla en su memoria.

4. Inserte la tarjeta detrás del divisor que está
exactamente seis meses después del día en que la
llenó.

La razón para hacerlo de esta manera es muy importante:
el profesional del mercadeo en red promedio, si no la mayoría,
bota los datos de sus prospectos como si estos fueran remplazables.

Mantenga esta estadística en mente: la gente cambia de
empleo en Estados Unidos cada 3.7 años. La clave consiste
en contactarlos durante uno de esos cambios; cuando lo haga,
ellos se convertirán en sus socios de por vida. La razón por la
cual considero que esta estrategia vale un millón de dólares
es esta: después que usted ha hablado con un prospecto una
vez, esa persona ya no lo rechazará —si usted la contacta de la
forma adecuada a los seis meses.

Permanezca en contacto con todo el mundo. Si usted contacta a sus prospectos y les cuenta de la oportunidad de negocio y ellos se vinculan, magnífico. Si dicen que no, póngalos
en su tarjetero de contactos en el divisor correspondiente a
seis meses después del día en que los llama. ¿Por qué? Porque
cuando usted se levante de su cama, por ejemplo, el 16 de
enero, tendrá a 28 personas a las cuales llamar y con quienes
habló hace seis meses.

Y esta es la forma de hacer que esas llamadas sean libres
de rechazo —es un proceso muy sencillo: digamos que usted
habla con Bob hoy, y él no está interesado en sus productos
ni en el negocio. Simplemente, pregúntele: "¿Lo puedo contactar dentro de seis meses, solo para ver si algo en su vida ha
cambiado?" Bob por lo general será complaciente (y terminará la conversación de una manera rápida y amena) así que es
muy probable que diga: "Por supuesto, a lo mejor este no es el
tiempo adecuado, pero si le parece, llámeme de nuevo".

Cuando usted vuelva a llamarlo seis meses más tarde, junto
con las otras 25 a 30 personas que tiene en su tarjetero para ese
día, abórdelo de la siguiente manera: "Hola, Bob. Soy Mark

Yarnell. No hemos hablado desde hace seis meses, pero usted me dijo que lo llamara para esta época del año. Lo estoy llamando para ver si ahora sí le gustaría utilizar esos $30.000 dólares extra al mes. Para refrescarle la memoria, cuando hablamos hace seis meses usted me dijo que no necesitaba esos ingresos extra mensuales. Me gustaría saber si algo ha cambiado en su vida desde entonces, y si ya tiene en qué gastar ese dinero extra". Si Bob le vuelve a decir que no, usted vuelve a poner su tarjeta en el casillero correspondiente a seis meses después de la segunda conversación y llegado el tiempo lo vuelve a llamar.

Recuerde que esta estrategia se llama *el portador de féretros* para recordarle que usted no debe *rendirse nunca* frente a sus prospectos. Contáctelos cada seis meses hasta que firmen o uno de ustedes dos muera.

La gran mayoría de profesionales del mercadeo en red llama a su prospecto solo una vez y luego descarta su nombre, como si se pudiera botar a la basura, y luego comienzan a buscar *nuevos* prospectos. Nunca bote los nombres de sus prospectos porque existe la probabilidad de que usted vuelva a encontrárselos en diferentes circunstancias de su vida. A lo mejor están trabajando en una empresa que está haciendo recortes de personal o que decidió hacer *outsourcing* —cualquiera que sea la razón, a lo mejor quieran saber de usted la próxima vez que los contacte. Cuando usted llama a la gente cada seis meses, y trata a cada persona de la manera correcta, en algún momento usted va a agarrar a alguien en el momento indicado.

La perseverancia, acompañada del momento indicado, es parte importante de esta estrategia de reclutamiento. Recuerde esto por encima de todo lo demás: haga una tarjeta por cada persona e incluya su nombre, sus números telefónicos y alguna referencia de sus conversaciones previas. Ubique siempre su tarjeta en su tarjetero seis meses adelante del día que los contactó por última vez. Recuerde que en algún momento los contactará y ese sí será el momento adecuado para que ellos se vinculen al mercadeo en red. Y entonces considerarán el negocio como la solución a sus problemas. ¡Qué maravillosa idea!

Ahí las tiene —siete estrategias de reclutamiento libres de rechazo. Virtualmente, cada tipo de personalidad está representado en ellas, así que usted podrá elegir al menos un par que lo hagan sentir muy bien. Y esa es, por supuesto, la clave, porque las probabilidades de que todos los miembros de su línea descendente compartan los mismos rasgos de personalidad, las mismas habilidades e intereses, son de cero. Por eso es que los manuscritos en los que "una talla sirve para todos" *no funcionan.* Aunque un sistema de duplicación pueda parecer ideal al comienzo, con frecuencia genera frustración en quienes se sienten incómodos de usarlo. Y una vez que se siente frustrados y sin opciones para ampliar su lista de contactos, sus prospectos renunciarán a este negocio.

Para cerrar, quiero recordarle que el temor al rechazo es el monstruo de los dueños de negocios independientes que están comenzando. Utilice estas siete estrategias aquí expuestas para conquistar ese miedo. No más temores; no más rechazos.

Conclusión

Construyendo un legado familiar óptimo

Shelby Hall

"¡Hubiera podido tomarme un V8!" ¿Recuerda ese antiguo comercial en el cual un hombre se da una palmada en la frente cuando se acuerda de que todo lo que hizo fue tomarse un vaso de jugo V8 en lugar de tener que comerse una cantidad de vegetales que no le gustaban? Muchos de nosotros podemos relacionarnos con aquel comercial de diversas maneras. Nos preguntamos qué tenemos para mostrar como fruto del arduo trabajo que hemos hecho a lo largo de nuestra vida. ¿Cuáles son los resultados finales de toda nuestra labor? Muchos pensamos que logramos proveerles a nuestros hijos un estilo de vida mejor del que pensamos que podríamos darles. ¿Cómo lo logramos? ¿Les dejaremos un legado del cual ellos se sientan orgullosos?

Mi esposo nació en Inglaterra y llegó a Estados Unidos en 1960. Desde el momento en que llegó, no veía la hora de considerarse a sí mismo como ciudadano americano. Trabajo duro durante siete años antes de obtener su ciudadanía. Tuvo que estudiar la *Constitución de los Estados Unidos* y todas sus enmiendas; también aprendió Historia Americana, en particular el tema relacionado con la Independencia de los Estados Unidos de la Gran Bretaña. Me dice con mucha frecuencia que estudiar esa parte de la Historia Americana le ha parecido humorística, dado que las historias de la Guerra Americana de Independencia fueron muy diferentes a las que él leyó cuando crecía en Inglaterra.

Mi esposo ha sido ciudadano americano durante 44 años y se siente tan americano como quienes nacimos aquí, pero, al mismo tiempo, se siente orgulloso del legado que heredó de su tierra natal; lo ha conservado y así será por el resto de su vida. Hemos trabajado duro para educar a nuestros cuatro hijos con respecto a su descendencia y quisimos llevarlos a Inglaterra para que conocieran las calles del pequeño pueblito donde su padre pasó sus primeros años. Esa clase de legado no tiene precio.

Los legados no tienen por qué estar relacionados necesariamente a bienes tangibles ni a fortuna. El *Diccionario Webster* define legado como "un regalo hecho por voluntad propia, que puede ser dinero o cualquier otro bien personal; algo transmitido o recibido de un ancestro o predecesor". Un legado americano podría ser la libertad de credo religioso o el sistema de la libre empresa que es insignia de la economía de los Estados Unidos y eje central del capitalismo y del mercado libre de la sociedad actual.

Sin embargo, a veces los legados no se derivan de la riqueza personal. Mi suegro ("Dad") murió a la edad de 85 años en agosto de 2009. Él fue un minero que quería un mejor futuro para su esposa y sus hijos, y en mayo de 1960 se desarraigó de toda su familia y de su hogar en Inglaterra y emigró a los Estados Unidos. Mi esposo, que tenía 15 años de edad, recuerda todo aquello muy bien.

Aunque mi suegro siempre había trabajado en una mina, cuando dejó Inglaterra, se forzó a sí mismo a hacer algo diferente —y ese algo diferente era cualquier cosa que le permitiera ganar lo suficiente para mantener a su familia. No tenían mucho, pero eso ya no era lo importante; ahora estaban en América y confiaban en que los malos tiempos pasarían pronto.

Dad hizo avances extraordinarios durante los primeros años de su llegada a América. Cuando se retiró a la edad de 62 años, él era Director de Clark County Housing Authority en Las Vegas, Nevada —nada mal para un viejo minero con apenas octavo grado de escuela secundaria. Él obtuvo todo lo que quiso y trabajó bastante para conseguirlo e hizo lo que fuera necesario hasta lograrlo. Su historia no es única en este país; infinidad de personas han venido a América en busca de la oportunidad de participar en esta economía de mercado libre que le permite a cualquiera triunfar, siempre y cuando se dedique a trabajar duro.

Seis semanas antes de que él muriera, le entregó a mi esposo una historia cronológica de su vida; la había escrito durante los últimos 20 años. Una parte la escribió en una vieja máquina de escribir; otras partes estaban escritas a mano; y hacia el final, lo hizo en un computador. Los segmentos impresos componen 225 páginas a un solo espacio, con márgenes de un cuarto de pulgada, encabezados y pies de página. Dad le pidió a mi marido que organizara sus palabras sin cambiarlas, y que las pusiera en un formato que fuera fácil para todo el mundo, sobre todo para que su hijos, nietos y las generaciones venideras las lean.

Esta titánica tarea le tomó más de un año en completarse. Mi esposo procuró vivificar la historia de su padre agregando fotografías de familiares, personas, lugares y eventos especiales, que hacen que la historia sea más agradable y real. El resultado no es corto, pero sí sorprendente. El libro completo consta de 245.000 palabras contenidas en 18 capítulos, en un total de 630 páginas que incluyen 501 fotografías e ilustraciones. Está encuadernado en cuero y fue distribuido entre la totalidad de la familia.

Ahora mi esposo también está escribiendo su propia historia de vida. Sabe que tiene mucho que agradecer y está convencido de que él también debe registrar su historia no solo para nuestros hijos, sino también para las generaciones que nos seguirán.

Hay una simple lección en esta historia: asegúrese de configurar su negocio de mercadeo en red con su familia en mente. Busque asesoramiento jurídico de manera que usted pueda proteger su legado financiero como parte de su testamento, y para limitar la carga fiscal y otros pasivos que interferirían o disminuirían su legado.

En tiempos de recesión como estos, la gente suele salir lastimada en medio de un mercado volátil; algunos terminan usando el dinero de sus impuestos como si fueran cajeros automáticos. Otros guardan sus ganancias para afrontar los tiempos difíciles debajo del colchón. Nosotros pensábamos que éramos invencibles cuando éramos jóvenes y estábamos convencidos de que teníamos un montón de tiempo para construir el nido en el que pasaríamos nuestros últimos años. Todos tenemos previsto invertir, pero en algún momento, "en el futuro". Pero, de repente, el futuro está aquí y nos damos palmadas en la frente, diciendo: "¡Pude haberme tomado un V8!"

Ya pasó el tiempo en que nos dábamos el lujo de pensar de esa manera. Ya no es el momento de poner en riesgo la seguridad de nuestra vivienda. Las pensiones de las empresas en las que muchos de nosotros trabajamos durante 40 años han desaparecido o se han reducido drásticamente. Y a menos que usted sea un inversor experimentado, el mercado de valores ya no es un lugar seguro para invertir grandes sumas de dinero. Un 401K puede convertirse en un 201K de la noche a la mañana, así que tenemos que estar vigilantes en el manejo de esos fondos.

Los bienes raíces eran considerados tradicionalmente como el "lugar seguro" para invertir. Se decía que "Dios no estaba haciendo más tierras", lo cual implicaba que el valor de la tierra siempre se incrementaría. Aunque todavía es cierto que Dios no va a hacer más tierras, el retorno de las inversiones de las propiedades inmobiliarias se ha convertido en un juego a largo plazo.

Cualquier asesor financiero experto le dirá que el mejor seguro para su tranquilidad financiera en sus últimos años es la creación de algunos pasivos e ingresos residuales mientras todavía es lo suficientemente joven y capaz de producirlos. El negocio del mercadeo en red ha demostrado ser una gran oportunidad para personas como usted y como yo porque nos permite generar ingresos residuales suficientes como para brindarnos una buena seguridad financiera en nuestros años de jubilación, con el valor agregado de que podemos dejárselos a nuestros hijos.

Incluso algunos que esperaron demasiado tiempo para construir sus nidos y llegaron al momento de su retiro sin suficiente dinero en reserva han encontrado en el negocio del mercadeo en red una fuente ideal de ingreso continuo. El mayor beneficio de esta industria es que nos permite vivir una buena vida siendo vitales y productivos durante el tiempo que deseemos. Y en el camino podemos desarrollar relaciones significativas con cientos, y posiblemente miles, de personas que representan para nosotros un "mercado en potencia" para nuestro negocio de mercadeo en red.

La belleza de este modelo es que usted tiene la opción de dedicarle al negocio los primeros dos o tres años de su jubilación, mientras todavía está fresco y razonablemente energético. Y a partir de entonces comenzará a relajarse y a permitir que aquellas personas que se vincularon a su organización sean quienes lleven la carga de mantenimiento y expansión.

Aunque sin duda hay excepciones, dudo que muchas personas realmente quieran ser adictas a la televisión, ni verse obligadas a recortar cupones en sus últimos años cada fin de mes. Creo que la mayoría siente que todavía tiene mucho que ofrecer, pero, por otro lado, tampoco quiere continuar trabajando tan duro como hasta ahora. La definición de mi marido de "verdadero retiro" es hacer lo que uno quiere hacer cuando desea hacerlo. Y una segunda carrera en el mundo del mercadeo en red le permitirá hacer precisamente eso.

Ahora le pido que piense ¿qué pasó con todos los sueños que usted tenía? ¿Está usted dispuesto a dejar que se desvanezcan o está listo a convertirlos en realidad? A lo mejor usted está preocupado porque se siente muy viejo para comenzar una nueva carrera. Después de todo, lleva trabajando más de 40 años, levantó una familia, ha disfrutado de maravillosas vacaciones y está seguro de que sobrevivirá con sus ahorros y con el subsidio del cheque del seguro social.

¡Basta de tonterías! ¿Quién en este mundo quiere escasamente sobrevivir? Usted es ahora una persona más sabia y experta que en ningún otro momento de su vida. ¿En realidad está planeando dejar sin ningún uso todos sus conocimientos? Yo no creo. Recuerde, la edad es apenas un número y nada más.

Cuando mi esposo me pidió mi opinión acerca de comenzar una nueva empresa a los 63 años, mi respuesta fue: "¿Qué edad tendrás si *no* la comienzas?" En otras palabras, volver a comenzar no tiene nada que ver con la edad, sino con el deseo de hacer cosas y cumplir sus metas. Harland Sanders comenzó su empresa de Kentucky Fried Chicken cuando tenía 65 años; e incluso ahora en que él ha pasado de los 90, su legado es muy sólido; su imagen es vista en miles de restaurantes alrededor del mundo. Su legado fue extendido más allá por Dave Thomas, uno de sus socios iniciales, quien es ahora el fundador de Wendy's Old-Fashioned Hamburguers, otro gigante global de las comidas rápidas.

También agrego a Larry H. Miller a esta lista. Larry creció en Utah, y aunque no recibió educación formal, sí tenía gran habilidad para ganar dinero. Además sentía pasión por los carros y pronto llegó a convertirse en el dueño de un concesionario; luego, de dos; después, llegó a tener varios. En la década de 1980, Larry compró un equipo de la NBA, The New Orleans Jazz, y lo trasladó a Utah. Yo, como fanática del Utah Jazz, veía a Larry sentarse en su lugar habitual frente al campo de juego, compartiendo con su equipo favorito. Y después, construyó el Larry H. Miller Motorsports Park, que ahora sirve como lugar para incontables eventos de carreras de autos a nivel mundial.

Larry también involucró a su familia en sus negocios y los animó a formar parte de ellos y a disfrutar de lo que estaban construyendo juntos. Sus hijos fueron testigos de que sus padres hicieron enormes contribuciones a la comunidad, tanto con sus influencias como con su generosidad financiera. Larry ya falleció y su hijo Greg es ahora quien dirige Miller Enterprises, siguiendo el ejemplo que aprendió de él a lo largo de los años. La familia se ve bastante unida; y aunque siempre están muy ocupados, siempre ponen los valores familiares en el centro de todos sus intereses.

Henry Ford es otro de mis industriales favoritos. Me parece divertido que en un punto de su vida él quisiera vender todas sus empresas, una a una, y convertir sus bienes en dinero en efectivo. Su esposa no se lo permitió y le dijo que ella *no* dejaría que eso pasara. La Sra. Ford quería dejarle todo a la familia para que sus hijos y nietos se beneficiaran un día del legado de una gran empresa en lugar de heredarles cuentas bancarias repletas de dinero. Y eso fue precisamente lo que ocurrió; incluso hoy, los descendientes de Ford están involucrados en las múltiples empresas de Ford Enterprises.

Es obvio que estas historias no están relacionadas de una manera directa con la industria del mercadeo en red, pero sí sirven como grandes ejemplos de empresarios que han construido y dejado legados para sus familias y comunidades.

Una historia que me encanta, y que sí está relacionada con este campo es la del Juez Vernon Douglas, un hombre que había servido como Jefe del Circuito Principal de Florida Third Judicial Court desde 2007. El Juez Douglas fue admitido en Florida Bar en 1973, después de recibir su grado en Stetson University. Su hermano gemelo, Marshall, comenzó la carrera de Contaduría y en algún momento se dio cuenta —por medio de las declaraciones de rentas que elaboraba para algunos de sus clientes exitosos en el campo del mercadeo en red— del dinero que ganaría si se involucraba en este negocio. Hace 20 años, él comenzó su negocio propio, pero nunca pudo convencer a su hermano menor, el juez, de hacer lo mismo.

Entonces, en el año 2009, Marshall se unió a una nueva empresa de mercadeo en red, que tenía grandes planes para él. Él esperaba que se le abrieran las puertas para trabajar junto con Vernon; para él ese era el momento perfecto para tratar de convencer a su hermano para que se diera una oportunidad en este campo. Y esta vez, funcionó.

Vernon comenzó a trabajar en su nueva empresa aunque todavía se mantenía en la jurisprudencia. Estaba tan contento con su éxito inicial en el mercadeo en red que pronto comenzó a pensar en la posibilidad de comprometerse de tiempo completo en esta aventura. Para ese fin, decidió que necesitaba un plan que le permitiera retirarse de los estrados mucho antes de lo que había planeado. Su meta era simple: tan pronto como su negocio generara el mismo dinero que ganaba como juez, programaría su retiro. Solo 10 meses después, se retiró.

La experiencia del Juez Douglas no es inusual; de hecho, ocurre todo el tiempo en este negocio. Él dejará una brillante reputación y un legado como juez del Estado de Florida; pero, al mismo tiempo, ya disfruta de un ingreso residual que le permite disfrutar de los años venideros y que le asegura un legado a sus hijos.

Acordemos ya mismo que usted no va a sentir los remordimientos que muchos individuos experimentan al final de sus carreras. Ya es tiempo de mostrarles a esos remordimientos la puerta y continuar adelante con su vida como usted la planeó —y como se la *merece.*

El mercadeo en red le permitirá tener experiencias que de otra forma usted no no vivirá. Como sus ingresos se incrementan, el tiempo que usted necesita para trabajar disminuye —y entonces tiene más tiempo para hacer más de lo que siempre quiso hacer pero que nunca había podido debido a sus innumerables responsabilidades. Podrá viajar más y pasar más tiempo de calidad con su familia y amigos.

Yo siempre pensé que el camino que la gente recorre en la vida es un poco al revés. Nacemos, crecemos y en las primeras etapas de la vida desarrollamos nuestras habilidades personales. De alguna manera sobrevivimos a nuestros años de adolescencia, ingresamos a la universidad y conseguimos nuestros primeros empleos, y luego nos casamos y tenemos hijos. Durante los siguientes 20 años, en lo único que podemos enfocarnos es en cómo pagar la hipoteca de nuestra casa a tiempo y darles a nuestros hijos buena crianza y educación. Nos volvemos tan enfocados en ganar el dinero que necesitamos que nos perdemos de mucho de lo que tanto anhelamos —tiempo con la familia. Después, y antes de que nos demos cuenta, nuestros hijos crecieron, ya tienen sus propios hijos y nos hemos quedado solos otra vez. El periodo de su vida durante el cual usted tiene más recursos es cuando sus años de la crianza de sus hijos han quedado en el pasado —pero en las palabras de la balada del cantante de música country, Kenny Chesney, que lleva por título *Don´t Blink*, "parpadeamos" y nos perdimos de bastante a lo largo del camino.

Desde que nos vinculamos al mundo del mercadeo en red, mi esposo y yo pasamos más tiempo juntos que en ninguna otra época de nuestra vida. Nuestro nido se quedó vacío hace 13 años y le hemos dado buen uso a este tiempo invirtiendo en nuestro negocio. No hay necesidad de decir que estamos disfrutando de la vida y conociéndonos el uno al otro nuevamente. Después de todo, nos casamos, tuvimos a nuestros hijos de inmediato, luego pasamos más de 30 años criándolos y nunca tuvimos el tiempo necesario para estar juntos hasta que todos se fueron de casa. Creo que esta es una experiencia que usted también conoce muy bien.

Ahora, él y yo trabajamos juntos como pareja. Yo no quiero ser una de esas esposas que sigue a su esposo por toda una ferretería sin saber qué hacer. Quiero estar "totalmente repleta" de la información que necesito para saber decidir si necesito cambiar un conector o un codo de PVC para arreglar el sistema de riego. Esto significa que yo camine al lado de él, pero no detrás de él. El empoderamiento que usted adquiere de trabajar al lado de su pareja cuando usted es dueño de su propio negocio de mercadeo en red desde casa es emocionante —sobre todo cuando usted sabe que lo está haciendo por las razones correctas. Usted disfruta sabiendo que está trabajando para su familia y que les está ayudando a otras personas, así como a usted mismo. Es vital que, para tener paz mental, usted les dé a otras personas la oportunidad de ser tan exitosas como usted. Pero, quizás el mayor beneficio de tener su negocio propio de mercadeo en red es el sentimiento de independencia y autosuficiencia producido por este modelo de negocio; es liberador saber que usted tiene su propia empresa y que no lo van a despedir de un empleo, a menos que usted mismo quiera dejar de trabajar. Usted tiene el poder de sobresalir a una gran velocidad o a un ritmo lento, que sea más cómodo para usted puesto que no tiene a nadie respirándole en la nuca, ni empujándolo para que trabaje más duro. Usted ya no tiene necesidad de volver a preocuparse si los derechos del gobierno sobrevivirán a la siguiente ronda de recortes en el presupuesto o si el mercado de valores acabará con su 401K.

El negocio del mercadeo en red le permite estar a la cabeza de un equipo compuesto por excelentes líderes, quienes, al igual que usted, también están comenzando a trabajar por sí mismos para cumplir sus sueños. Juntos podrán crear un equipo de trabajo poderoso y duradero que con el tiempo generará seguridad a largo plazo para todos.

El mercadeo en red no puede, por sí mismo, crear un legado que sea suyo. Pero, lo que sí puede hacer, es servirle como vehículo para que usted viaje hacia el destino de sus sueños.

Sobre los autores

Mark Yarnell es autor de 11 libros, incluyendo el *best seller* internacional *Your First Year in Network Marketing*. Como líder del mercadeo en red, ha construido una organización de 300.000 miembros en 21 países.

Junto con el Dr. Charles King de Hardvard University, Mark diseñó el primer curso de certificación del mercadeo en red, el cual ha sido impartido en University of Illinois, Chicago, y en Seúl, Corea, desde 1993.

Mark fue nombrado el Filántropo del Año por el diario *Washington Times*; recibió el American Dream Award de Howard Ruff Company; fue nombrado por *Upline* como The Greatest Networker in the World e instalado en el Hall de la Fama del Mercadeo en Red.

Valerie Bates tiene una experiencia en los negocios de más de 25 años; ha hecho carreras exitosas en los campos de la enseñanza, la consultoría administrativa y el mercadeo en red. Pero es gracias a esto último que Valerie pudo trabajar desde casa a la vez que cumplía con sus labores de madre de niños pequeños.

Ante de reconectarse con el mundo del mercadeo en red hace 10 años, Valerie era la dueña de una oficina consultora en la práctica administrativa. Allí, ella conducía estrategias de planeación, planeación de negocios y resolución de conflictos para corporaciones, organizaciones gubernamentales y para entidades sin ánimo de lucro en Canadá y Estados Unidos. Además, diseñó y enseñó numerosos programas de liderazgo, cambio, facilitación y desarrollo personal.

Valerie es la autora de cuatro libros sobre mercadeo en red y desarrollo personal.

En la actualidad, Valerie y Mark Yarnell están construyendo activamente su negocio de mercadeo en red. Su meta es ayudar a otros a alcanzar su máximo potencial y disfrutar de libertad financiera y satisfacción personal. Están casados desde hace 10 años y viven en la hermosa British Columbia, rodeados de montañas, lagos, y de lo mejor: de su familia.

Derek Hall es un veterano de la industria desde hace 44 años y acepta que ha postergado su retiro durante tres ocasiones. Ha creado culturas corporativas que ponen el éxito de los distribuidores y los empleados por encima de todo. Él es un firme creyente del concepto del liderazgo de servicio, el cual enfatiza en el papel de CEO como administrador de los recursos de una empresa. Al permanecer enfocado en la responsabilidad fiscal y en el crecimiento obtenido por las empresas, él se asegura de que estas sean productivas, sostenibles y escalables.

Derek sabe lo que significa ir en busca de una vida mejor. A los 15 años de edad, emigró de Inglaterra a América, cuando su padre, que trabajó en las minas de carbón de Yorkshire durante 21 años, decidió que no quería que sus dos hijos siguieran sus mismos pasos.

Derek comenzó su carrera como conductor de camión en una compañía de *Fortune 500* y finalmente se abrió camino hasta convertirse en jefe oficial de las ventas de la que entonces era una compañía de $11 billones de dólares. Esta profunda experiencia de vida lo convenció de que con determinación y trabajo duro era posible alcanzar éxito personal sin límites. Derek pasó a servir como CEO para otras cuatro empresas y fue en una de ellas en donde se enamoró del negocio del mercadeo en red.

A los 64 años, y aún sintiendo que tenía mucho más para dar, junto con cuatro socios crearon una nueva compañía de mercadeo en red y logró incorporar en ella todo lo que había aprendido en sus años anteriores en el mundo de los negocios.

Derek ha estado casado con su esposa, Shelby, durante 44 años. Tienen 4 hijos y 18 nietos y están disfrutando de su nueva aventura juntos.

Shelby Hall nació en Ogden, Utah, y se graduó de Weber State Universidad. Ella dejó su posición en el IRS para comenzar una familia. Desde entonces, ha ocupado los distinguidos roles de esposa y madre de cuatro hijos; y durante los últimos 20 años, se ha destacado en su papel de abuela.

Durante la década de 1970, mientras que su marido era un ejecutivo en la industria farmacéutica, fue elegida Presidenta de las Damas Voluntarias de la Asociación Farmacéutica de Utah y sirvió en Salt Lake City Council of Women. Shelby también ha servido como Presidenta de PTA, enseñó clases de Seminario y ha estado involucrada en una variedad de actividades a favor de su comunidad; también ha sido durante mucho tiempo un miembro activo de su iglesia.

Además, ha participado, directa e indirectamente, con su esposo Derek en las empresas que él ha fundado y dirigido. Ella se apasiona con los productos vendidos por estas empresas, y por la gente que trabaja dentro de ellas, así que no es de extrañar que Derek le presente como la Presidente de la Junta.

Más recientemente, desde que se convirtió en habitante de un "nido vacío", Shelby ha viajado por el mundo entero con Derek y con frecuencia comparte el escenario con él, y expresa su emoción y entusiasmo por esta aventura de negocios.

Shelby y Derek viven en St. George, Utah, en el corazón de Redrock Country, y están disfrutando de sus muchas aventuras juntos.